한길그레이트북스

인 류 의 위 대 한 지 적 유 산

인류의 위대한 지적 유산

# 우파니샤드 I

이재숙 옮김

한길사

인류의 위대한 지적 유산

# The Upaniṣads

Translated by
Lee Jae Sook

Published by
Hangilsa Publishing Co., Ltd.
Seoul,Korea

**쁘라샤나 우파니샤드의 내용을 묘사한 그림**
성자 삐빨라다의 거처로, 여섯 명의 젊은 사제들이 가르침을 얻기 위하여 장작을 들고
들어서고 있다.

**갠지스 강의 원천 가우무카**
인도 대륙의 젖줄인 성스러운 갠지스 강은 히말라야의 성지 강고뜨리보다 조금 위에 위치한 가우무카(Gaumukha)에서 시작된다.

**꿈바멜라 행렬**
갠지스 강과 야무나 강이 만나는 알라하바드의 성지 상감에서 벌어지는 모든 수행자들의
축제이다.

『바가바드 기따』의 끄리슈나와 아르주나
『바가바드 기따』는 우파니샤드의 형이상학적인 철학이 신애(bhakti)의 방법을 통해 대중들과
만날 수 있는 계기를 만들었다.

**우파니샤드를 학습하는 스승과 제자들**
제자들은 스승의 거처에 함께 머물면서 금욕을 실천하고, 스승을 경외와 믿음으로 섬기며 학습, 명상한다

**우주의 창조 · 유지 · 파괴를 상징하는 뜨리무르띠**
가운데 얼굴은 창조를 담당하는 브라흐마, 왼쪽은 유지를 담당하는 비슈누, 오른쪽은 파괴를
담당하는 쉬바의 모습이다.

**붓다의 일생을 묘사한 부조**
맨 아래에는 마야부인에게서 태어나는 싯다르타, 그 위는 진리를 구하기 위해 갖은 유혹 속에
명상하고 있는 모습, 그 위는 깨달음을 얻은 후의 붓다(깨달은 자)로서 모습, 그 위는 열반에 드는
붓다의 모습이다.

**자이나교의 시조 마하비라**
마하비라 역시 붓다와 마찬가지로 베다의 형식적인 의례와 권위에 반대했지만,
그의 사상은 우파니샤드를 영양분으로 해서 형성되었다.
불살생, 평등, 유일한 진리에 대한 깨달음을 강조하였다.

**『요가 수뜨라』의 저자인 빠딴잘리**
요가의 의미와 수행방법을 총망라하여 한 권의 책으로 정리하였다.

**샹까라짜리야**
중요한 우파니샤드에 주석을 달았으며, 환영론(māyāvāda) · 불이 일원론(advaitavāda)의 베단따 사상을 확립하였다.
우파니샤드에 대한 주석 가운데 샹까라의 것이 가장 정평이 나 있다.

**라마누자**
대표적인 우파니샤드의 주석가이며, 주석을 통해 한정적 불이원론(viśiṣṭādvaitavāda)을 확립하였다.

GB
한길그레이트북스

인류의위대한지적유산

# 우파니샤드 I

이재숙 옮김

한길사

# ● 우파니샤드 Ⅰ · 차례

# ● 우파니샤드 Ⅱ · 차례

# ● 우파니샤드의 사상적 형성과 이론체계

이재숙

## 1. 우파니샤드의 의의

인류사상사에서 우파니샤드의 등장은 실로 혁명적인 것이었다. 그것은 한마디로 인간이 시도해온 자아추구의 노력 가운데 가장 훌륭한 결과물이라 할 만하다. 지금도 인류사상사에서 우파니샤드가 절대적인 위치를 차지하고 있는 것은 그것이 자아에 대한 능동적 탐구심이 불러일으킨 사색의 결과물이기 때문이다.

우파니샤드 사상은, 좁게는 인도라는 물리적·정신적인 공간 안에서 과거 수천여 년 동안 사람들의 철학과 종교와 삶의 대부분을 지배해왔다. 힌두교나 불교(Buddhism), 자이나교(Jainism)뿐만 아니라 인도에서 생겨난 모든 사상들이 우파니샤드를 영양분으로 하여 생겨나고 자라났다. 특히 정통 철학파들로 알려진 상키야, 요가, 니야야, 바이셰시까, 미망사, 베단따 등 이른바 육파(六派)철학도 그들에게 최고의 정통성을 부여해줄 이 우파니샤드와의 철학적 맥을 잇기 위해 고심하였다. 심지어는 순수 우파니샤드 철학관을 가장 가깝게 계승한 베단따 철학에 대한 공격과 비판조차도 우파니샤드 철학을 근거로 하였다. 우파니샤드는 인도사상이라는 거대한 유기체에 젖줄과 같은 역할을 해온 것이다.

한편 우파니샤드의 신비주의적 영성(靈性) 철학은 인도 내에서뿐만 아니라 인도를 넘어 전세계로 직·간접적으로 전파되었다. 특히 불교를 통해 티베트, 중국, 한국, 일본, 실론, 말레이 반도 등에 전해졌으며, 이것은 사람들의 사고의 폭을 넓히는 데 큰 영향을 끼쳤다.

라다끄리슈난(1888~1975)은 우파니샤드의 가치를 서양세계에 알리는 데 공헌을 한 대표적인 인도의 철학자이다. 그는 인류의 사상사를 추적하는 학자들에게 우파니샤드가 대단히 중요하다는 점에 주시하도록 하였다. 그의 말대로 우파니샤드의 신비주의적인 요소가 페르시아 수피즘의 신비주의, 신비적이면서도 신학적인 논리의 신플라톤학파(Neo Platonic School)와 알렉산드리아의 기독교 신비주의, 에크하르트, 타울러 그리고 19세기 신비주의적 독일 철학자 쇼펜하우어에 이르기까지 시대를 가로질러 끼친 영향은 대단한 것이었다.[1]

쇼펜하우어는 책상에 늘 라틴어로 된 우파니샤드를 놓았고, 잠자리에 들기 전 습관적으로 책장을 넘기며 탐독하곤 하였다고 한다. 특히 우파니샤드에 대해 "구절구절이 진정 마음속 깊은 곳에서 숭고한 사상을 일게 하니, 우파니샤드만큼 유익하고 인간을 고양시키는 사상은 없다.……우파니샤드는 인류 최고의 지혜의 산물이니 이것이야말로 곧 인류의 신앙이 될 것"이라고 찬탄하였다고 한다.

우리는 불교를 통하여 알게 모르게 우파니샤드 철학을 접해왔다. 불

---

1) Radhakrishnan, *The Principal Upaniṣads*(London : George Allen & Unwin, 1953).

교는 우파니샤드를 통해 그 극치에 다다른 인도사상의 전통 속에서 형성된 것이다. 세상에 만연한 고통, 존재의 허망함, 그런 가운데 끝없이 계속되는 탄생과 죽음의 의미 등에 대한 고민과 번뇌가 젊은 싯다르타로 하여금 구도(求道)의 길로 나서게 하였는데, 우파니샤드가 제기하고 있는 문제도 바로 그 고민과 번뇌였다.

우파니샤드의 많은 성자들처럼 싯다르타도 이 문제를 해결하기 위해 스승을 찾아다니기도 하고, 명상과 고행의 여러 방법을 시도해보기도 한다. 그러다가 드디어 보드가야의 어느 보리수 나무 아래서 깨달음을 얻게 된다. 그는 자신이 얻은 깨달음을 가지고 세상을 떠돌면서, 사람들에게 인간의 모든 괴로움은 애착과 증오에서 비롯되는 것이며 그 감정들을 초월함으로써만이 괴로움을 해결할 수 있다고 가르쳤다. 그의 깨달음과 가르침이 훌륭하고 그것이 대중들에게 끼친 영향이 실로 막대한 것이었지만, 새로운 발견이라고 할 수 있는 것은 아니었다.

이미 붓다 이전의 우파니샤드에 그가 가진 문제들이 제기되었고, 그것을 해결하기 위한 내적 성찰 등의 방법들이 권유되었다. 애착과 증오를 초월하는 평온한 마음 상태가 장려되고 윤회(輪廻)나 업(業)사상 등을 통해 세상과 우주를 이해하는 사상적 기반이 마련되었다. 그러므로 그의 사상은 그만의 고유한 것이 아니라 우파니샤드로 대변되는 고대 인도사상의 바탕 위에서 성립된 것이다.

싯다르타 붓다가 부패한 힌두교 사제들의 권위를 끌어내리고, 당시 힌두 사회로서는 도저히 용납할 수 없는 '만민 평등주의'를 표방함으로써 이전까지의 베다의 전통적인 흐름에서 뛰쳐나온 것 또한 베다가 가지고 있던 권위주의적인 일면에 반기를 든 우파니샤드와 맥을 같이한다. 이러한 점이, 당시 일종의 사회운동 내지 종교운동과 같은 성격마저도 띠게 된 불교가 단시간 내에 인도 민중의 마음을 사로잡을 수 있었던 중요한 요인 중에 하나였다.

시간이 지나면서 불교는 결국 힌두사상의 체계 속으로 흡수되고 말았다. 포용력이 강한 힌두사상은 신화를 통하여 붓다를 비슈누 신의 12

현신(現身), 즉 화신의 하나로 받아들이고, 불교도들을 힌두교도 안으로 포용했다. 실지로 인도 안에 아주 극소수로 남아 있는 불교도들은 자신들의 종교적 정체성에 대하여 별 무리 없이 힌두교도라고 생각한다. 붓다를 섬기기 때문에 힌두교도이기도 하다는 것이다. 이것이 바로 불교가 세계적인 종교로 확산되었음에도 불구하고 인도 안에서는 독립적 종교로서의 위치마저도 희미하게 된 원인 중에 하나이다.

우파니샤드의 사상은 그 자체로 전파된 경우도 있지만, 앞에서 언급한 것처럼 대개는 불교를 통하여 퍼졌기 때문에 불교사상으로 이해되는 경우가 많이 있다. 우리가 불교용어라고 생각하는 열반, 삼고(三苦), 윤회와 업 등도 알고 보면 불교 고유의 것이 아니다. 우파니샤드사상과 불교사상은 그 뿌리를 공유하고 있는 셈이다.

하나의 진리를 두고,
여러 현명한 자들이 여러 가지 방법으로 설명하도다.[2]

이 유명한 리그 베다의 구절처럼 전통적으로 인도의 철학은 '하나의 진리'(ekam satyam)를 찾기 위한 것이다. 이것은 지금으로부터 최소한 수천 년 전 우리에게 남긴 지혜의 극치라 할 만하다. 우주의 이 하나된 원리를 추구한 흔적이 베다의 전편에 걸쳐 확연히 드러나는 것은 아니라 하더라도, 후에 우파니샤드로서 전성기를 맞게 될 인도사상의 건강한 씨앗이었던 것은 분명하다.

우파니샤드는 이렇게 진리를 추구하는 베다의 전통 속에서 피어났다. 우파니샤드는 '과거에도 있었고 현재에도 있으며 미래에도 변함없이 있을 것'을 '진리'(satyam)라고 부르고, 인간의 일생일대의 목적을 이 진리의 발견에 두었다. 그러므로 이것은 결코 특정 종교나 철학을 위한 경전이 아니다. 우파니샤드 안에는 인간이 본연의 호기심으로 그 자신

---

2) 리그 베다 1.164.46. "ekaṁ sad viprā bahudhā vadanti."

에 대하여 던지는 물음이 있고, 세상에 대한 성찰과 스스로 삶의 가치를 깨닫기 위하여 몸부림치는 투명한 각고(刻苦)가 있다. 따라서 인간 본연의 모습을 그리워하는 사람이라면 누구든지 구절구절을 음미하면서 일깨움과 감동을 얻는다. 기독교인, 불교도인, 유교인 혹은 비종교인 등 진리를 찾는 사람이라면 누구라도 우파니샤드를 부담 없이 강독할 수 있는 이유가 여기에 있다.

우파니샤드의 주된 관심은 자기 자신과 세상과 우주의 원리 그리고 그들의 상호관계에 관한 것이다. 이것들을 한마디로 표현하면 '참' 혹은 '진리'이다. 우파니샤드가 말하는 '진리를 깨닫는다'는 것은 바로 이러한 문제들의 핵심을 깨닫는 것이다. 우파니샤드를 인류사상사의 값진 유산으로 꼽는 이유는 우파니샤드가 이 인류 공통의 난제(難題)인 정신세계와 자아추구의 문제에 대하여 가장 깊숙이, 가장 오랫동안, 가장 많은 사람들이 집중적으로 추구해왔기 때문이다. 이러한 문제들은 동서양을 통해 끊이지 않고 추구하여왔고, 지금도 물리학 등 과학적인 방법을 통해 조금씩 밝혀지고는 있지만 아직도 많은 부분이 풀리지 않은 미궁 속에 있다. 결국 인간의 모든 지식과 과학은 이러한 '0'(śunya)과 같은 추상적 사고에 접근하는 나름대로의 과정이라고 볼 수도 있다.

나는 누구인가? 어떻게 생겨났을까? 나의 의식은 언제부터 생겨난 것인가? 어머니의 뱃속에서 생겨난 것인가? 그 이전에 생겨난 것인가? 내가 죽으면 나의 의식은 남을 것인가, 육신과 함께 사라질 것인가? 물질 이상의 것이 있는가? 생명은 물질인가, 정신인가? 사람이 죽으면 무엇이 남는가?

우파니샤드는 이 모든 문제를 상징이라는 끈으로 엮어 '하나의 진리'로 연결시키고 있다. 이 진리는 그 자체로 완전한 것이어서, 이 모든 문제를 한 점의 의혹도 남지 않게 풀어서 평온을 주는 것이다. 그러므로 이러한 문제들의 해답을 갈망한다는 것은 진리를 탐구한다는 것과 같은 의미이다.

기원전 8세기에서 기원전 3세기 사이에 씌어진 주요 우파니샤드

(pramukha upaniṣad)는 당시 인도인들이 놀랄 만큼 정밀하게 인간
과 자연과 우주에 관하여 분석하고 연구하였음을 보여주고 있다. 특히
슈베따슈바따라 우파니샤드에는 실천적 방법으로서의 요가의 의미와
방법, 구체적인 명상의 과정과 그 과정중에 일어나는 현상들에 대해 언
급하고 있다.[3] 이렇게 요가와 명상으로 몸과 마음을 깨끗이 하고 정신
을 맑게 하여 진리를 깨달은 그들이 주는 가르침은, 곧 우주 세계 속의
주인이 다름 아닌 '나' 자신(jīvātman)이라는 것,[4] 그 '나'의 가능성은
무한하게 크다는 것, 또한 스스로를 크게 혹은 작게 만드는 능력이 '나'
에게 있다는 것이다. 그들은 진정 놀라운 정신적 고행을 통해 깨달음을
얻은 선각자들이었다.

그러나 이것은 그 시대가 소화해내기에 힘겨운 발견이었는지도 모른
다. 결국 초기 우파니샤드에 나타나는, 그들이 발견한 신비한 '나'의 초
월적인 모습은 점차 신격화되어 종교적 숭배의 대상으로 만들어질 수밖
에 없었다. 힌두교 최대 경전으로 꼽히는 『바가바드 기따』는 우파니샤
드 사상의 그러한 신격화 과정을 보여주는 좋은 예일 것이다.

이러한 신격화는 오래 전부터 전통적으로 내려온 자연신들의 개념을
통해 매우 경직되어 있던 유신론적 사고방식에 그 책임을 물어야 할 것
이다. 현대의 우리 사회에서도 그러하듯, 사회 전체를 뒤덮고 있는 경
직된 사고는 결코 혁명적인 사상을 순수하게 받아들일 수 없게 한다.
그들은 '진리'를 신의 이름으로 왜곡하고 인격체로 만드는 방법을 통해
쉽게 이해하려고 했다. 그리하여 초기 우파니샤드 이후에는 종교적·종
파적인 우파니샤드가 수없이 쏟아져 나오게 된다.

---

3) 슈베따슈바따라 우파니샤드 제2장.
4) 브리하다란야까 우파니샤드 제1장 4편 10절 ; 찬도기야 우파니샤드 제4장 8편 7절.

## 2. 베다전통의 정수인 우파니샤드

산스끄리트 학자인 아쁘떼(V. S. Apte)에 따르면 '우파'(upa)는 '가까이', '니'(ni)는 '아래로', '샤드'(sad)는 '앉는다'로서, '가깝게 아래로 내려 앉는다'는 뜻이다. 이것은 조용한 숲 속의 수도원에서 우파니샤드의 사상가들이 깊은 명상을 하고 그들이 터득한 지혜를 제자들에게 전수한다는 데서 붙여진 이름이다. 대표적인 우파니샤드들에 불후의 주석을 붙인 샹까라의 해설을 보면 우파니샤드의 의미는 좀더 명확해진다. 그는 '우파'는 '가까이', '니'는 '아래로' 혹은 '완전히' 그리고 '샤드'는 '부수다·깨다'(viśāraṇa), '얻다·추구하다'(gati), '마침·없앰'(abhasādana)의 뜻[5]을 가진 것으로 보았다.

즉 우파니샤드는 '제자가 스승 바로 아래 아주 가까이 앉아 전수받는 지식'이라는 의미를 담고 있다. '가까이' '바로 아래' 등의 용어가 말해주듯이 우파니샤드는 누구나 얻을 수 있는 지식이 아니라 자격을 갖춘 스승에게서 자격을 갖춘 제자가 일 대 일로 앉아 진지하게 주고받는 대화로 전수되는, 신중하고 엄격한 가르침이라는 것도 알 수 있다.

우파니샤드가 등장한 배경을 이해하기 위해서는 세계 최고(最古) 문학서인 리그 베다로부터 베다의 전통을 살펴보는 중요한 과정이 필요하다.

베다는 크게 네 종류로 나뉘는데, 리그 베다, 사마 베다, 야쥬르 베다, 아타르바 베다가 그것이다. 이 베다들이 주제별로 명확히 구분되어 있는 것은 아니지만 주된 내용의 성격을 통해 각각의 특성을 다음과 같이 표로 정리할 수 있다.

---

5) 동음이의(同音異義)를 이용하여 한 어휘로부터 몇 겹의 의미를 뽑아내는 경우는 산스끄리트 문장에서 흔히 발견된다. 문학적 용어로는 śleṣa라고 하며 영어의 pun과 비슷하다고 할 수 있는데, 동시에 여러 개의 의미를 적용시키기도 한다는 점에서 pun과 다르다고 하겠다. 우파니샤드와 같이 형이상학적 의미의 전달이 필요할 때 이 방법은 보다 깊은 의미를 읽을 수 있게 하는 장점이 있다.

표1                         베다전통의 계보

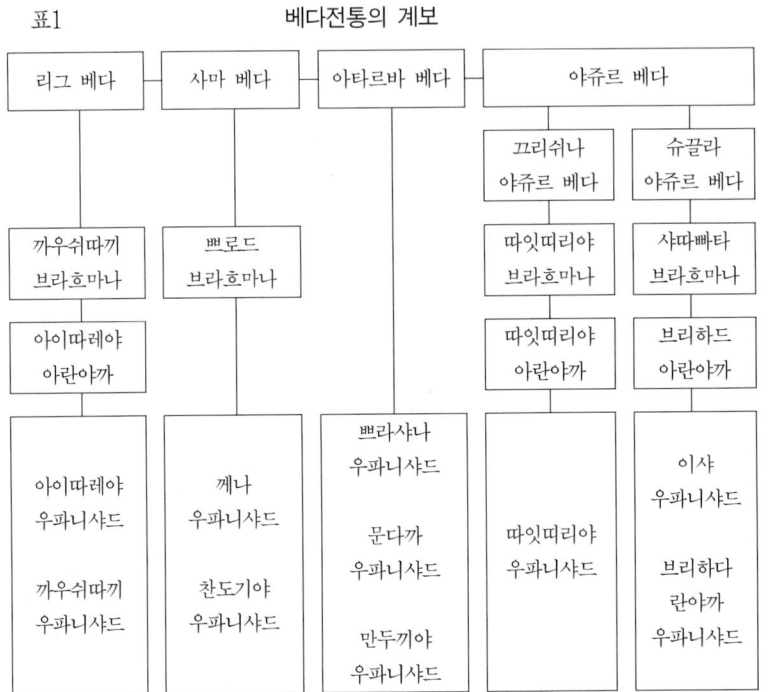

리그 베다는 이중 가장 오래된 베다로 신에 대한 찬가와 당시의 우주
관, 철학관, 신관등을 알아볼 수 있는 내용들을 담고 있으며 최소한 기
원전 1500년에서 기원전 1200년경 사이에 지어진 것으로 추정된다.[6]
사마 베다는 리그 베다보다 시대적으로 후대에 씌어진 것으로, 리그 베
다의 신에 대한 찬가를 일정한 형식으로 묶고 그 찬양의 해석과 상징적
인 의미 등을 상세히 기록한 것이다. 아타르바 베다는 위의 두 베다와
는 달리 실제 생활과 밀접하게 관련된 건강, 장수, 질병 치료, 죽음 등
의 문제를 주문(呪文)으로 풀어낸 만뜨라(mantra, 警句)[7]들을 담고

---

6) 인도의 점성학자 띨라까(Tilaka)는 기원전 6000~기원전 3500, 윈터니츠(M. Winternitz)
   는 기원전 2500, 뮐러(F. Max Müller)는 기원전 1500~기원전 1200으로 추정한다.
7) 만뜨라 : 베다의 본문에 속하는 모든 구절을 '만뜨라'라고 칭한다. 만뜨라는 성자들의 깊은
   사색의 성과이기 때문에, 신성하며 초현실적인 힘을 담고 있다고 여겨진다.

있으며, 야쥬르 베다는 주로 제례 의식의 다양한 형식적 관례를 다룬 것이다.

이들은 모두 베다 혹은 상히따(saṃhitā, 本集)라고 통칭되며, 대개 기원전 1000년경에 이처럼 네 가지로 정리가 되었을 것으로 추정된다. 물론 이들 베다의 전통은 구전으로 여러 학파와 지역적 분파들에 의해서 내려온 것이기 때문에, 몇백 년 동안 내려온 본문이 그대로 남아 있는지 의문을 가질 수 있을 것이다. 물론 변형이 있었을 것이다. 그러나 동서양의 베다학자들은 베다의 전통이 워낙 엄격하고 제한된 소수에게 만 전수되었기 때문에 책에 씌어져 내려온 시간에 비하여 삽입된 부분이 상당히 많아도 그 내용은 거의 변형되지 않았을 것으로 보고 있다.

이상이 '상히따'라고도 불리는 베다의 본집이고, 베다가 지니는 권위의 요체이다. 이 상히따에 언급된 만뜨라는 이 전통이 통용되는 범위 안에서는 어느 논리나 예시보다도 강한 설득력을 가진다.

인도사상의 전통적 입장에서 보면 베다는 사람이 쓴 시(詩)가 아니다. 베다는 그들에게 '아뿌루셰야' 즉 인간이 만들지 않은 것이라 불리며, 각 만뜨라에는 초월적 투시 능력을 가진 성자(聖者, ṛṣi)들의 이름이 기록되어 있다. 이처럼 전통적인 믿음은 각 만뜨라들이 천지창조 이전에 존재했으며, 이 성자들이 그것을 명상을 통한 투시의 방법으로 보고 인간의 언어로 기록한 것이라고 한다. 바로 이러한 이유에서 베다가 말한 것은 그 어떤 경험적 증명보다도 강한 설득력을 갖게 된다.

이 네 가지 상히따의 뒤를, 각 베다에 나오는 제례의 내용을 풀이한 브라흐마나(Brāhmaṇa, 祭禮書), 상징성에 대한 해석과 철학적 성격이 강한 아란야까(Āraṇyaka, 森林書), 신비적 사상의 결정체인 우파니샤드가 그 맥을 잇는다. 이러한 전통을 통해 형성된 우파니샤드는 베다 전통의 마지막(anta) 부분이라는 뜻에서 '베단따'라는 별칭을 가지게 되었는데, 이때 마지막이라는 의미는 단순히 끝이라서 붙인 것이 아니라, 정수 혹은 최고봉이라는 의미를 전하기 위한 것이다. 이러한 베다의 전통 속에서 상히따와 브라흐마나는 상대적으로 제례(행위)를 강조하는 반면, 아란야까와 우파니샤드는 초월적 지혜를 강조하므로 각각 '행위편'(karma kāṇḍa)과 '지혜편'(jñāna kāṇḍa)으로 불린다.

베다가 크게 네 가지이고, 각 베다마다 여러 파가 있는 것처럼 브라흐마나, 아란야까, 우파니샤드도 각기 여러 파가 있으며, 각 베다들과 연관되어 수십에서 수백 권으로 되어 있다. 이들은 대개 기원전 10세기부터 기원전 3세기 이전에 형성된 것들이며 후기의 아란야까나 우파니샤드 중 몇몇은 기원후 2세기경까지도 계속해서 씌어졌다.

우파니샤드의 저작 시기는 이미 언급한 것처럼 대개 기원전 8세기부터이다. 그중 '주요 우파니샤드'로 꼽히는 18개는 거의가 기원전 3세기까지 씌어졌다. 그 외 후기의 180여 개 우파니샤드는 이전에 기록된 '주요 우파니샤드'의 갈래에서 생겨난 것들로 철학적이라기보다는 종교적인 색채를 띠고 있어, 쉬바(Śiva)나 샥띠(Śakti) 혹은 비슈누(Viṣṇu)에 대한 신애(神愛)를 강조하거나 특정 종파의 교리를 싣고 있는 경우가 대부분이다. 이 외에도 인도 각 지역에서 발굴된 불완전한 필사본(筆寫本)들을 볼 때 상당히 방대한 수량의 우파니샤드가 있었던 것으로 추정된다.

현존하는 우파니샤드는 모두 200개가 넘는다. 많은 인도 학자들은 이중 붓다 이전, 즉 기원전 6세기 이전에 씌어진 우파니샤드만을 따로 '초기 정통 우파니샤드' 혹은 '베다전통의 우파니샤드'(Vedic upaniṣad)로 분류한다. 왜냐하면 순수한 사상적 가치를 가지고 있는 초기 우파니샤드들과 달리, 이후에 씌어진 우파니샤드는 요가, 샥띠즘 등 특정 종파 혹은 특정 철학의 사상을 강하게 담고 있는 것이 많을 뿐더러 그 성격이 뿌라나(신화)나 딴뜨라(秘術)에 가까운 것이 많기 때문이다.

순수한 사상적 가치를 지닌 우파니샤드로 인정받고 있는 주요 우파니샤드의 수는 10개, 11개, 18개 등 학자마다 조금씩 다른데, 대개 18개로 보면 베다전통의 우파니샤드에 속하지 않더라도 비중 있는 우파니샤드를 모두 망라하게 되므로 이 책에서는 18개를 모두 모았다.

8세기에 활동한 불이 일원론(不二一元論)의 철학자인 샹까라가 베다

전통의 우파니샤드로 보고 주석을 단 것은 11개[8](이샤, 께나, 까타, 쁘라샤나, 문다까, 만두끼야, 따잇띠리야, 아이따레야, 찬도기야, 브리하다란야까, 슈베따슈바따라 우파니샤드)이다. 그러나 샹까라는 바다라야나가 지은 『브라흐만 경』(Brahma Sūtra)에 주석을 하면서 이 11개의 우파니샤드 외에 까우쉬따끼, 자발라, 수발라, 빠잉갈라, 까이왈리야 우파니샤드도 언급하고 있다. 라다끄리슈난은 여기에 여러 베단따 철학의 원론서에서 이 우파니샤드와 같은 비중으로 다루어진 와즈라수찌, 마이뜨리 우파니샤드까지 포함해 18개의 주요 우파니샤드를 주장하고 있다.

라마누자[9]는 마하나라야나, 꿀리까 우파니샤드 등도 주요 우파니샤드로 언급하고 있지만 이 우파니샤드는 이미 종교적인 냄새를 풍기고 있으며 문체를 보아도 적어도 기원전 6세기 이후에 지어진 것으로 추정된다. 밀러(Max Müller)는 샹까라의 11개 우파니샤드의 주석과 마이뜨리 우파니샤드를 더해서 12개를 번역했고, 두센(Paul Deussen)은 60여 개에 이르는 우파니샤드를 편역·연구했는데 이중 14개를 주요 우파니샤드로 잡았으며, 흄(R.E. Hume)은 밀러의 12개에 까우쉬따끼를 더해서 13개, 키스(A.B. Kieth)는 『베다와 우파니샤드의 종교와 철학』(Religion and Philosophy of the Veda and Upanishad)에 마하나라야나 우파니샤드를 더해서 14개를 주요 우파니샤드로 보았다.

위에서 언급한 '주요 우파니샤드'는 그것들이 형성된 시대별로 초기, 중기, 후기로 나눌 수 있다. 이중 브리하다란야까, 찬도기야, 따잇띠리야, 아이따레야, 까우쉬따끼, 께나는 가장 초기에 지어진 우파니샤드로 분류되며 대체로 산문체의 형식을 띠고 있다. 까타, 이샤, 슈베따슈바따라, 문다까는 중기 우파니샤드이며 거의 운문체로 되어 있다. 쁘라샤나, 만두끼야는 후기에 지어진 우파니샤드로 역시 운문체 중심으로 되어 있다.

---

8) 어떤 학자들은 여기에 느리싱흐따뻬니 우파니샤드도 포함하여 12개로 보기도 한다.
9) 11세기 한정적 불이원론(viśiṣṭa advaita)의 베단따 철학자.

　따라서 우파니샤드가 처음에는 베다처럼 운문으로 씌어지다가 산문으로 발전했으리라고 보는 것은, 문체만으로 시대를 가늠해보려는 시도로서 지나치게 단순한 시각이다. 우파니샤드가 씌어지기 시작했을 때는 운문과 산문이 혼용되고 있었으므로 그 형식이 운문이냐 산문이냐 하는 것은 시대를 추정하는 적합한 기준이 되지 못한다고 하겠다. 베다와 마찬가지로 우파니샤드의 성스러운 문구를 쓴 사람은 리시(ṛṣi, 선지자)라고 알려져왔으며, 이 선지자들은 신으로부터 영감을 받아 만뜨라를 적었다고 전해진다.

　초기의 주요 우파니샤드가 형성된 기원전 8세기에서 기원전 3세기 사이에는 세계 철학계와 사상계에 있어 매우 중요한 시기였다. 이 시기에 그리스, 중국, 인도 등 당시 세계의 주요 문명권에 살고 있던 철학자와 사상가들은 자신들이 살고 있는 세상과 우주의 원리에 관해 깊이 사고했던 것이다. 카를 야스퍼스는 이 시기를 가리켜 '축의 시대'(Axial Era)라고 했다.

　그리스에서는 기원전 7세기경 탈레스로부터 시작하여 기원전 6세기의 아낙시만드로스, 아낙시메네스, 프로타고라스, 소크라테스, 플라톤, 아리스토텔레스 등으로 이어지면서 철학의 전성시대를 이루었고, 중국의 경우 공자, 맹자, 노자, 장자, 순자, 묵자와 그 외 제자백가로 불린 여러 학자 등 중국 사상을 대표하는 대학자들이 나왔다. 인도에서도 우파니샤드를 저술한, 이름이 알려지지 않은 많은 선지자·철학자들과 우파니샤드를 통해 자신들의 사상을 소개한 가우따마, 웃달라까, 야쟈발끼야 등이 활동하였다. 또한 상키야 철학의 시조(始祖) 까삘라, 니야야 철학의 시조 가우따마, 바이셰시까 철학의 시조 깐나다, 미망사 철학의 시조 자이미니, 불교의 붓다와 자이나교의 바르드마나 등도 이 시기에 활동하였다.

## 3. 우파니샤드의 주요 개념

### 1) 브라흐만, 아뜨만

우파니샤드의 주제는 최고의 실재(實在)인 '브라흐만' 혹은 '아뜨만'이
며, 이 개념의 기원은 리그 베다 시대까지 거슬러 올라간다. 리그 베다
에는 브라흐만의 개념이 여러 단어로 표현되어 있는데, 이 개념은 점차
리그 베다, 브라흐마나, 아란야까를 거치며 발전해 우파니샤드 시대에
이르러 황금기를 맞는다. 브라흐만의 개념을 살펴보기 위해 리그 베다
에 나오는 주요 구절 몇 가지를 살펴보자.

세상이 창조되기 전에는 죽음도 불멸도 없었고
밤도 낮도 드러나지 않았다.
그러나 어떤 한 존재가 있어
그는 스스로의 힘으로 호흡했으며
그 외에는 아무것도 없었다.[10]

천 개의 머리를 가진 뿌루샤.
그는 천 개의 눈과 천 개의 다리를 가졌으며
열 손가락으로 넓게 덮어
세상을 측량하였다.[11]

이 뿌루샤야말로 모든 것이다.
과거에 있었던 것, 앞으로 있을 것도.
불멸성(不滅性)의 주인인 그는
음식을 먹고 그 몸이 자란다.[12]

---

10) 리그 베다 10.129.1. 나사디야 편(sukta).
11) 같은 곳. 10.90.1. 뿌루샤 편.
12) 같은 곳. 10.90.2. 뿌루샤 편.

베다에 보이는 중요한 사고(思考) 중 하나는 '없음'(nāsat)이다. 이것이 추상적 사고의 씨앗이었으며, 눈에 보이는 존재만을 중요시하고 그 울타리 안에 갇혀 있던 사고의 틀에 '없음'의 존재와 열린 사고의 자유를 준 중요한 발견이었다. 아무것도 없는 가운데 하나인지 둘인지 알아볼 수 없는 어떤 힘이 스스로 숨쉬고 있었다는 앞의 첫번째 구절은 창조 이전의 유일한 존재의 독립성을 강조하고 있다. 두번째 구절은 그 유일한 존재가 만천하에 편재하고 있음을 말하고 있다. 이 '하나'와 '뿌루샤'는 같은 존재를 지칭하고 있는 것이다. 뿌루샤는 '육신 안에 들어앉은 주인'이라는 뜻이므로, 우주라는 육신 안에 들어앉은 브라흐만을 부르는 또 다른 이름임을 알 수 있다.

브라흐만이라는 단어는 어근 '브리'(펼쳐지다. 커지다)에서 파생된 것으로 남성 · 여성 · 중성 가운데 어느 성에도 속하지 않는, 전지전능한 완전한 존재를 말한다. 브라흐만은 모든 세상의 동력이며 원천이다. 그러한 존재를 어떤 말로 이름지을 수가 없어 '넓게 퍼져 어디든지 존재하는 것'이라고 막연히 불렀던 것이다. 야스까[13]에 따르면 '아뜨만'은 어근 '아뜨'(항상 일정하게 움직이다)와 '아쁘'(퍼지다)에서 나왔다고 한다. 즉 아뜨만이란 '항시 일정하게 움직여 퍼지다'라는 뜻을 가지고 있다. 여기에서 우주를 가득 채우고 있는 대공(大空)의 이름이 아뜨만이며, 사람의 육신을 채우고 있는 기(氣) 또는 숨(息)으로 지칭된다.

우주의 '나'를 브라흐만이라고 한다면 개체로서의 '나'는 아뜨만이라고 할 수 있다. 이것을 우파니샤드에서는 "브라흐만과 아뜨만은 다르지 않으며 이 둘은 하나이다"라고 말하고 있다. 우파니샤드는 계속해서 "네가 바로 그이다"(따뜨 뜨왐아씨), "나는 브라흐만이다"(아함 브라흐머 아스미)라고 한다. 그러나 이 두 개념은 이처럼 간단히 설명되지 않는다. 왜냐하면 브라흐만은 보통 인간의 지혜 속에 있지 않고 그보다 훨씬 밖에, 어떠한 틀로써 잡을 수 없는 무한의 영역에 있기 때문이다. 우

---

13) 기원전 7세기에 활동했던 고대 문법론과 어원론의 대학자.

파니샤드는 묻는다. 아직 알지 못한 그 무엇을 이미 알고 있는 어휘로 표현한다는 것이 가능한가. 우파니샤드는 답한다. 브라흐만은 앞에 있는 것도 아니고 뒤에 있는 것도 아니며 안에 있는 것도 아니고, 밖에 있는 것도 아니다.[14]

   그것은 '아니오, 아니오'의 아뜨만이니, 잡히는 것이 아니기 때문에 '잡히지 않는 존재'라 하고, 쇠하는 것이 아니기 때문에 '쇠하지 않는 존재'라 하며, 어디에 붙어 있는 것이 아니기 때문에 '붙지 않는 존재', 고통을 겪지 않고 상처를 입지 않기 때문에 '고통이 없는 존재'라 부른다오.[15]

이처럼 브리하다란야까 우파니샤드에서는 이 개념을 긍정적인 표현으로는 설명하지 못하고 '네띠 네띠'(이것도 아니다. 저것도 아니다)라는 부정적인 표현으로 접근하였다. 이 부정적인 표현만이 그 알지 못하는 존재를 나타낼 수 있는 가장 강한 긍정적인 방법이다.

 2) 세상, 마야(māyā), 무지(無智)
 우파니샤드는 개개인이 '이 세상'을 알고 적극적으로 살아갈 것을 권유한다. 세상은 아뜨만이 업(業)을 지고 살아야 하는 무대이기 때문이다. 그런데 우파니샤드는 이 무대를 가리켜 '변하는 곳' 혹은 '방황하는 곳'(jagat)[16]이라 부르고 있다.
 우파니샤드는 참 실재(實在)에 비추어보면 이 세상이 실재가 아니라고 한다. 왜냐하면 이 모든 것이 신의 환영력(幻影力, māyā)으로 만들어진 것이며 언젠가는 사라질 것이기 때문이다.

---

14) 브리하다란야까 우파니샤드 제2장 5편 19절.
15) 같은 곳, 제3장 9편 26절.
16) 이샤 우파니샤드 제1절.

신이 그 환영력을 통하여
세상과 육신의 모습을 만드노라.[17]

　이처럼 우파니샤드는 세상이 환영으로 만들어진 것이며, 따라서 영
원하지도 안정된 보금자리도 아니라고 말한다. 그렇다면 왜 우리는 언
젠가는 사라질 이 헛된 세상을 열심히 살아가야 하는가. 그것은, 비록
이 세상이 절대 진리인 브라흐만에 비해 영원하지도 일정하지도 않으며
불안정하지만, 바로 이곳을 통해서만이 그 영원하고 변함 없는, 일체
자유롭고 평온한 브라흐만의 자리로 갈 수 있기 때문이다.
　우파니샤드는 현세를 살아가는 사람에게 '자신의 의무를 다하며 평생
살아갈 소망을 가질지어다'[18]라고 하여 충실한 삶을 살 것을 강조한다.
더욱이 이어질 다음 생(生)은 현세에 만들어놓은 업에 의해 의해 결정
된다[19]고 하여 결코 현세를 무시하고 구원만을 바라고 살 수는 없음을
말하고 있다. 세상은 환영이지만 진리인 브라흐만의 일부분이다. 따라
서 세상에서 의무를 다하며 살지 않고 해탈을 얻고자 하는 것은, 길고
험한 바다를 배를 타고 건너지 않으며 그저 '이미 건너가 있으면' 하고
바라는 것과 같다.
　복잡한 세상사와 그 세상을 살아가는 개개인은 순수 브라흐만의 단
계에서 볼 때 근원적으로 '하나'이며 따라서 다른 것이 아니지만, 세상
이나 개인의 단계에서 볼 때는 다를 수밖에 없다. 세상에서 그 하나를
보는 자는 흔하지 않다. 꿈이란 현실과는 어떻게 다른가. 현실은 또 다
른 꿈일 수도 있는가. 장자가 꿈을 꾸고 일어나 "내가 나비가 되어 날았
는지, 나비가 내가 된 것인지 알 수 없다"[20] 한 것처럼 우리가 가진 인
식이란 것은 기껏해야 상대적인 것이다.

---

17) 브리하다란야까 우파니샤드 제2장 5편 19절.
18) 이샤 우파니샤드 제2절.
19) 브리하다란야까 우파니샤드 제4장 4편 5절. "어떤 업을 만드는가에 따라 그렇게 만들어
　　진다."
20) 『장자』「제물론」.

우파니샤드에서는 인간으로 하여금 제한된 시각을 갖게 하고 모든 것을 각각 다르게 보게 하는 것을 '마야'라고 한다. 마야는 신 '이슈와라'의 환영력(幻影力)으로 순수한 지혜에 장막을 쳐, 진실을 보지 못하게 하고 헛된 것을 보게 한다. 즉 하나의 진리를 서로 다른 여럿으로 보이게 한다. 이 상태가 인간의 무지(無智·無明, avidyā)의 상태이며, 보통 사람들의 정신적인 상태이다.

이처럼 무지는 '하나의 진리'를 가리는 장막이다. 이 무지를 깨고 맑게 빛나는 지혜를 갖추면 마야의 장막은 걷히고 모든 것이 하나임을 알게 된다. 그 순간이 바로 인간이 진정한 자유와 평온의 단계에 도달하는 때이다. 깨달음의 순간인 것이다. 우파니샤드의 궁극적인 목적은 바로 이 '하나'와 '다양성'의 경계를 깨닫는 것이다.

### 3) 개체아(個體我, jīvātman)

"저 보리수 나무에서 열매 하나를 따오너라."
"여기 따왔습니다."
"그것을 쪼개라."
"예, 쪼겠습니다."
"그 안에 무엇이 보이느냐?"
"씨가 있습니다."
"그중 하나를 쪼개보아라."
"쪼겠습니다."
"그 안에 무엇이 보이느냐?"
"아무것도 보이지 않습니다."
그는 아들에게 계속해서 말했다.
"총명한 아들아, 네가 볼 수 없는 이 미세한 것, 그 미세함으로 이루어진 이 큰 나무가 서 있는 것을 보아라. 보이지 않는 것이지만 그것이 있음을 믿어라.

아주 미세한 존재인 그것을 세상 모든 것들은 아뜨만으로 삼고 있다. 그 존재가 곧 진리이다. 그 존재가 곧 아뜨만이다. 그것은 바로 너이다. 슈베따께뚜야."[21]

이 부자간의 대화에서 보여주고 있는 것처럼, 우파니샤드에서 가장 중요하게 여기는 것은 자기 자신인 아뜨만과 브라흐만이 동격이라는 진리를 깨닫는 것이다. 중요한 것은 그 깨달음의 주체가 다름아닌 '개체아'라는 사실이다.

브리하다란야까 우파니샤드에서는 이 개체아의 중요성을 '벌과 꿀의 관계'[22]로 언급하고 있다. 개체의 아뜨만은 우주의 아뜨만 없이 그 존재를 유지할 수 없으며, 우주의 아뜨만은 개체의 아뜨만 없이 그 존재를 인정받을 수 없다. 이것이 벌과 꿀에 비유되는 상호 필수불가결한 관계이다. 그러므로 개체아(개인)의 주체적인 자아발견이 우파니샤드가 제시하는 구원의 과정이요, 목적이다.

개체아는 곧 개인이다. 나를 말하는 것이다. 이것이 바로 가장 중요한 깨달음의 핵심이다. 스스로 "내가 바로 그이다"(아함 브라흐머 아스미)를 말하게 될 때 개체아는 수없이 거쳐온 업과 윤회의 여정을 마치고 고통의 세상이 아닌 희망과 가능성의 세상에서 살게 된다. 여기에서 중요한 사실은 '내가 바로 그이다'는 다시 '네가 바로 그이다'(따뜨 뜨왐 아씨), 그리고 '이 모든 것이 브라흐만이다'(사르바 칼루 이담 브라흐마)로 확대되어서 범아(梵我)의 시각을 갖추어야 진정한 깨달음이 된다는 점이다. 혼자 무한한 가능성의 총체가 되는 것은 아무것도 아닌 무지의 늪에 다시 빠지는 것이다. 그것은 또 다른 무지와 어두운 악업(惡業)의 시작일 뿐이다.

---

21) 찬도기야 우파니샤드 제6장 12편 1절~3절.
22) 브리하다란야까 우파니샤드 제2장 5편.

4) 업, 윤회
업에 관한 우파니샤드의 언급을 몇 가지 살펴보자.

그가 원하는 것마다 만들어지노라.[23]

그가 행하는 대로 이루어지리니
선업(善業)을 쌓으면 그 쌓인 선업으로 인하여 선(善)하게 되고
악업(惡業)을 쌓으면 그 쌓은 악업으로 인하여 악하게 되노라.[24]

무지의 인간은 그 업보나 그 생각하는 바에 따라
또 다시 그 자신이 모르는 육신을 입으러 세상으로 가리라.
그러나 어떤 사람들은 그처럼 왕래하지 않는다.
행함에 따라, 생각하는 바에 따라
각기 그 처지가 다른 것이니.[25]

구도자의 마음속에 있는 욕망들이 완전히 사라지면
그때 그 사람의 죽음은 죽음이 아닌 것이 될 것이요
육신을 입은 채로 브라흐만을 받아들일 수 있게 되리라.[26]

우리는 여기에서 현실에 대한 적극적인 태도와 스스로의 존재에 대한 주체성을 강조하는 우파니샤드 사상의 혁신적인 면모를 발견한다. 스스로 만든 업에 따라 그 업을 만든 자가 흘러다니게 될 세상은 결국 그가 만든 열매를 먹는 곳, 책임을 지는 곳임과 동시에 새로운 업을 만들 수 있는 곳이다. 한편으로는 얽매여 있지만 다른 한편으로는 자유로

---

23) 브리하다란야까 우파니샤드 제1장 4편 15절.
24) 같은 곳, 제4장 4편 5절.
25) 까타 우파니샤드 제2장 5편 7절.
26) 같은 곳, 제2장 3편 14절.

운 세상이다. 윤회의 목적은 바로 이 업의 결과를 겪는 것 그리고 새로운 업의 창출이다.

이 업을 계속 만들게 되는 것을 피할 수 없는 이유는 욕망이 끊이지 않기 때문이다. 따라서 윤회를 그치고자 한다면 욕망이 남지 않도록 마음을 비우는 작업이 필요하다. 버리지 못한 욕망의 끈이 남아 있는 한 계속 업을 쌓고 윤회하리라는 것이 우파니샤드의 가르침이다. 욕망의 끈이 생겨나지 않는 순수한 행위, 업에 매이지 않을 수 있는 업, 그것은 브리하다란야까 우파니샤드에서 '니시까마 까르마'(無慾의 業)뿐이라 한다. 무욕의 업을 이루면 그는 드디어 윤회의 세상을 벗어날 수 있게 된다. 어떤 면에서 이것은 우리에게 익숙한, 노자(老子)가 말하는 '행하되 행함의 흔적이 남지 않도록 하는 행함'(無爲)과 일맥 상통하는 것이다. 이것이 곧 우파니샤드가 말하는 해탈의 과정이요, 길고 긴 윤회의 목적지이다.

### 5) 해탈

해탈(mokṣa)이란 무엇인가. 그런 것이 존재하는가. 존재한다면 그 윤회의 쳇바퀴를 벗어나 해탈을 얻는다는 것은 과연 어떤 것인가. 그것을 '이러이러한 것'이라고 설명할 수 있는가. 브리하다란야까 우파니샤드에서 성자 야쟈발끼야는 이것을 다음과 같이 비유하여 설명하였다.

우리가 몸도 건강하고 재산도 풍족하며 만인의 주인으로 숭앙을 받는, 인간이 가질 수 있는 행복의 조건을 모두 갖게 되었다고 하더라도 이 행복감은 저 세상을 정복한 조상들의 행복감의 백분의 일일 뿐이다. 이 죽은 조상들의 행복감은 반인반신(半人半神) 간다르바 세계에서의 행복감의 백분의 일에 불과하며, 간다르바의 행복감은 다시 업의 대가로 신이 된 자들의 행복감의 백분의 일, 이들의 행복감은 업과 관계 없이 본디부터 신인 자들의 행복감의 백분의 일, 이들의 행복감은 창조주의 행복감의 백분의 일, 창조주의 행복감은 베다

를 알고 죄와 욕망을 털어버린 해탈한 자의 행복감의 백분의 일일 뿐
이다. 이 해탈한 자의 행복이 지고의 행복이며, 브라흐만의 세계이
다.[27]

슈베따슈바따라 우파니샤드는 현실에 대충 만족하고 해탈을 주체적
으로 추구하지 않고 시간이나 운명 등에 맡기는 것을 '태만'(tuṣṭi)이라
하였으며,[28] 이는 해탈로 가는 길을 막는 장애로 보았다. 필요성을 못
느끼거나, 느껴도 자신이 아닌 그 어떤 힘에 자신을 맞기는 게으른 만
족은 자기 계발에 가장 큰 장애라는 것이다.

우파니샤드가 말하는 해탈은 죽어서 선업(善業)의 결과로 얻어지는
'만들어진 천국'이 아니다. 우파니샤드가 거듭 강조하는 것처럼, 그 스
스로가 만든 대로 될 것이요, 그것은 그가 만든 만큼의 행복의 세계이
다. 그 세계는 모든 다양성이 하나로 통일 되어 너와 나의 구별이 없어
지는 세계이고, 개체아인 나 스스로 만들어가야 할 세계이다.


## 4. 우파니샤드의 언어

우파니샤드는 고대 인도어인 산스끄리트로 기록되어 있다. 산스끄리
트는 인도의 전통에서 매우 신성한 언어였으며, 훌륭하고 고귀하다고
생각되는 것이 있으면 인도인은 산스끄리트로 구송(口誦)하거나 기록
했다. 이 점이 산스끄리트가 다른 언어들과는 다른 점이다.

고대 인도인들의 정신적 유산은 산스끄리트에 담겨져 있다고 해도
과언이 아니다. 그들에게 산스끄리트는 하나의 존경의 대상으로서 언어
이상의 가치를 가지는 것이다. 그러므로 산스끄리트는 현재 인도인들
사이에서 사용되지 않고 있어도 고대 인도의 사상, 종교, 철학, 역사,

---

27) 브리하다란야까 우파니샤드 제4장 3편 33절.
28) 슈베따슈바따라 우파니샤드 제1장 4절.

예술 등에 접근하기 위한 매개가 된다.

우파니샤드를 비롯한 베다(Veda), 정통 육파철학의 각 이론서들, 힌두경전에 속하는 『바가바드 기타』, 힌두 신화 뿌라나(Purāṇa), 스또뜨라(Stotra),[29] 대서사시 『라마야나』(Rāmayāṇa), 『마하바라따』(Mahābhārata), 설화문학 『빤쯔딴뜨라』(Pāñcatantra), 『함무라비법전』과 함께 고대의 2대 법전으로 알려진 『마누법전』(Manusmṛti), 일부 불교 경전 특히 대승불교 경전에 속하는 승려 아쉬바 고샤의 『부처 일대기』(Buddhacaritam), 나가르쥬나의 『중도론 독본』(Mādhyamika Kārikā, 中道論 讀本) 등 값진 인류의 문화유산이 되는 문헌들이 모두 산스끄리트로 씌어졌다.

산스끄리트는 독어, 프랑스어, 영어 등 오늘날의 유럽어들이 속하는 인도유럽어족(Indo-European Family)의 고대어로서 리그 베다에서 시작해 15~16세기까지의 문헌을 기록하는 '신성한 언어'였다. 그 이후 통용어로서는 생명을 마쳤으나 앞서 말한 것처럼 그 풍부한 학술적 유산 때문에 인도학(Indology)에서 중요한 학술언어로 남아 있다.

산스끄리트의 초기 언어학적 연구는 주로 유럽인들에 의해 시작되었다. 18~19세기에 존스 경(Sir William Jones, 1746~94), 윌킨스(Charles Wilkins, 1791~1867), 콜브룩(Henry Colebrook, 1765~1832), 윌슨(Horace Hayman Wilson, 1789~1860), 봅(Franz Bopp, 1791~1867), 뮐러(Max Müller, 1823~1900), 뷜러(F. Büller 1837~1898), 베버(Alfred Weber, 1825~1901) 등은 산스끄리트, 그리스어, 라틴어의 언어학적 비교연구를 통하여 인도유럽어족의 기원을 밝혔다.

이들 학자들은 산스끄리트와 그 문헌을 연구하여 언어학적 연구뿐 아니라, 인도 고전들이 가진 가치를 드러냄으로써 세계의 학계가 인도 고전에 이목을 집중하게 하였다. 특히 언어학적인 면에서 그리스어, 라

---

29) 쉬바, 비슈누 등을 최고신으로 노래하는 찬송집.

틴어, 아베스타어,[30) 산스끄리트가 하나의 언어학 군(群)을 이루고 있음을 밝혀냈다. 이러한 연구의 성과로 산스끄리트에서 나온 현대 인도어들, 아베스타어에서 나온 현대 페르시아계통 언어, 그리스어와 라틴어에서 나온 현대 유럽어들이 모두 같은 인도유럽어족에 속한다는 것을 알게 된 것이다.

표2 인도 유럽어족 음운 비교

| 산스끄리트 | 페르시안어 | 그리스어 | 라틴어 | 독일어 | 영어 | 힌디어 |
|---|---|---|---|---|---|---|
| pitṛ(아버지) | pidar | pater | pater | vater | father | pitā |
| brātṛ(형제) | birādār | phrater | frater | bruder | brother | bhāī |
| sapta(일곱) | haphta | hepta | septa | sieben | seven | sāta |

산스끄리트는 고유의 문자 '데바나가리'(devanāgarī)를 사용하는데 이 책에서는 원어를 적어야 할 경우에 그 소리값을 영어 로마자로 표기하였다.

이들 언어들의 모체어, 즉 인도유럽어족의 기원이 된 언어에 대한 문제는 그동안 학자들간에 종종 논쟁을 불러일으켰다. 학자들간에는, 코카서스 북쪽에 살고 있던 어떤 종족들 사이에서 생겨나, 일부는 현재의 유럽대륙으로, 다른 일부는 중앙아시아로 해서 인도대륙으로 건너와 정착했으리라고 보는 설이 지배적이다. 한편으로는 인도유럽어의 초기 사용자들이 알프스 산맥 동쪽의 유라시아에 있었던 무리일 가능성과 언어로서의 기원은 인도대륙 안에서부터 보아야 한다는 주장 등이 계속해서 제기되고 있다.

우파니샤드를 읽어보면 그 표현방법에서 오는 이해해득의 어려움을 가질 것이다. 아무리 우파니샤드에 담긴 내용이 정신을 건강하게 하는 지혜라 할지라도, 상징과 은유의 표현방법이 우파니샤드를 읽는 독자들

---

30) 고대 페르시아어로 조로아스터교의 경전 『아베스타』가 이 언어로 적혀 있다.

에게는 비논리적이고 비합리적으로 보이는 부분이 있을 것이다.

표3                      인도유럽어족의 계통

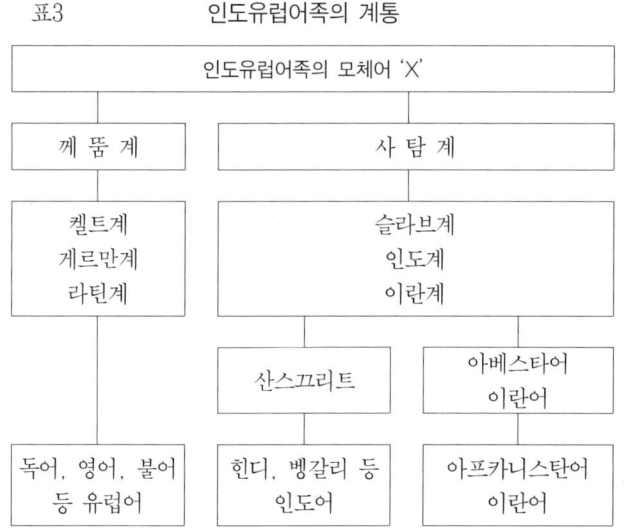

상징은 평범한 방법으로 뜻을 전달할 수 없을 때, 그리고 표현할 수 있는 의미 이상의 것을 전달하고자 할 때 사용하는 하나의 독특한 표현 방법이다. 특히 상징은 시에서 많이 사용되는데, 시인은 어떤 이미지를 전달하기 위해 상징을 사용하여 시를 짓고, 독자는 평범한 글에서는 느낄 수 없는 어떤 이미지를 그 시에 쓰인 상징을 통해 그려보게 된다.

우파니샤드를 펼쳐보고 다소 모호하게 다가오는 내용이 있더라도 이 것이 상징을 통한 다양한 표현이라는 것을 감안하여 받아들인다면 우파니샤드를 이해하는 데에 한결 도움이 될 것이다.

우리는 비유와 상징으로 겹겹이 싸여진 우파니샤드의 구절을 읽으면서 물질로 형상화·정량화되지 않는, 수없이 반복하여 강조하고 있는 순수의식(cit), 진리(satyam), 브라흐만(Brahman), 해탈(mokṣa) 등과 같은 개념을 이해하기 위해 무척 애써야 할지 모른다. 그러나 물리적 감각기관으로 감지되는 물질 세계만이 가치 있는 진실이라고 생각하

는 굳어진 통념을 우파니샤드의 상징적 언어를 통해 재고해보는 기회를 갖게 될 것이다.

더구나 물질적 문명의 끝을 희망의 연속이 아닌 파멸로 보는 현대인이라면 우파니샤드와 같은 정신문명의 추구대상이 '존재냐, 비존재이냐' '진리이냐, 허황된 말장난이냐'를 논리적으로 따질 것이 아니라(그러한 논쟁은 전혀 의미가 없는 것이다), 그것이 무엇을 말하고자 하는지, 오늘의 우리에게 어떠한 의미를 줄 수 있는 것인지 생각해볼 필요가 있다.


## 5. 우파니샤드의 소개와 연구

우파니샤드가 인도라는 지리적 공간을 넘어 세상에 널리 알려지게 된 것은 회교 왕국의 왕자 이지만 우파니샤드 번역의 선구자로 보다 잘 알려진 다라시코(Darashikhoh)가 산스끄리트 원본을 페르시아어로 번역(1656~57)하면서부터였다. 그후에 듀프롱이 우파니샤드를 라틴어로 번역하였고, 콜부룩도 52개의 우파니샤드를 모아 영어로 번역하였다.

1883년과 1887년에 수브라만야와 라가바짜리야가 『108개의 우파니샤드』를 남인도어의 하나인 뗄루구어로 편역한 것을 계기로 여러 학자들이 인도의 각 주(州) 언어로 우파니샤드를 번역하였다. 1897년에는 두쎈이 독일어로 된 『60개의 우파니샤드』를 냈고, 이어서 흄, 밀러, 힐레브란트, 레누, 예이츠, 라다끄리슈난, 스와미 니킬라난다 등이 영어와 유럽어로 우파니샤드를 번역하였다. 이후에도 계속 번역되어 지금은 영어를 비롯해 세계 각국의 언어로 읽을 수 있다.

우파니샤드의 번역에 이어 우파니샤드 철학을 분석·연구한 저작이 무수히 쏟아져 나왔다. 그중에 주목할 만한 저작·논문을 들면 구흐(Archibald Edward Gough)가 1891년에 8개의 우파니샤드를 분석한 『우파니샤드 철학』(Upanishads), 1906년 도이쎈이 발표한, 이 분야의 고전적인 저서인 『우파니샤드 철학』(*The Philosophy of the Upanishads*) 등이 있다. 1921년에는 라나데(R.D. Ranade)가 『우파니샤드 철학의 개관』(*A Constructive Survey of Upaniṣadic Philosophy*)을, 1972년에는 샤르마(B.R. Sharma)가 『주요 우파니샤드에 나타난 아뜨만의 개념』(*The Concept of Ātman in the Principal Upaniṣads*)을 발표하였다.

또한 1987년에 나온 그로버(Usha Grover)의 『아란야까의 상징성과 우파니샤드에의 영향』(*Symbolism in the Āraṇyakas and their Impact on the Upaniṣads*)도 우파니샤드의 상징성을 연구한 저작으로 주목할 만하다.

인도와 인도사상을 연구하는 학자들에게 우파니샤드는 지나칠 수 없는 필수였으므로, 이들 고전적인 논문과 저서들은 인도학을 공부하는 학도들에게 인도사상을 이해하는 데에 큰 도움을 주어왔다. 최근의 우파니샤드 연구자들의 관심은 상징과 해석의 문제, 다른 문화권의 철학과의 비교 연구, 중국철학과 일본철학 등 동양의 주요 철학들과의 공통적인 요소를 통해보는 동양철학의 본질 연구 등으로 진행되고 있다.

물리학자 카프라(Fritjof Capra)는 그의 저서 『현대 물리학과 동양사상』(*The Tao of Physics*)에서 물리학과 우파니샤드의 연계적인 연구 가능성을 보여주고 있다. 그는 가장 과학적인 방법으로 물질의 끝을 좇다보면 결국 우리가 추상적인 것이라 여겨왔던 정신세계로 다가가게 된다고 주장한다.

최근에는 물리학에서도 정신세계의 문제로 여겨왔던 현상들을 많이 다루고 있다. 물질과 정신은 동전의 앞뒷면과 같은 것이기 때문에 이러한 현상은 자연스런 것이라고 여겨진다. 현대 물질문명의 소용돌이 속에서 가치관의 혼란을 겪는 우리는 물질의 중요성만큼 정신적인 것의 가치를 깨닫지 못하는 삶을 살고 있기도 하다. 아니, 정신적인 가치를 아예 잊거나 경멸하고 있는 경우가 더 많을지 모르겠다.

이러한 우리에게 물질과 정신의 가치를 모두 소중하게 여겨왔던 동양 선인들의 지혜는 우리가 찾아가야 할 정신의 세계로 안내하는 등불이 될 수 있을 것이다. '나'라는 인간의 존재를 분명하게 아는 것은 인생의 목표를 향한 진지한 전진을 하기 위해서 반드시 필요한 과정이다. 꾸준히 성찰하고 깨달아가면 우리는 '나' 스스로가 주체가 되는 진정한 '나'를 발견할 수 있을 것이다.

# 음역표

## 모음

अ a 아　　आ ā 아　　इ i 이　　ई ī 이

उ u 우　　ऊ ū 우　　ऋ ṛ 리　　ॠ ṝ 리

ए e 에　　ऐ ai 아이　　ओ o 오　　औ au 아우

### 아누스와라
Anusvāra
(ं) ṁ ㅇ/ㅁ/ㄴ

### 비사르가
Visarga
(ः) ḥ 허

## 자음

क k ㄲ　　ख kh ㅋ　　ग g ㄱ　　घ gh ㄱㅎ　　ङ ṅ ㅇ

च c ㅉ　　छ ch ㅊ　　ज j ㅈ　　झ jh ㅈㅎ　　ञ ñ ㄴ

ट ṭ ㄸ　　ठ ṭh ㅌ　　ड ḍ ㄷ　　ढ ḍh ㄷㅎ　　ण ṇ ㄴ

त t ㄸ　　थ th ㅌ　　द d ㄷ　　ध dh ㄷㅎ　　न n ㄴ

प p ㅃ　　फ ph ㅍ　　ब b ㅂ　　भ bh ㅂㅎ　　म m ㅁ

य y 여　　र r ㄹ　　ल l ㄹ　　व v ㅂ/ㅇ

श ś ㅅ　　ष ṣ ㅅ　　स s ㅅ　　ह h ㅎ

## □ 산스끄리트의 표기에 대하여

외국어의 표기문제는 두말할 것도 없이 매우 중요하다. 개념의 정리를 위해서도 전문지식을 가진 학자들이 참여하여 해당 언어에 관한 한 통일된 표기안을 만들어야 한다.

산스끄리트의 경우, 한국외국어대학교와 동국대학교에서 각기 나름대로의 원칙을 정하고 있지만 아직 전체적인 통일안이 없기 때문에, 출판되어 나오는 수많은 책들은 각기 다른 식의 표기를 하고 있다. 대개는 원칙도 없이 표기하고 있기 때문에 이대로 가다가는 점점 더 심각한 문제가 될 것이다. 이러한 혼동 속에 더욱 혼란을 가중시킬까 두려운 마음이 없지 않으나, 이 책에서도 어떻게든 표기해야 하기 때문에 부득이 나름대로의 원칙을 적용하여 표기하였다.

산스끄리트 원어로 된 자료를 참고하는 연구자라고 하더라도 모두 산스끄리트의 정확한 발음을 알지는 못하므로, 영어식 표기(예 : Upaniṣad, Bhagavad Gīta)에 대한 한글표기방법을 통일하는 것이 필요하다. 단, 산스끄리트의 영어식 표기를 문교부에서 정하고 있는 외국어 음역원칙에 따라 옮겨놓으면 원어식 발음과 너무도 거리가 멀어서 혼란스러워지기 때문에 독립적인 산스끄리트 음역 통일안이 만들어져야 할 필요가 있다.

이 책은 대개 역자가 앞의 음역표에 임의로 적은 기본적인 원칙에 따라 음역하였으나, 원칙에 맞추지 못한 경우도 많다. 다음은 음역에 관한 몇 가지 언급할 만한 점들과 예외에 속하는 사항들을 정리한 것이다.

1. 이 책의 원어 산스끄리트의 한글표기는 기본적으로 앞의 음역표를 따랐으나, 국내에 이미 많이 알려져 그 소리가 익숙해진 어휘, 예를 들면 'Upaniṣad'(우⟨빠⟩니샤드)는 익숙해진 소리를 그대로 따라 '우⟨파⟩니샤드'로 하였다.

2. 산스끄리트와 한글은 경음과 격음을 구분할 수 있다. 따라서 산스끄리트를 한글로 표기할 때에는 다행히도 경음과 격음이 구분되지 못함으로 해서 생겨날 수 있는 많은 문제들을 어느 정도 피할 수 있다. Naciketa는 '나⟨찌⟩⟨께⟩⟨따⟩'로 표기하였다.

3. 산스끄리트의 소리는 영어식으로 음역한 다음에도 한글로 표기될 수 없는 경우가 많이 있다. 우선 장단음의 구분이 불가능하다. 우리말은 장단음을 따로 구분하여 표기하지 않고, 읽을 때에만 구분하여 읽고 있기 때문에, 어떤 것은 장음으로, 어떤 것은 단음으로 읽으라고 표시할 수 없었다. Āraṇyaka에 첫 'A'는 장음이고 다른 'a'들은 단음이지만 모두 같이 '⟨아⟩⟨란⟩⟨야⟩⟨까⟩'로 표기하였다.

4. 우리말로 표기될 수 없는 경우로 복합자음의 문제가 있다. 이런 경우 한글로 표기될 수 있는, 보다 원음에 가까운 소리를 썼다. 예를 들어 영어식 음역 Bhagavad Gita에서 'Bh'는 복합자음으로 ㅂ과 ㅎ이 같이 나는 소리이다. 한글표기에서 이 두 소리를 한꺼번에 소리낼 수 없고 '파'보다는 '바'에 가깝다고 판단하여 '⟨바⟩가바드 기따'로 표기하였다.

5. 앞의 음역표에 따르면 카스트의 사제는 Brāhmaṇa로 '브라흐마나', 베다 전통의 한 부류인 Brāhmāṇa도 '브라흐마나'로 철자가 같고, 우주의 절대진리는 Brahman으로 '브라흐만' 그리고 삼신(브라흐마, 비슈누, 쉬바) 가운데 창조를 담당하는 신은 Brahmā로 '브라흐마'이다. 이들이 모두 소리가 비슷하여 혼동되기 쉽기 때문에 구분을 짓기 위해 예외로, 이중 '사

제'를 '흐' 소리가 아주 적게 나는 것을 근거로 하여 '브라만'으로 표기하였다.

6. 'v' 소리는 한글의 ㅂ과 ㅇ의 중간소리, 반자음인데, 이 두 소리 중에 어떤 소리를 써야 하는가에는 적절한 원칙을 찾지 못했다. 영어식 음역은 같은 'v'이지만 어떤 때는 ㅂ으로 어떤 때는 ㅇ으로, 그 산스끄리트로 읽을 때의 소리에 가까운 대로 적었다. Veda는 '베다'로, Bhagavad는 '바가〈바〉드'로 Vājśrava는 '〈와〉즈슈라〈바〉'로 표기하였다.

7. 'ṣ'는 치찰음, 'ś'은 기음(氣音)이지만 이 둘을 한글의 철자로 구분해 표기할 수 없었다. 두 소리 모두 a와 함께 있을 때는 〈샤〉로 해서, Uṣā는 '우〈샤〉'로, śastra는 '〈샤〉스뜨라'로 표기하였다. 모음이 없을 때는 다음에 오는 소리와의 어울림에 맞추어 Śvetāśvatara는 '〈슈〉베따〈슈〉바따라', Viṣṇu는 '비〈슈〉누'로 표기하였다.

8. 비음 ñ가 끝이 아닌 중간에 나오는 경우에는 원어의 발음상, y 소리를 첨가하였다. Yājñavalkya는 jñ가 j와 ñ가 합해져서 만들어진 복합자음이고, y 소리를 첨가하여 'ㅈ+녀'이므로 '야〈쟈〉발끼야'로 표기하였다.

9. ya 앞에 모음 없이 자음만 있을 때는 원어의 발음 편의상, 그 자음에 i 소리를 첨가하여 표기하였다. Yājñavalkya를 '야쟈발〈끼〉야'로, Sūrya는 '수〈리〉야'로 표기하였다.

10. ॐ 은 글자가 아니라 상징이므로 일종의 그림이다. 그러므로 영어식 표기는 대개 om으로 하지만 원음에 가까운 〈오움〉으로 표기하였다.

이외에도 음역표에 보면 영어의 철자와는 다른 특수문자 철자들( ṭ, ḍ, ṃ, ḥ, ṛ, ṅ, ñ, ṇ)이 많이 보이는데, 이들을 그 특수기호가 없는 철자들과 구별되게 표기할 방법은 찾지 못하였다. 사실 영문판 서적의 영어식 표기 자체가 특수문자를 사용하지 않은 경우도 있기 때문에 대개의 산스끄리트 나 다른 인도어를 모르는 사람들에게는 표기의 문제가 매우 혼동스러운 것 이 사실이다. 이 책에서도 특별한 규칙없이 원음에 가까운 소리를 그대로 적을 수밖에 없었다.

일반적으로 원어에 가까운 소리를 적을 경우, 경음(ㄲ, ㄸ, ㅃ, ㅆ, ㅉ) 과 음성모음(으, 이, 우, 유, 에)이 많아서 인도어에 생소한 사람들에게는 다소 부담감을 준다는 의견도 있다. 그러나 어느 정도 절충된 소리를 찾다 보면 표기원칙은 또 다시 무질서하게 되어서, 원어에 가깝지도 않고, 한글 화되지도 않으며, 그렇다고 영어식도 아닌 엉뚱한 표기를 하게 된다. 앞으 로 이러한 여러 가지 문제점들을 체계적으로 해결할 수 있는 통일된 표기 안이 만들어지기를 기대한다.

# 1. 이샤 우파니샤드

　'이샤 우파니샤드'의 이름은 본문의 첫 구절 '이샤바스야 이담 사르밤'(이 세상 모든 것은 신(神)으로 덮여 있도다)에서 딴 것이다. 앞부분만을 따서 '이샤바스야 우파니샤드' 혹은 '이샤 우파니샤드'라고 부른다. 베다문학의 계통으로 보면, 이샤 우파니샤드는 야쥬르 베다의 와즈스네이파에 속하며, 야쥬르 베다의 마지막 부분에 실려 있다.

　이 우파니샤드는 모두 열여덟 개의 구절만으로 되어 있어, 분량은 적지만 내용면에서는 가장 핵심적인 것들을 다루고 있기 때문에 전체 우파니샤드를 대표하는 것으로 꼽힌다. 그 내용은 인간의 피할 수 없는 의무(業, karma), 현실과 이상의 균형감 그리고 아뜨만에 관한 것인데, 특히 아뜨만에 대해 설명하는 부분은 매우 핵심적이다. 그러므로 일단 이 우파니샤드를 이해하면 전체 우파니샤드의 반은 이해했다고 생각해도 될 정도이다. 대개의 인도학자들이 우파니샤드들 중에도 가장 먼저 이 우파니샤드를 꼽는 것도 이 때문이다.

　●역자의 말

## 평온을 위한 낭독

오움—
저것이 완전하고
이것도 또한 완전하도다.
완전함으로부터 완전함이 생겨나왔도다.
완전함의 완전함을 빼내었으나
완전함이 남은 것이었도다.


오움—평온, 평온, 평온.


[역주]

• 평온을 위한 낭독(śānti pāṭha) : 각 우파니샤드의 본문으로 들어가기 전
과 끝에는 대개 스승과 제자가 함께 낭독하는 '평온을 위한 낭독'이 있다.
이 낭독으로 우파니샤드의 가르침을 진지하게 받아들일 준비를 하고, 이를
위해 '평온, 평온, 평온'을 외쳐 마음의 평온, 세상의 평온 그리고 정신적인
평온, 이 세 가지 평온의 상태를 염원하는 것이다.

• 오움 : 물론 이 '오움'은 브라흐만의 상징이고, 매우 초월적인 것이기 때
문에 풀어서 설명할 수 없는 소리이다. 그러나 그 초월성을 이해하기 위해
서 가능한 해석을 찾아보면, '오움'을 구성하는 아, 우, 머 이 세 소리가 상
징하는 것을 종합해보는 방법이 있다. 이 소리들은 각각 우주 창조의 신
'브라흐마'(Brahmā), 유지의 신 '비슈누'(Viṣṇu) 그리고 파괴의 신 '마헤
샤'(쉬바의 異名, Maheśa)를 떠올리게 한다. 브라흐마의 마지막 음(a)과
비슈누의 마지막 음(u), 그리고 마헤샤의 첫 음(M)이 이루는 소리가 '오
움'이다. 그러므로 '오움'의 소리를 내는 것은 우주의 운용을 가능하게 하는

56

'힘'을 기억하는 것이라고 말할 수 있다.

• 저것(adaḥ) : 이 구절은 '완전함 그 자체인 브라흐만이 곧 아뜨만의 근원임'을 천명하고 있다. 그러므로 원문의 '아다허'(adaḥ)는 '저것'이라는 뜻인데 '저 근원으로서의 브라흐만'을 가리키는 말이다.

• 이것(idam) : '이담'(idam)은 '이것'이라는 뜻으로 '이 행태(行態)로서의 브라흐만'을 말한다. '저것'과 '이것'의 인식은 아직 이 둘의 관계를 깨닫지 못한 사람들이 진리를 찾아 출발하는 출발선이다.

우파니샤드는 개체 아뜨만과 그 근원인 브라흐만이 '둘이 아니다'(advaita)라고 말한다. 이 '둘이 아니다'라는 말은, 이미 브라흐만 혹은 아뜨만이라는 이름으로 불려지고는 있지만, 사실은 이 둘이 다르기 때문에 이렇게 불려지는 것이 아니라, 각각 고유한 근원의 자리, 행태의 자리에 머물러 있기 때문에 '브라흐만' 혹은 '아뜨만'으로 불려지는 것이라는 의미이다. 이러한 맥락에서 '아뜨만은 곧 브라흐만'이라고 하는 것이며, 이것이 바로 '둘이 아닌' 그리고 '다르지 않은'으로 설명하는 브라흐만과 아뜨만의 관계이다.

• 완전함의 완전함을 빼내었으나(purṇasya purṇamadāya) : 근원 브라흐만의 완전함에서 행태 브라흐만의 완전함을 빼내었으나.

• 완전함이 남은 것이었도다 : 완전함에서 떼어낸 조각이 부분이 아니라 다시 완전함이었으며, 원래의 완전함도 또한 비지 않고 완전한 그대로 남은 것이었다.

[ 1 ]
변하는 것들의 세상에
모든 것은 신(神)으로 덮여 있도다.
그러니 인간들이여
내버림의 지혜를 가져
어느 누구의 재물도 탐내지 말지어다.

역주

• 변하는 것들의 세상(jagatyāṃ jagat) : 산스끄리트의 '세상'을 일컫는 단

어 'jagat' 자체가 '변화하는 것'이라는 뜻이다. 세상의 모든 것은 생겨나고 자라고 죽어 없어지는 변화 속에 있다. 생물이든 무생물이든 이 세상에서는 생겨나면 반드시 없어지는 '변화'를 겪게 되어 있는 것이다. 세상을 '변하는 것'이라 일컬음으로써 '변하지 않는 것'을 동경하고 있는 것이다.

• 신(神)으로 덮여 있도다(iśāvāsya) : 여기에서 '신'은 변하는 속성을 가진 세상에 반대되는 개념으로, '변하지 않는 것'을 말하고 있다. 이 세상의 모든 것이 예외 없이 변하는 것이지만, 그것을 덮고 있는 것은 변하지 않는 것이라는 의미이다.

• 내버림의 지혜를 가져(tyaktena) : 변하는 세상에 아무것도 욕심낼 것이 없음을 앎으로써.

• 어느 누구의 재물도 탐내지 말지어다(mā gṛdhḥ kasyasviddhanam) : 무엇이 누구의 것으로 되어 있든 '나'에게 달라질 것은 아무것도 없다는 마음을 가져야 한다. 어차피 영원할 것이 아니기 때문이다. 인간은 '나'에 얽매이게 하는 이러한 소유욕을 버리고 변하지 않는 영원한 것을 추구해야 한다는 것을 말하고 있는 것이다.

[2]
인간이여
이 세상에서
자신의 의무를 다하며 백 년 살아갈 소망을 가질지어다.
그대에게 이 길말고
업보에 얽매이지 않을 다른 길이 없으리니.

역주

• 인간이여(nare) : 스스로 '바로 나'임을 내세우는 자만에 가득찬 인간이여.

• 의무를 다하며 백 년 살아갈 소망을 가질지어다(kurvanneva karmāṇi jijīviṣet śatam samāḥ) : '의무'는 베다의 제례행위 혹은 그것이 상징하는 베다에서 규정한 인간의 4대 이상으로부터 추정해볼 수 있다. 인도인들은 '인간의 도리'(다르마), '가치 있는 것의 추구'(아르타), '욕망의 추구'(까

마), '해탈'(목샤), 이 네 가지를 한 평생을 사는 데 이상으로 삼았다. 이 네 가지 이상은 인생을 궁극적인 하나의 목적을 추구해 나가는 단계적인 과정이라 생각한 인도인들의 사고방식을 단적으로 보여준다.

'인간의 도리'란 제 분수와 처지를 알아 지켜야 할 의무이며, '가치 있는 것의 추구'란 재산이나 돈으로 계산될 수 있는 것뿐 아니라 스스로 의미있다고 생각하는 모든 것의 추구이다. 인생의 단계에 따라 이것은 어떤 물질적인 부(富)나 명예 등이 될 수도 있고, 비물질적인 가치가 될 수도 있다. 비물질적인 가치를 추구한다는 것은 전혀 가치가 없는 일을 하며 사는 것이 아니라 그 스스로가 궁극적으로 추구해 나갈 목표와 부합되는, 그래서 그에게 보람과 기쁨을 주는 일을 하며 살아갈 필요성이 있다는 것이다. 또 '욕망의 추구'란 그러한 의미있는 삶을 위해서는 세상에 사는 한, 욕심을 낼 필요가 있고 때에 따라서 물질적·성적(性的) 욕망까지 추구해야 할 필요성을 포함하는 말이다. 마지막 목표인 '해탈'은 이들 과정을 통해 고통의 굴레를 영원히 벗어나고 싶어하는 인간의 본능적 욕망이다.

• 업보(業報, karma) : 선악의 차원이 아닌 모든 행위가 남기는 흔적, 미련이나 한(恨) 등으로 이해할 수 있다. 다 하지 못한 업보가 있는 한 개체아(個體我)는 계속해서 이 세상에 새로운 육신으로 와서 행위하는 고통을 겪을 수밖에 없다고 한다. 이것이 바로 개체아로 하여금 계속해서 윤회의 바퀴를 벗어나지 못하게 하는 요소이다.

개체아가 현생을 살면서 전생에 그 스스로가 만든 업에 대한 업보를 치러 그것을 소멸하고, 후에 치러야 할 업보를 더 이상 만들지 않으며 살 수 있는 유일한 길은, 그에게 주어지는 다르마를 성실하고 훌륭하게 수행하여 그 어떤 욕망의 끈에도 이끌리지 않는 순수하고 진실된 행위로 살아가는 것이다.

이 구절은 이 세상의 삶을 제대로 살지 않고 그것을 소홀히 여기거나 포기하는 것은 결코 옳지 않다는 것, 그리고 업은 그렇게 한다고 해서 피할 수도 없음을 말하고 있다. 또한 살아 나가는 과정에서도 업에 더 이상 얽매이지 않기 위해서는 무조건 오래 살 욕심을 낼 것이 아니라, (자신이 이미 만든 업보를 소멸시키기 위해) 자신만의 의무를 다하면서 살고, 더 이상의 욕망에 젖은 새로운 업을 만들지 않아야 한다고 말하고 있다.

[3]

아수라들의 악명 높은 세계가 있다.
그곳은 깜깜한 어둠으로 덮인 곳.
누구든 아뜨만을 알지 못하는 자는
죽을 때마다 이 어두운 세계로 계속해서 떨어질지어다.

역주

• 아수라(asura) : 지하에 산다고 전해지는 악마 종족. 이들은 동물적 본성만을 추구하며, 힘이 세고 자신보다 약한 자에게 잔인하다고 한다. 천상에 사는 신들과는 그 성격이 정 반대로 늘 인간을 괴롭히며 신들의 세계를 넘보는 악의 무리이다. 우파니샤드에서는 신과 인간 그리고 아수라가 모두 창조주의 '자식'이라고 한다(께나 우파니샤드, 브리하다란야까 우파니샤드 참조).

• 계속해서 떨어질지어다(abhigacchanti) : 태어남과 죽음의 윤회만을 거듭할 뿐 그 쳇바퀴를 벗어나지 못한다는 것을 암시하고 있다.


[4]

아뜨만은
움직임을 알아챌 수 없는 마음의 속도보다도 더 빠르다.
(눈·귀 등) 감각기관들조차 아뜨만을 잡지 못했으니
그것은 아뜨만이 그들 모두보다 늘 그 가고자 하는 자리에
먼저 가 있었기 때문이다.
아뜨만은 스스로 움직이지 않으면서도
가장 빠른 속도를 가진 것보다도 더 빠르며
떠다니는 공기도 바로 그에게 의지하여
물에게 물의 역할을 내주도다.

역주

• 마음의 속도보다도 더 빠른(manaso javīyo) : 속도로 따지자면 생각하는 순간 바로 그 대상에게 가 있는 마음보다 더 빠른 것이 없겠지만, 이미 모

든 곳에 편재(遍在)해 있는 아뜨만에게는 그런 속도조차 아무 의미가 없다. 속도가 나기 위해서는 달리는 주체가 한 지점에서 다른 지점까지 움직일 공간이 있어야 하는데, 아뜨만은 이미 모든 공간 안에 골고루 스며들어 있으니 그 속도는 무한대인 것이다.

이처럼 속도 역시 초월할 수 있는 사물의 '속성'이므로, 여기에서 속도를 거론하는 것은 모든 것을 초월해 있는 아뜨만을 이해하기 위한 비유이다.

• 떠다니는 공기도 바로 그에게 의지하여 물에게 물의 역할을 내주도다 (tasminnapo mātariśvā dadhāti) : 공기(mātariśvā)는 세상 어느 곳에도 있으므로 세상을 하나로 이어주는 끈(sūtra)이다. 그러므로 자연의 기능을 각기 나누어주는 역할을 한다고 하는데, 그것은 바로 아뜨만 안에서 가능하므로 이 아뜨만이라는 존재는 정지해 있는 무력한 것이 아니라는 것이다. 즉 흙, 물, 불, 바람, 대공(大空), 이들 오원소들은 그 스스로 기능을 갖는 것이 아니다. 아뜨만에 의지함으로써 물도 흐를 수 있고, 불도 타오를 수 있으며, 빛도 발할 수 있는 것이다.


[5]
아뜨만은
움직이기도 움직이지 않기도 하며
멀리 있기도 아주 가까이 있기도 하며
이 세상 안에 그리고 이 세상 밖에도 존재하도다.

역주

• 아뜨만의 편재성(遍在性)을 설명하고 있다. 이렇게 세상 안에도 그리고 밖에도 존재하면서 움직이기도 하고 움직이지 않기도 하는 것, 멀리 있으면서 아주 가까이 있기도 한 것이 무엇인가 생각하려고 하면 우리의 사고 영역 속에는 혼동이 인다. 아뜨만의 초월성에 비한다면 우리의 사고는 극히 제한된 것이기 때문이다.


[6]
아뜨만을 아는 사람은

아뜨만 안에서 세상의 모든 것을 본다.
모든 것들 속에서 그 아뜨만을 발견하니
그는 어느 누구도 증오하지 않으리라.

역주

• 아뜨만을 발견하니(ātmamanyevānupaśyati) : 이렇게 아뜨만 안에서
사물을 보고 사물 속에서도 아뜨만을 볼 수 있는 진정으로 아뜨만을 이해
한 사람에게, 타인은 타인이 아니라 이미 자기 자신이다. 산스끄리트 '아뜨
만'(ātman)은 자기 자신(self)이라는 뜻이기도 하다. 아뜨만의 발견은 위
대한 발견이며, 자기 자신을 확대하는 실천에 옮겨지는 것이므로 참 발견,
참 앎이 되는 것이다. 이처럼 어느 누구도 증오하지 않게 되는 것은 타인을
나 자신으로 이해할 때 가능한 것이다.

[7]
아뜨만을 아는 자에게는
모든 것이 곧 아뜨만이다.
모두가 같은 아뜨만임을 잘 알고 있는 그에게
욕심이나 슬픔이 어찌 생겨나겠는가.

역주

• 욕심이나 슬픔이 어찌 생겨나겠는가(ko mohaḥ kaḥ śoka) : 욕심이나 슬
픔도 나와 타인의 구별, 나에 대한 집착에서 말미암는다. 아뜨만에 대한 깨
달음이 있고 나면 아집에 의한 고뇌가 사라지고 따라서 욕심이나 슬픔도
사라지게 된다는 의미이다.

[8]
광휘로 빛나는 자
영혼의 몸조차 가지고 있지 않으며
조금도 흠이 없는
감각을 느끼는 신경도

오점도
죄악도 가지지 않은 자
혁명의 눈을 가진 자
그리고 모든 것을 알며
사방 어디든 존재하며
스스로 존재하는 자
그 아뜨만은 사방 어디든 이미 가 있도다.
시작도 끝도 없이 영원한 존재인 그는
창조주들을 위해 각각의 의무를 적절히 나누어 알려주었도다.

역주

• 아뜨만에 대해 우리가 생각해낼 수 있는 언어로 설명하고 있다. 언어라는 것은 지극히 한정적이어서 브라흐만 혹은 아뜨만에 대해 설명해낸다는 것은 역시 역부족이지만 우리의 제한적인 사고 속에서나마 그 존재를 알게 하는 목적을 위해 우파니샤드의 이 구절은 그 '한정된 언어의 힘'을 빌리고 있다.

• 영혼의 몸(sūkṣama śarīra) : 우파니샤드는 인간의 몸을 세 가지로 보았다. 물질의 몸(sthūla śarīra), 영혼의 몸(sūkṣama śarīra), 근원의 몸(kāraṇa śarīra)이 그것이다. 물질의 몸은 피와 살로 된 몸으로 사람이 죽으면 이 몸의 피와 살, 그리고 이 몸에 달린 모든 감각기관들이 그 기능을 상실하기 때문에 세상에서 사라진다. 그러나 그때 영혼의 몸은 외피의 몸이 생을 살면서 지은 업을 가지고 윤회의 바퀴로 다시 들어간다. 그러니까 윤회의 쳇바퀴를 도는 것은 이 세 가지 몸 중에 영혼의 몸이다. 이 영혼의 몸이 다시 그 업에 따라 새로운 외피의 몸을 입고 세상으로 나간다. 그런데 근원의 몸은 윤회의 축으로, 바퀴가 아무리 돌아도 그 바퀴축의 위치나 모양이 바뀌지 않는 것처럼 아무런 변화나 움직임이 없다. 매번 물질의 몸이 바뀌고, 영혼의 몸이 윤회의 바퀴 속에 돌고 돌아도 근원의 몸은 아무런 흔들림 없이 그대로 바퀴를 구르게 하는 축과 같이 있을 뿐이다. 윤회의 목적인 해탈의 순간이 되면 영혼의 몸도 사라지고 오직 이 근원의 몸만 남는다. 이것이 바로 어떠한 형태나 특성으로 설명할 수 없는 아뜨만인 것

이다.

• 혁명의 눈을 가진 자(krāntidarśi) : 모든 사람이 볼 수 없는 것을 꿰뚫어 볼 수 있는 자. 리그 베다에 이미 이 단어가 절대, 유일한 존재를 수식하는 단어로 쓰이는 것을 볼 수 있다. 후대에는 그 의미가 확장되어 시인(詩人)을 일컫는 단어로 쓰였다.

• 스스로 존재하는 자(svayambhu) : 그 무엇으로부터도 태어나지 않았으며, 스스로 나서 스스로의 힘으로 존재하는 자. 이렇게 스스로 생겨나기에 아뜨만의 다른 근원은 없다고 말하는 것이다.

• 창조주들을 위해 각각의 의무를 적절히 나누어주었도다(vyadadhāc chāśvatībhyaḥs samābhyaḥ) : 아뜨만은 세상을 한 번 창조하고 그냥 놔둔 것이 아니라 그 창조, 유지, 파괴가 반복될 수 있도록 그 작용의 의무를 '세월'(시간)에게 나누어주었다. 그러므로 세상의 모든 것은 시간이 지나면서 생겨나고, 유지되고, 사라지고, 또 생겨나는 것이다. 이처럼 시간을 '창조주'라고 보았으므로 원문에 복수로 '창조주들'이라고 한 것이다. 또한 '적절히'라는 말은 어떠한 사물이라도 그 생성될 때가 있고 파괴될 때가 있는 것이어서 이러한 나름대로의 창조과정이 각각 어울리는 '시간'이 있으므로 그러한 관계를 염두에 두고 모든 것이 순리대로 되도록 그렇게 역할을 나누었다는 것이다.

[ 9 ]
무지(無智)를 숭배하는 자는
어둠 속으로 빠져든다.
그러나 지혜만을 숭배하는 자는
그보다 더 깊은 어둠 속으로 빠져들지어다.

역주
• 무지(avidyā) : 말 그대로 '지혜가 없음'(無智), 무명(無明)의 뜻인데 샹까라(Śaṁkara)는 이것을 '행위, 예배의식'(karma)으로 풀이한다. 진정한 지혜를 갖지 않고 무조건 의례로서 예배만 하는 사람들이 숭배하는 것은 신이 아니라 다름아닌 무지의 대상일 뿐이라고 우파니샤드는 말하고

64

있다.

• 어둠(tamaḥ) : 무지가 부르는 것은 '어둠'이라 하였는데, 이는 예배를 하면서도 그 목적인 해탈에서 오히려 멀어지는 것이니, 악마들의 세계처럼 캄캄한 세계에 가까워진다는 것이다. 우파니샤드의 우주관에는 땅에는 인간들이 살고, 공중(大空)과 그 위 하늘에 단계적으로 보다 신성한 신들이 살며, 캄캄한 지하에는 악마들이 산다는 내용이 있다.

• 지혜만을 숭배하는 자는 그보다 더 깊은 어둠 속으로 빠져들지어다(tato bhūya iva te tamo ya u vidhyāyaṁ ratāḥ) : 행위, 예배의식을 무시하고 지혜만을 추구하는 사람의 지혜는 완전한 지혜가 될 수 없고 절름발이 지혜일 뿐이다. 이러한 사람의 지혜는 다른 사람들과의 관계에서 오만을 드러내게 하며, 예배의식에서 보여야 할 정성과 겸손함을 놓치는 결과를 낳는다. 이런 사람은 지혜가 없는 사람의 경우보다 훨씬 구제 불능이다. 지혜가 없는 사람의 경우는 지혜를 깨달을 기회가 아직 남아 있지만, 이미 지혜를 가지고 있는 사람은 그 삐뚤어진 지혜를 빼면 아무것도 없으므로 삐뚤어진 지혜는 차라리 없는 것보다 못하다는 것이다.

이 구절에서는 아는 것과 행하는 것이 동시에 이루어져야 함을 강조하고 있다. 실천과 깨달음이 조화를 이루지 않으면 아무리 훌륭한 이상이나 깨달음이라도 절름발이 구도가 될 뿐이다.

[ 10 ]
지혜와 무지는
이처럼 각기 다른 결과를 초래한다고
우리는 우리를 위해 가르쳐준 현인들에게서 들었도다.

역주

• 현인들에게서 들었도다(iti śuśruma dhirānām) : 위의 구절에서 말한 것처럼 이 두 가지 외곬의 결과는 결국 어둠과 구제되기 어려운 더욱 깊은 어둠으로 각각 떨어지는 것이다. 이것은 한 사람의 의견이 아니라 오랫동안 수없이 많은 현인들이 모두 그렇게 말해온 바이다. 그것도 끊임없는 내적 성찰을 통해 우주의 진리를 깨달은 현인들이 이구동성으로 알려준 바이다.

[ 11 ]
무지와 지혜를 같이 아는 자는
무지로써 죽음을 건너고
지혜로써 해탈을 얻으리로다.

역주

• **무지로써 죽음을 건너고**(avidyāyā mrtyuṁ tīrtvā) : 샹까라는 계속해서 무지(지혜가 없음)를 '행위, 예배의식'으로 풀이하고 있다. 이 무지 혹은 행위(karma)는 미혹(迷惑, māyā)을 의미하는 것으로, 해탈을 목표로 하는 사람에게 해탈만큼이나 중요한 것이다. 완전하며 모든 것인 브라흐만이 이 작은 육체 안에서 상대적인 열등감을 가진 인간이 되어 자신의 본 모습을 잊고 있는 것은 바로 무지 때문이라고 한다. 무지 없이는 아뜨만의 개별화가 이루어지지 않았을 것이며 '개인'이 존재하지도 않았을 것이라는 점을 전제로 할 때, 무시 없이는 우파니샤드가 제시하고 있는 구원으로 가는 방법인 개인의 무지타파가 있을 수 없고 또한 구원이라는 것도 있을 수 없는 것이다. 이 구절에서는 인간이라면 누구나 무지(행함) 속에 있고 그리고 해탈로 가는 길은 바로 무지(행함)를 통해야(깨야) 할 것이므로, 무지(행함)를 통해야만 죽음이라는 인간의 필연적인 운명을 초월할 수 있게 된다는 것을 말하고 있다.

[ 12 ]
눈에 보이는 것만을 숭배하는 자는
깊은 어둠 속으로 들어가게 된다.
그러나 오로지 눈에 보이지 않는 영원한 것에만 빠져 있는 자는
그보다 깊은 어둠 속으로 들어가게 되리라.

역주

• **눈에 보이는 것**(asambhūti) : 직역은 '진정한 존재가 아닌 것'이며, 눈에 드러나 보이는 제례행위라든가 제물 등을 가리키는 것이다. 앞에서 말한 무지와 연결하여 생각하면 이해가 쉬울 것이다.

66

• 눈에 보이지 않는 영원한 것(sambhūti) : 앞에서 말한 지혜와 연결해서 생각하면 이해하기 쉽다.

[ 13 ]
눈에 보이는 것만을 숭배하는 것과
눈에 보이지 않는 영원한 것만을 숭배하는 것
이들이 각기 다른 결과를 가져온다는 것을
우리는 현인들에게서 들었도다.

[ 14 ]
파멸하는 것과 파멸하지 않을 영원한 것
이 둘의 길을 함께 잘 병행할 때
그는 파멸하는 것으로써 죽음을 건너고
파멸하지 않을 영원한 것으로써 불멸을 얻으리라.

역주
• 파멸하는 것(vināśa) : 앞 구절에 '눈에 보이는 것'(asambhūti)이라고
풀이한 것을 이번에는 '파멸하는 것'이라고 부르고 있다.
• 파멸하지 않을 영원한 것(sambhūti) : 앞 구절처럼 '눈에 보이지 않는 영
원한 것'을 같은 용어(sambhūti)로 쓰고 있으나, 역자가 표현상 파멸하지
않을 영원한 것이라고 번역하였다.
• 지금까지 양쪽 중 어느 한 쪽에 기울게 되면 그것은 안 가느니 못한
길을 가는 것과 같다는 것을 설명했다. 결론적으로 '참으로 깨닫는다'는 것
은 절대로 어느 한 쪽에 치우치는 것으로서는 이룰 수 없다는 것이다.

[ 15 ]
금빛으로 빛나는 그대 태양으로
진리의 얼굴이 가려져 있으니
오! 태양이여

참된 진리의 길을 가려는 내가
그를 볼 수 있도록 그대의 빛을 거두어주오.


[ 16 ]
오, 세상의 모든 것을 자라게 하는 이여
오로지 옳은 한 길만을 가는 태양이여
세상을 통제하며 다스리는 태양이여
최초의 창조주에서 태어난 그의 아들이여
오, 태양이여
그대의 눈부신 햇살을 걷어
그 진정한 진리의 찬란한 빛을 보게 해주오
내 그대의 은혜로 그를 볼 수 있도록.
(아, 이제 그 진리를 깨달았도다.)
모든 생명체 속에 존재하는 그 뿌루샤는 바로 '나'요.

**역주**

• 창조주에서 태어난 그의 아들이여(prājāpatya) : 여기에서 태양은 자연을
대표하는 상징이다. 우리가 감히 벗어나기 힘든 자연의 범주, 그러나 그 자
연에게 힘을 준 것은 그 뒤에 존재하는, 유일하며 모든 것인 아뜨만 또는
브라흐만이라 불리는 것이다.


[ 17 ]
언젠가는 죽을 내 육신이
헛되이 죽지 않고 불멸함을 얻을 수 있도록
그리고 나서야 이 내 육신이 불에 타 재가 되도록
오옴-의지를 가진 마음이여!
네가 한 일을 기억하라.
네가 한 일을 기억하라.

68

• 인간이 죽음을 바라보는 자세에 대해 말하고 있다. 윤회의 바퀴 속으로 다시 들어갈 때 영혼의 몸이 가져가는 업(karma)은 인간이 만들기 나름이다. 그래서 스스로에게 '네가 한 일을 기억하라. 네가 한 일을 기억하라'고 말하고 있다. 그럼으로써 죽음을 수동적으로 받지 말고 준비하고 계획하는 초연한 자세를 갖게 하는 것이다.

[ 18 ]

오, 불의 신 아그니여
우리가 좋은 업보를 쌓을 수 있도록 훌륭한 길로 이끌어주오.
오, 신이여 우리의 모든 행위들을 아는 그대여
사악한 죄를 우리에게서 멀리 가져가주오.
그대에게 수없이 경배하오.

역주

• 15~18구절은 힌두교의 임종시에 사제가 읊어주는 만뜨라이다. 죽음을 준비하는 사람의 마음가짐이 이와 같아야 할 것을 알려주는 것이다.
• 불의 신 아그니여, 우리가 좋은 업보를 쌓을 수 있도록 훌륭한 길로 이끌어주오(agne naya supathā rāye) : 힌두교의 모든 의례에서 불의 신 아그니는 의례를 행하는 사람들이 모여 앉아 그 가운데 모시는 신이다. 이 불의 신은 자신의 불로 제례에 바쳐지는 공물들을 '먹고' 그것과 의례의 뜻을 각기 해당하는 신에게 전해준다고 한다. 그래서 모든 신들을 대표하는 신 아그니에게 간청하는 것이다.


## 평온을 위한 낭독

오움―
저것이 완전하고

이것도 또한 완전하도다.
완전함으로부터 완전함이 생겨나왔도다.
완전함의 완전함을 빼내었으나
완전함이 남은 것이었도다.

오움-평온, 평온, 평온.

# 2. 께나 우파니샤드

본문이 '께나'(누구에 의해서)로 시작되는 이 우파니샤드는 베다 문학전통 계보로 볼 때 '사마 베다'에 속하는 것으로, 모두 4장으로 나누어져 있다.

처음 1, 2장에는 '누구에 의해서'라는 고민을 시작으로 형용할 수 없는 브라흐만의 존재에 대해서, 그리고 3, 4장에는 신들이 자만심 때문에 알아낼 수 없었던 브라흐만의 정체, 감각기관들과 숨(쁘라나) 등에 대한 내용을 담고 있다.

역시 분량은 적지만 이샤 우파니샤드에 비해 그 내용이 이해하기 쉽고, 중요한 내용을 다루고 있으면서도 이야기를 읽듯 흥미롭게 읽을 수 있도록 되어 있어 널리 읽히는 우파니샤드이다.

●역자의 말

평온을 위한 낭독


오옴―
나의 몸이 건강하게 살찌고
나의 생명, 눈, 귀, 힘 그리고 모든 감각이 건강하기를 소망합니다.

이 모든 세상은 바로 우파니샤드의 브라흐만이니
내가 브라흐만을 멀리하지 않기를
또한 브라흐만이 나를 멀리하지 않기를
그래서 거리가 존재하지 않기를 소망합니다.

우파니샤드에 들어 있는 말씀이
아뜨만 안에 사는 내게 임하기를
모두 내게 임하기를 소망합니다.

오옴―평온, 평온, 평온.


## 제1장

[ 1 ]
이 마음은
어느 누구에 의해 원하는 곳으로 움직이는가?
누구와(무엇과) 결합하여 첫 호흡이 시작되었는가?

모든 생명체들은 누구에 의해 감화(感化)받고 '말'을 하는가?
눈과 귀 뒤에 어느 누구의 힘이 숨어 있는가?

역주

• 이 첫구절은 누구나 마음속으로 가질 수 있는 물음들로 되어 있고 이 질문들에 대한 답변이 이 우파니샤드의 내용이 된다. 누구나 성장기에 한 번쯤 품어보는 물음이지만, 성인이 될수록 이러한 근본적이고 중요한 질문을 덮어두고 귀찮아하게 된다. 그것은 바로 거울처럼 순수하고 맑은 마음에 끼인 때, 미혹 혹은 무지(無智) 때문이다. 우파니샤드의 궁극적인 목적인 '해탈'(mokṣa)로 가는 길의 첫 걸음은 이러한 질문을 품고, 문제를 해결하려고 하는 탐구심을 갖는 것이다.

[2]
귀의 귀
마음의 마음
말의 말
바로 그가 숨의 숨이요
눈의 눈이라.
현명한 자는 이 진리를 알고
이 세상을 넘어 불멸을 얻으리라.

역주

• 귀의 귀(śrotrasya śrotram) : 귀의 기능이 듣는 것이라는 것은 누구든지 안다. 그러나 과연 귀가 들을 수 있도록 된 것은 어떤 힘 때문인가? 우파니샤드가 품은 눈에 보이지 않는 무한대의 힘에 대한 사고는 이러한 궁금증에서 시작되고 있다.

• 마음의 마음(manaso mano), 말의 말(vāco ha vacaṁ), 숨의 숨(prānasya prānaḥ), 눈의 눈(cakṣuṣaś cakṣur) : 앞에서와 마찬가지로 마음이 생각할 수 있도록 하는 힘, 사람이 말을 할 수 있도록 하는 힘, 생명체가 숨을 쉴 수 있도록 하는 힘, 눈이 볼 수 있도록 하는 힘을 말하는 것이다.

[3]
그곳은
눈도
언어도
마음도 도달하지 못하는 곳.
그러니, 제자에게 어떻게 설명해주어야 할까.
우리는 그 브라흐만을 이해하지 못하네.
다만 우리가 알고 있는 것들과 다르며
또한 우리가 알지 못하는 것들과도 다르다고
우리는 우리를 위해 이야기해준 옛 현인들에게서 들었노라.

역주

• 그곳은 눈도, 언어도, 마음도 도달하지 못하는 곳(na tatra cakṣur gacchati na vāg gacchati no manaḥ) : 대개의 지식은 눈으로 확인함으로써, 말로 설명들음으로써, 마음으로 생각함으로써 얻을 수 있으나 브라흐만의 세계에 대한 지식은 그런 방법으로는 얻을 수 없다는 뜻이다. 브라흐만은 이러한 감각의 대상이 될 수 없는 초월적인 것이다. 따라서 그 존재를 설명한다는 것은 어려운 일이 될 수밖에 없다. 조금이라도 묘사를 하려고 하면 어느새 새로운 관념적 틀에 갇혀버리고마는 이 어려운 일을 우파니샤드는 조심스럽게 시도하고 있는 것이다.

[4]
말로써 표현할 수 없으나
그로 인해 말이 표현될 수 있으니
그대여, 바로 그가 브라흐만인 것을 알라.
이 세상 사람들이 숭배하는 것
그것은 브라흐만이 아니다.

76

역주

• 바로 그가 브라흐만인 것을 알라. 이 세상 사람들이 숭배하는 것, 그것은 브라흐만이 아니다(tadeva brahma tvam vidhi nedam yad idam upāsate) : 세상 사람들이 신이라고 숭배하는 것은 신이 아니라 '물건'이다. 신을 보고 브라흐만이라고 하는 것은 흔한 비유로 달을 가리키는 손가락을 달로 착각하는 격이다. 신이란 말로 설명할 수 없는 초월적인 힘을, 자연의 여러 가지 형태와 기능에 따라 숭배의 대상으로 만들어놓은 것, 즉 숭배를 하기 위한 도구인 셈이다. 그러므로 브라흐만을 '신'으로 이해한다면 또 다른 숭배의 대상이 되는 물건을 만드는 것일 뿐이다.

[5]
그를 마음속으로 생각할 수 없으나
그로 인해 마음속의 생각이 이루어질 수 있으니
그대여, 바로 그가 브라흐만인 것을 알라.
이 세상 사람들이 숭배하는 물건들
그것들은 브라흐만이 아니다.

역주

• 그로 인해 마음속의 생각이 이루어질 수 있으니(yenāhur mano matam) : 말로 직접 표현할 수 없을 뿐만 아니라, 마음속으로 우리가 그릴 수 있는 것도 마찬가지로 한계가 있는 것이다. 우리가 그의 존재를 알 수 있는 방법은 그로 인하여 우리가 마음으로 생각을 할 수 있음을 깨닫는 것이다.

[6]
눈으로 볼 수 없으나
그로 인해 눈이 사물을 볼 수 있으니
그대여, 바로 그가 브라흐만인 것을 알라.
이 세상 사람들이 숭배하는 것
그것은 브라흐만이 아니다.

[ 7 ]

귀로 들을 수 없으나

그로 인해 귀가 소리를 들을 수 있으니

그대여, 바로 그가 브라흐만인 것을 알라.

이 세상 사람들이 숭배하는 것

그것은 브라흐만이 아니다.


[ 8 ]

숨이 그를 숨쉬게 할 수 없으나

그로 인해 숨쉬는 것이 가능하고 생명이 있게 되니

그대여, 바로 그가 브라흐만인 것을 알라.

이 세상 사람들이 숭배하는 것

그것은 브라흐만이 아니다.


## 제2장

[ 1 ]

만일 그대가

'나는 이제 브라흐만을 잘 알고 있다'고 말한다면

그것은 그대가 브라흐만을 잘 모른다고 말하는 것과 같은 것.

우리 인간들이 논리적인 사고로

혹은 신들의 이미지를 통하여

안다고 하는 것은

그 브라흐만의 아주 미미한 부분일 뿐이기 때문이다.

그대에게 브라흐만은 아직 더 생각해야 할 존재로다.

78

• 우리 인간들이 논리적인 사고로 혹은 신들의 이미지를 통하여 안다고 하는 것은 그 브라흐만의 아주 미미한 부분일 뿐이기 때문이다. 그대에게 브라흐만은 아직 더 생각해야 할 존재로다 : 이 구절에서 말하려는 것은 인간들이 아무리 뛰어난 논리로 그 존재를 추측해본들, 아무리 완전히 전지전능한 신의 모습을 상상한다 한들, 그것은 인간의 제한된 범주 안에서 아는 아주 작은 일부분일 뿐이라는 것이다. '내가 안다'고 말하는 사람은 그 존재에 대해 그가 아는 틀을 만든 셈이므로 오히려 아직 그 존재를 깨닫기에는 먼 사람임을 스스로 나타내는 것이며, 아는 사람일수록 그 아는 것을 가벼이 소리내어 말할 것이 아님을 안다. 그러니 '내가 안다'고 말하는 자들이여, 더 생각하고 더 고민하라는 것이다.

[2]
나는 내가 브라흐만을 잘 안다고 생각지 않는다.
그렇다고 브라흐만을 전혀 모른다고 생각지도 않는다.
브라흐만은 안다고 하는 사람이 알고
모른다고 하는 사람이 모르는 그런 것이 아니기 때문이다.

• 브라흐만은 안다고 하는 사람이 알고 모른다고 하는 사람이 모르는 그런 것이 아니기 때문이다(yo nastad veda tadveda no na vedeti veda ca) : 인간의 사고영역 속에서 안다, 혹은 모른다는 것은 절대적인 진리, 브라흐만의 세계에서는 아무런 의미가 없다.

[3]
브라흐만을 알지 못한다는 사람이
사실은 브라흐만을 알며
브라흐만을 안다는 사람은
사실 브라흐만을 모른다.

왜냐하면 그 브라흐만은 안다고 하는 사람들에게는

끝내 나타나지 않으며

알지 못한다고 하는 사람에게 나타나기 때문이다.


[ 4 ]

하나하나 아는 지식이야말로

브라흐만이요 브라흐만의 지식이로다.

바로 이 브라흐만의 지식을 통해야 불멸을 얻으리라.

그러한 자는 그 스스로의 영원한 아뜨만을 통해서는 힘을

브라흐만의 지식을 통해서는 불멸을 얻으리라.

| 역주 |

• 하ㅏ 하나 아는 지식이야말루(pratibodha viditam) : 그저 아는 것이 아니라 알고 (또) 알고 하나 하나 상세히 안다는 것(bodham bodham pratibodham—샹까라의 말)은 그 어느 곳에든 어떤 상황에서든 브라흐만의 존재함을 알고 그럼으로써 단순한 세상의 지혜로서가 아니라 진리의 지혜로서 '자기 자신과 세상과 브라흐만 그대로를 아는 것'을 말하는 것이다.

• 그 스스로의 영원한 아뜨만을 통해서는 힘을, 브라흐만의 지식을 통해서는 불멸을 얻으리라(ātmanā vindate vīryam amṛtatvaṃ vidyayā vindate amṛtam) : 이 부분 역시 현실과 비현실적인 것의 동시 추구를 교시하고 있다. 즉 그러한 브라흐만에 대한 올바른 지식을 갖게 되면 그 스스로가 우주의 아뜨만과 동일한 창조적인 능력을 가지고 있음을 알게 되고, 그것이 그의 생활에 자신감과 힘이 되리라는 것은 당연한 것이다. 이것은 브라흐만을 잘못 이해하는 사람에게 기대할 수 없는 자신감인 것이다. 그런 사람에게 생기는 것은 기형적인 만용일 뿐이다. 또한 이렇게 현실생활에서 참 용기를 가질 수 있는 사람만이 그가 가진 브라흐만에 대한 지식을 해탈을 추구하는 길로 가는 데에 기울일 수 있다.

[ 5 ]
이 세상에서 브라흐만을 알았다면
참으로 사는 셈이요
브라흐만을 알지 못한다면
다시 큰 파멸이 있을 것이로다.
현명한 자는 모든 생명체 속에서 그 브라흐만을 경험하고
이 세상을 넘어 불멸을 얻으리다.

역주

• 다시 큰 파멸(mahatīvinaṣṭiḥ)이 있을 것이로다 : 브라흐만을 알지 못한
사람에게 죽음은 단순한 육신의 파괴가 아니라 그가 알고 있는 모든 것의
파멸이다. 오직 그가 보고 아는 것만을 모든 것이라고 생각한 사람에게 죽
음을 초월하는 것이란 있을 수 없기 때문이다.

## 제3장

[ 1 ]
한번은 브라흐만이
신들과 악마들 사이의 전쟁에서
신들이 이기도록 해주었다.
그랬더니 이 승리에 대해서
신들은 자신들의 능력으로 이겼다고 자만하기 시작했다.

역주

• 이 제3장에서는 베다에 나오는 신들을 등장시켜 브라흐만의 존재를
설명하고 있다. 신이란 자연의 힘 이상이 아니며 자연의 힘이란 곧 브라흐
만에서 말미암음을 교시하는 것이다. 이것은 인간의 자만심에 대하여 말하
고 있는 것임에 다름아니다. 브리하다란야까 우파니샤드의 제1장 3편부터

7편까지를 연결해서 이해하면 도움이 될 것이다.

[2]
브라흐만이 신들의 자만심을 알고
그들 앞에 약샤의 모습으로 나타났을 때
신들은 이 약샤가 누구인지 알 수가 없었다.

**역주**

• 약샤(yakṣa) : 그 위치가 다른 신들과 비교될 수 없으나 땅에서 살지
않고 하늘에 그 거처를 둔 신들의 하인으로 알려진 존재이다. 인간이 아
닌 신적 존재로 여겨지는 존재들은 브라흐마(우주의 창조, 유지, 파괴의
원리 중 천지창조를 담당한다고 여겨지는 신), 쁘라자빠띠(창조주), 인드
라(천둥의 신), 삐뜨라가나(조상신), 반인반신 간다르바(음악에 뛰어난
상대적으로 신보다는 인간에 가까운 신), 약샤(富의 신 꾸베라를 보좌하
는, 신보다는 인간에 가까운 신), 락샤사(땅보다 아래 지하에 사는 악마)
등이 있다.

[3]
신들은 불의 신 아그니에게
이 약샤가 누구인지 알아보라고 했다.
아그니가 이에 응했다.

[4]
아그니가 약샤에게 가자
그 약샤가 아그니에게 물었다.
"그대는 누구인가?"
아그니가 대답하였다.
"나는 아그니, 세상에서 모든 알 것을 알게 하는 아그니요."

82

**역주**

• 세상에서 모든 알 것을 알게 하는 아그니(jāta vedāḥ) : 리그 베다에 신들을 그 특성에 따라 여러 이름으로 부르는 것을 볼 수 있는데 이 '세상의 알 것을 알게 하는 자'(viśvā veda jarnāmā jātavedāḥ 6. 15. 13)는 다른 신들에게는 사용되지 않았고 아그니에게만 120번 정도 사용되었다. ─ Suryakant의 『베다 신화의 철학』(*Vaidika Devaśāstra*)에서.

[5]
"그럼 그대에겐 무슨 능력이 있소?"
"나는 이 땅의 모든 것을 태울 수 있소이다."

[6]
약샤가 아그니에게 지푸라기 하나를 놓아주며 말하였다.
"이것을 태워보라."
아그니가 그 지푸라기 앞으로 가 그것을 태우려 했으나
아무리 힘을 다해도 태울 수 없었다.
아그니는 돌아가서
약샤가 누구인지 알 수 없었노라고 말했다.

[7]
이제 신들이 바람의 신 와유에게
이 약샤가 누구인지 알아보라고 말했다.
와유는 이에 응했다.

[8]
그가 약샤에게 가자 약샤가 물었다.
"그대는 누구인가?"
와유가 대답하였다.

"나는 와유, 하늘과 땅 사이를 날아다니는 와유요."

[9]
"그대에겐 무슨 능력이 있소?"
"나는 이 땅의 모든 것들을 날려보낼 수 있소이다."

[10]
약샤가 와유에게 지푸라기 하나를 놓아주며 말하였다.
"이것을 날려보라."
와유가 지푸라기 앞으로 가
날리려고 했으나
아무리 힘을 다해도 날릴 수가 없었다.
그는 되돌아 와
이 약샤가 누구인지 알 수 없었노라고 말했다.

[11]
이번에는 신들이 천둥의 신 인드라에게
이 약샤가 누구인지 알아보라고 말했다.
인드라가 이에 응했다.
그러나 인드라가 약샤가 있는 곳에 갔을 때
약샤는 인드라 앞에서 갑자기 사라져버렸다.

[12]
인드라는 약샤가 나타났던 하늘에 사는
매우 아름다운 모습을 한 여인
히말라야 산의 딸
우마에게 가서
이 약샤가 누구인가 물었다.

## 제4장

[1]
그녀가 인드라에게 말하였다.
"그는 브라흐만이라오, 전쟁의 승리는 바로 그의 것
그대들은 브라흐만의 승리로 이처럼 영광을 얻은 것이오."
그때 인드라는 그가 바로 브라흐만임을 알았다.

[2]
아그니, 와유, 인드라가
브라흐만을 가까이에서 접했으므로
그리고 그가 브라흐만인 것을 알았으므로
다른 모든 신들 중에서
뛰어나게 되었다.

[3]
이중에서도 인드라가
가장 가까이에서
브라흐만을 접했고
가장 먼저 우마를 통해
알았으므로
그가 가장 뛰어난 신이 되었다.

[4]
여기 우리에게 주는 교훈이 있으니
번개처럼
눈 깜짝 하는 순간처럼
반짝 나타났던 모습이

브라흐만의 신적 존재로서의
모습이라는 것이다.

**역주**

• 반짝 나타났던 모습이 브라흐만의 신적 존재로서의 모습 : 신들이 알아보려
한 끝에 결국 인드라가 우마에게서 그 약샤에 대해서 듣는 순간 브라흐만
을 깨달았다. 인드라가 브라흐만을 깨달은 것은 약샤로서 나타났을 때의
모습이 아니라 깨닫는 순간 반짝 하고 잠깐 동안 나타난 브라흐만이었던
것이다. 브라흐만은 그 모습을 결코 보일 수가 없다. 인간의 시계(視界)는
그의 모습에 비하면 너무도 한정적이기 때문이다. 그러므로 인간이 볼 수
있는 브라흐만의 모습은 그를 깨닫는 순간 '아!' 하고 알게 되는, 그만큼뿐
이라고 한 것이다.

[5]
이제 아뜨만에 대하여 말하노니
우리는 마음을 그 브라흐만처럼
숭배해야 할지라.
바로 이 마음을 통하여 브라흐만을 기억하고
계속 되풀이하여 생각할 수 있으므로.

**역주**

• 마음(manas) : 늘 여러 가지 생각이 교차하며, 그 여러 가지 주제를
향해 내달리느라고 분주하지만, 명상 등의 방법을 통해 브라흐만과 교류할
수 있기 위해서는 이 '마음'이 꼭 필요한 통로이다.

[6]
그 브라흐만은
바로 우리가 가장 소원하는 것.
이 '소망스러운 것'으로 이름하여 그를 숭배해야 할 것이로다.
이 진리를 아는 자는

86

그가 세상을 소망스럽게 여겨 사랑하는 만큼
온 세상이 그를 사랑할 것이다.

**역주**

• '소망스러운 것'(vanam)으로 이름하여 그를 숭배해야 할 것이로다 : 브라흐
만을 인간의 가장 소망스러운 것으로 여겨야 한다.

[ 7 ]

"스승이여, 저에게 우파니샤드를 가르쳐주십시오."
스승이 말하였나니
"그것은 이미 가르쳐주었느니라.
이제 너에게
사제로서 알아야 할 우파니샤드를 가르쳐주겠다."

**역주**

• 사제(brāhmāṇa) : 흔히 사성으로 나누는 계급 중에 사제 계급인 브라
만이 있는데 원어로는 Brāhmāṇa로 절대진리인 Brahman과는 소리가
비슷하다. 사제라는 뜻의 브라만은 '그 육신 안에 브라흐만이 들어 있는 사
람'이란 뜻으로 제례의식과 교육을 담당하는 계급을 말하는 것이다. 또한
우주의 창조를 담당하는 신 브라흐마(Brahmā)도 역시 위의 두 이름과 구
별해서 이해해야 한다.

[ 8 ]

고행, (감각의) 억제, (마땅한) 도리의 성실한 실천
그리고 모든 베단따
이 모든 것이 우파니샤드가 말하는
브라흐만을 알기 위한 방법이다.
또한 '진리'는, 바로 그가 머무른 곳을 이르는 말이다.

역주

• 베단따(vedānta) : 베다 전통의 마지막·끝이라는 뜻으로 우파니샤드를 일컫는 어휘이다. 주요 우파니샤드 이후에 사용된 베단따라는 말은 우파니샤드 사상을 이해하기 위해 쁘라스타나 뜨라이(세 가지 준비학습—우파니샤드, 바가바드 기따, 브라흐만 경)를 주 교재로 하는 학습을 말한다.

## [9]
누구든 확실히 이 우파니샤드를 알게 되면
죄악을 떨쳐버리고, 마지막에 있는 천상세계에 서게 되어
그 세계에 확고히 서게 되리라, 확고히 서게 되리라.

역주

• 마지막에 있는 천상세계에 서게 되어(ante svarge) : 천상세계는 다시 여러 단계가 있다고 하며 그중 마지막에 있는 세계는 '낙원'을 의미하는 것이 아니라 이제 더 이상 방황하지 않아도 되는 브라흐만의 세계를 말하는 것이다. 샹까라는 이 부분을 '다시 이 땅에 태어나지 않게 되느니라'(na punas saṁsāram āpadyata iti)로 풀이하였다. 다시 말해 마지막에 있는 천상세계에 서게 되는 것은 윤회의 최종적인 목적인 해탈(mokṣa)을 얻는 것이다.

## 평온을 위한 낭독

오움—
나의 몸이 건강하게 살찌고
나의 생명, 눈, 귀, 힘 그리고 모든 감각이 건강하기를 소망합니다.

이 모든 세상은 바로 우파니샤드의 브라흐만이니
내가 브라흐만을 멀리하지 않기를

또한 브라흐만이 나를 멀리하지 않기를
그래서 거리가 존재하지 않기를 소망합니다.

우파니샤드에 들어 있는 말씀이
아뜨만 안에 사는 내게 임하기를
모두 내게 임하기를 소망합니다.

오옴—평온, 평온, 평온.

# 3. 까타 우파니샤드

'까따까 우파니샤드'라고도 하는 이 까타 우파니샤드는 야쥬르 베다의 따잇띠리야 파에 속한다.

브라만(사제)인 와즈슈라와는 제례에 제물을 바친다. 이것을 본 어린 아들 나찌께따가 제례의식에 의문을 품고 끈질기게 질문하자, 지친 와즈슈라와가 홧김에 '죽음의 왕에게 너를 바치겠다'고 한다. 이 말을 듣고 정말 죽음의 왕을 찾아 나선 나찌께따가 결국 죽음의 왕 야마를 만나게 되고, 그로부터 제화(祭火)의 신 아그니(제례의식의 상징성)와 죽음에 대한 궁금증을 풀게 된다.

1부와 2부로 나뉘어 있으며, 각 부는 3장으로 구성되어 있다. 이야기로 구성되어 있어 흥미롭고, 이해하기도 쉽다. 나찌께따와 죽음의 신 야마의 대화 내용은 우파니샤드 가운데 가장 많이 알려진 이야기 중 하나이다.

- 역자의 말

## 평온을 위한 낭독

오움—
우리(스승과 제자)를 (무지에서) 구하소서.
우리(의 노력으)로 하여 기뻐하소서.
우리가 함께 힘차게 (탐구)하게 하소서.
우리 둘의 익힌 지식이 우리를 빛나게 하고,
또한 우리가 서로를 시기하지 않도록 하소서.

오움—평온, 평온, 평온.

# 제1부

## 제1장

[ 1 ]
현세와 내세의 복을 기원하여
제례의식을 치르기 위해
독실한 사제 와즈슈라와는 모든 재산을 내놓았다.
그에게는 나찌께따라는 이름의 아들이 하나 있었다.

역주

• 현세와 내세의 복을 기원하여(uśan) : 당시의 제례의식이 갖는 목적을 알 수 있는 대목이다. 이미 베다의 제례의식은 형식적이고 기복의 성격이 강한 쪽으로 흐르고 있었다는 것을 알 수 있다. 이것이 어린 나찌께따가 갖게 되는 의문과 회의의 배경이 되었다.

• 모든 재산을 내놓았다(sarva vedasaṁ dadau) : 이렇게 모든 재산을 내놓는 것은 재산에 대한 집착, 욕심을 버리고 수도(修道)에 전념하는 '은둔자'(sanyasīn)가 되겠다는 맹세와 같은 것이다. 이것도 당시 제례의식에서 의례로서 행하던 절차이다.

• 나찌께따(naciketā) : 이 이름의 뜻은 '신과 자기 자신, 죽음에 대한 지식이 아직 없는 사람, 이러한 지혜를 추구하는 사람'(nāhaṁ devasya martyaś ciketa)이라고 할 수 있다. 이러한 상징적인 이름의 아들을 등장시켜서 제례의식의 형식주의에 젖은 전형적인 사제 와즈슈라와, 이에 의미가 없음을 발견하고 참 지혜를 구하러 떠나는 아들의 대비를 보이고 있다.


[2]
제례에 바치기 위해 사람들이 소들을 몰고 가는 것을 본
어린 나이의 나찌께따는 그가 익힌 경전을 믿어
마음속으로 생각했다.

역주

• 그가 익힌 경전을 믿어 마음속으로 생각했다(śraddhāviveśa so'manyata) : 이런 제물을 바치는 데에 어떤 의미가 있는 것일까 회의하기 시작했다. 어린 나찌께따의 참된 것에 대한 추구는 이러한 회의에서 출발하고 있다.

베다 전통 후반기, 베다 본래의 뜻이 왜곡되어 형식이 지나치게 강조되자 우파니샤드는 이에 의문을 제기한다. 나찌께따라는 소년을 통해서 중요한 것은 행위 그 자체가 아니라 그 안에 들은 상징성, 그 의미를 이해하는 것이며, 따라서 형식과 행위가 아니라 그를 바탕으로 한 지혜가 중시되어야 할 것을 말하고 있다.

[3]

'풀도 물도 더 이상 먹지 못하고
우유도 더 이상 짜낼 수 없을 만큼 짜냈으며
새끼를 낳을 수도 없는 저렇게 늙은 소를 바쳐가지고는
아무리 원한다고 해도 기쁨이 있는 세계로 갈 수는 없을거야.'

역주

• 그저 많이 바치기만 하면 된다는 식의 성의 없는 제례준비, 본래의 의미보다는 겉으로 드러나는 형식적인 면에 치중하는 제례의 경향에 대해 나찌께따가 회의하는 내용이다.

[4]

아들이 아버지에게 물었다.
"아버지, 그럼 저는 누구에게 바칠 건가요?"
두 번, 세 번 똑같은 질문을 하자
아버지는 화가 나서 말했다.
"죽음에게 주어버리겠다."

역주

• 그럼 저는 누구에게 바칠 건가요(kasmai maṁ dāsyasīti) : 모든 재산을 내놓는 제례이므로 아버지에게 속한 '나'도 바쳐져야 진정 모든 것을 바치는 셈이 된다. 나찌께따는 이런 생각을 가지고 아버지에게 묻고 있다.

• 죽음에게 주어버리겠다(mṛtyave tvādadāmīti) : 아버지로서 아들을 제례의식에 제물로 바치는 것은 상상할 수도 없는 일이다. 오로지 아들이 죽었을 때, 어쩔 수 없이 죽음의 신에게 준 채로, 누군가에게 준 것을 감내 할 수 있을 뿐일 것이다.

[5]

'(내 뒤에 올) 수없이 많은 사람들 중에 나는 첫째
(내 앞에 간 사람들을 생각하면) 나는 중간을 가는데

아버지께서 아들인 나를 바쳐서라도
죽음의 신에게 올리려는 제례는 무엇이며
그렇게 해서 아버지가 이룰 수 있는 일은 무엇일까.

역주

• (내 뒤에 올) 수없이 많은 사람들 중에 나는 첫째요, (내 앞에 간 사람들을 생각하면) 수없이 많은 사람들 중에 나는 중간을 가는데(bahūnām emi prathamaḥ bahūnām emi madhyamaḥ) : 아버지의 입에서 나온 '죽음'이라는 말이 나찌께따에게는 진지하게 받아들여지고 있다. 죽음이란 것은 모든 사람들이 반드시 겪는 것이니 앞으로 죽을 사람들로 보면 내가 맨 처음으로 죽음에 가는 것이 되고 이제까지 나보다 앞서 죽은 수많은 사람들을 생각하면 내가 중간쯤 되리라. 이렇게 내가 죽음에게로 가는 것이 마지막이 아니고, 세상에서 '죽음'은 끝없이 계속되는 것이니, 이렇게 피할 수 없는 죽음이란 무엇인가. 죽음이란 도대체 무엇인가. 나찌께따의 죽음에 대한 이러한 깊은 사색을 보여주고 있다.

[6]
옛날 사람들이나
지금 이곳에 살고 있는 아무리 훌륭한 사람일지라도
인간은 누구나 밭에 나는 음식처럼
익고, 죽고, 또 새로 나고 있다.'

역주

• 또 새로 나고 있다(jayate punaḥ) : 죽는 것으로 끝나는 것이 아니라 '또 새로 나고 있다'고 함으로써 '윤회'(輪廻)에 대한 암시를 주고 있다. 제각기 연관없는 개체들이 태어나거나 죽는 것이 아니라 죽은 개체 아뜨만(jīva)이 '다시 태어난다'고 하는 윤회사상은 우파니샤드에 나타나는 대표적인 사상이다.

[ 7 ]

('이렇게 의미 없는 삶을 살아 무슨 소용이 있겠습니까. 아버지가
하신 말씀대로 저를 죽음에게 보내시고, 참 진리의 길을 따르세요'라
고 아버지에게 말하고 나찌께따는 죽음의 신 야마에게로 가, 그의
집 앞에서 3일을 기다렸다.)

불의 신 아그니와 다를 바 없는 사제가 손님으로 집에 오면
마실 것과 먹을 것으로 그를 쉬게 하는 법이라.
죽음의 신 야마여
나찌께따를 위해 물을 가져가오.

**역주**

• 불의 신 아그니와 다를 바 없는 손님(vaiśvānaraḥ······atithiḥ) : 신들 중에
서도 불의 신 아그니는 가장 대접을 잘 받는다. 원문의 '바이슈바나라'는
'세상의 인간들을 제례의식 등 선한 업, 혹은 천상으로 데려가는 신'이라는
뜻의 아그니를 일컫는 다른 이름이다. 아그니는, 제례의식에 바치는 공물
들을 스스로 소화시켜 그 내용물을 각기 다른 신들에게 가져다주므로, 어
떠한 신에게 올리는 제례의식에서도 없어서는 안될 가장 중요한 신이다.

• 그를 쉬게 해야 하느니(śāntiṁ kurvanti) : 불은 물로써 쉬게 할 수 있다.
집에 손님이 왔을 때는 그를 정성으로 대접하는 것이 주인된 의무이다. 게
다가 그 손님이 사제(브라만)인 경우에는 더욱이 정성을 다해야 한다. 브
라만은 그 안에 브라흐만을 모신, 인간들 사이에서는 가장 숭고한 존재이
기 때문이다. 전통적으로 내려오는 '손님은 곧 신이요'(atithi devo
bhavaḥ)라는 구절은 이러한 손님에 대한 예의를 강조하고 있다. 스스로
찾아간 손님 나찌께따는 사제 계급의 소년으로서, 주인인 죽음의 신에게서
그러한 대접을 받는 것이 마땅함에도 불구하고, 아무리 주인이 집에 없었
다고 해도 대접을 받지 못하고 문 밖에서 삼일 동안 기다렸다. 이것으로 나
찌께따는 죽음의 신에게서 가르침을 받을 수 있는 귀한 기회를 갖게 되는
것이다.

• 나찌께따를 위해 물을 가져가오 : 사제에 대한 예의를 다하지 못하는 것을
보고 안타까움에 죽음의 신에게 말하고 있는 것이다. 물은 손님을 대접하

는 최소한의 성의를 상징하는 것이다.

[8]
손님으로 온 사제가 식사나 그 외 다른 대접을 받지 못하면
그 주인에게 돌아올 대가는
그가 그동안 생각했거나 생각하지 못했던 많은 희망과 기대와
그것들로 인한 결과
사람들과의 좋은 관계
제례의식과 선행으로 해서 얻은 결과
그리고 자식과 가축까지 모두 사상누각이 되는 것이로다.

[9]
(죽음의 신이 말했다.)
"오 브라만, 그대에게 고개 숙이오.
나에게 자비로움을 베풀어주시오.
그대는 당연히 경배할 손님임에도
나의 집에 와서 세 번의 밤을 식사도 없이 지냈으니
삼일 동안 대접을 못한 것을 대신해
세 가지 소원을 말하면 들어주겠소."

[10]
(나찌께따가 말했다.)
"죽음의 신이여
나의 아버지 가우따마 와즈슈라와가
내가 돌아갔을 때 내게 화를 풀고
다시 아들로 대하며 기뻐할 수 있도록 해주세요.
이것이 세 가지 소원 중 첫번째 소원입니다."

[ 11 ]
(죽음의 신이 말했다.)
"내 그대의 소원을 들어
아루나의 아들 웃달라까는
너를 알아보고 기뻐할 것이며
또한 죽음의 어귀에서
그대가 풀려나오는 것을 보고
남은 여생의 밤을 편안히 잠잘 수 있을 것이다."

역주

• 아루나의 아들 웃달라까(auddālakir āruṇi) : 나찌께따의 아버지 가우따
마 와즈슈라와를 지칭하는 다른 이름이다.

[ 12 ]
"죽음의 신이여
천상(天上)에는 아무런 두려움이 없고
그곳엔 당신의 힘도 미치지 않지요.
어느 누구도 늙는 데 대해 두려움이 없고
배고픔과 목마름을 넘어
슬픔을 이기고
모두 행복하지요.

역주

• 이제 나찌께따가 두번째 소원을 말하기 위해 이야기를 꺼내고 있다.
• 천상에는(svarge loke) : 여기에서의 천상은 낙원의 의미라기보다는,
늙음과 병, 배고픔과 슬픔이 있는 지상 혹은 세상에 반대되는 개념이다. 샹
까라 이후 우파니샤드 주석을 단 학자 가운데 한 사람으로 이름높은 랑가
라마누자는 이 '천상'이라는 단어가 직접적으로 해탈(mokṣa)를 뜻한다고
하였다. 이 구절에서는 참고해서 그렇게 이해해도 좋을 것 같다.

[ 13 ]
죽음의 신이여!
천상으로 가는 길이라는 아그니를
그대는 알고 있지요.
독실한 저에게
천상에 도달하게 하는
그 아그니에 대해 이야기해주세요.
이것이 나의 두번째 소원입니다."

역주

• 천상(svārga lokāḥ) : 나찌께따가 알고 싶어하는 것은 정확하게 말해서
'슬픔과 죽음이 있는 세상과 반대되는', 괴로움의 요소가 없는 세계이다. 그
러한 세계는 해탈(mokṣa)과 전적으로 같다고 할 수는 없다. 나찌께따가
궁금해하는 세계는 해탈의 작은 일부분일 뿐이기 때문이다. 그 해탈의 세
계에 대해서는 세번째 소원에 대한 대답에 더욱 상세히 설명하고 있다.


[ 14 ]
"나찌께따여
그 천상에 도달하게 해주는 아그니를
내 잘 알고 있으니
그대에게 설명하여주겠노라.
그대는 내 이야기를 듣고
잘 이해하도록 하라.
나찌께따여
그 아그니는
불멸의 세계를 얻을 수 있는 길이며
또한 그대 안의 깊은 동굴 속에도
머물고 있음을 알지어다."

역주

• **불멸의 세계를 얻을 수 있는 길** : 죽음의 신이 아그니에 대해서 말하는 요지는, 불의 신 아그니의 존재가 인간과 브라흐만을 잇고 있는 끈 중의 하나이며, 그러므로 제례를 상징하는 그 끈으로서의 아그니가 인간 개개인의 깊은 내면 자리에도 머물고 있다는 것이다.

• **그대 안의 깊은 동굴 속에도**(nihitaṁ guhāyām) : 인간의 내면에도 브라흐만 혹은 브라흐만의 형상화된 모습이 들어 있는데, 그 장소는 보이지 않는 깊은 곳, '동굴'이라는 단어로 표현한 깊고 은밀한 곳에 있다고 말하고 있다.

[ 15 ]

이렇게 하여 죽음의 신은
세상의 시작인 아그니에 대해서 설명하였다.
그 아그니의 제례의식에 쓰이는 장작은 얼마만큼이 필요하며
어떻게 의례를 행해야 하는가도 설명해주었으며
나찌께따가 모두 이해하고 들은 대로 반복 암송하니
죽음의 신이 기뻐하였다.

역주

• **세상의 시작인 아그니**(lokādim agni) : 리그 베다에 아그니를 '창조주 쁘라자빠띠'라고도 부르는 것을 볼 수 있다. 불은 자연의 대표적인 힘으로서 사물을 태우고 물질의 형태를 변화시킴으로써 새로운 것을 만들어낸다. 제례의식에서는 제화(祭火)의 신 아그니에게 바쳐진 공물이 일단 아그니의 불에 태워진 후 각 신들에게 바쳐져서 그 제례의식이 목적하던 바를 이루게 되는 것이다. 이러한 아그니의 '가져가는' 역할을 '세상의 시작'으로 표현한 것이다.

[ 16 ]

죽음의 신이 기뻐하며 말하기를

"너에게 또 한 가지 선물을 주겠다.

이 아그니는 이제 너의 이름으로 세상에 알려지게 될 것이다.

자, 이 보석 목걸이도 받아라."

**역주**

• 아그니는 이제 너의 이름으로 세상에 알려지게 될 것이다(tavaiva nāmnā bhavitāyam agniḥ) : 이 이후로 제례의식에서 중요한 이 제화(祭火)의 이름은 '나찌께따 아그니'라고도 불리고 있다.

[ 17 ]

나찌께따 아그니 의식을 세 번 행하는 사람은

탄생과 죽음의 강을 건널 수 있으며

브라흐만에서 태어난 아그니와 같이 지혜로우며

경배의 대상인 이 신(神)과 교감할 수 있게 되어

절대적인 평온을 누릴 수 있게 되리라.

**역주**

• 나찌께따 아그니 의식을 세 번 행하는 사람(tri ṇāciketaḥ) : 제례의식의 아그니에게 공물을 부어 태우는 의식을 세 번 행하는 사람, 혹은 주석가들에 따르면 아그니에 대한 이러한 상징성을 '알고', 안 것을 가지고 깊이 '숙고하고' 또한 그것을 '실천하는' 이들 세 가지 과정을 모두 가지는 사람을 말한다.

[ 18 ]

나찌께따 아그니를 아는 사람은

필요한 장작이 무엇이며

얼마나 필요하고, 어떻게 해야 하는가를 알고

의식을 행하므로

진정 아그니를 아는 자이며

그러한 자는 육신이 죽기 전에 죽음의 사슬을 끊고

슬픔을 건너서 기쁨을 얻게 되리라.

역주

• 제례에서 제화(祭火)를 올리는 등의 '의례' 혹은 '행위'라는 것은, 그 의미를 알고 행했을 때 껍데기가 아닌 진정한 의의를 가진 것이 된다는 것이다.

[ 19 ]
"오, 나찌께따여
그대는 그대가 요구한 두번째 소원
아그니에 대해서
모두 알게 되었도다.
이제 세번째 소원을 말해보라."

[ 20 ]
"세상을 떠난 사람들에 대해서 궁금합니다.
어떤 사람들은 죽은 사람의 존재가 그후에도 있다고 하고
어떤 사람들은 없다고 말합니다.
당신에게서 지혜를 얻어
이 문제에 대한 궁금증을 풀게 해주세요.
이것이 나의 세번째 소원입니다."

역주

• 이제 까타 우파니샤드 본문 중 가장 중요한 대목, 세번째 소원을 말하고 있다. 나찌께따가 말하고 있는 것은 '죽음과 해탈'에 대한 문제로, 사람이 죽으면 그 뒤에 사후세계가 있느냐 없느냐 하는 예민한 질문으로 시작하고 있다.

[ 21 ]
"그 문제에 대해서는

진작에 신들조차 의심을 품은 바 있다.
그건 매우 어려운 문제이니
내가 쉽게 설명해줄 수 있는 성질의 것이 아니구나.
나찌께따여
그것 대신에 다른 소원을 말해보렴.
나를 그런 어려운 문제로 얽어매지 말고 좀 풀어주렴."

**역주**

• 신들조차 의심을 품은 바 있다(devairatrāpi vicikitsitam purā) : 신들은 이미 죽음을 초월한 자들이므로 이에 대해 궁금해하였다는 것은 신들 같은 존재도 알기 힘든 아주 어려운 문제라는 이야기이다. 이 문제는 곧 불멸과 해탈로 연결되기 때문에 여기에 대답하기 위해서는 죽음의 신이 이제 브라흐만에 관한 지식, 즉 초월적인 지혜에 대하여 설명해야 하는 상황에 부딪히게 되는 것이다.

[ 22 ]
"죽음의 신이여!,
신들도 알고 싶어했고
당신도 쉽게 알 수 있는 문제가 아니라니
저는 더욱이 알아야겠습니다.
그처럼 심오한 가르침을 당신말고 또 누가 주실 수 있겠습니까.
게다가 저에겐 이것말고 아무런 소원도 있지를 않습니다."

[ 23 ]
"나찌께따여,
그대의 아들과 손자가 백 년 장수하게
그리고 짐승, 코끼리, 말을 갖게 해달라고 소원을 빌렴.
이 넓은 땅에 왕국을 갖고 싶다고 소원을 빌렴.
아니면 그대 스스로가 언제까지고 살고 싶다고 한다면

그렇게 해줄 수도 있도다.

[ 24 ]
그대가 무엇이든
원하는 것이 있다면 말해보라.
재물(財物)과 장수(長壽)를 맘껏 빌어보렴.
내 그대가 무엇이든 원하는 것을
다 가질 수 있도록 해줄 수 있도다.

[ 25 ]
이 인간의 세상에서 구하기 쉽지 않은
그 어느 것이라도
얼마든지 내게 달라고 하라.
여기 말과 마차와 아름다운 선녀들이 보이지 않느냐.
인간들이 절대로 쉽게 누릴 수 없는 것들이다.
내가 주는 이 마차를 좀 타보지 않겠느냐.
나찌께따여, 제발 죽음과 관련된 질문은 하지 말아다오.”

[ 26 ]
“죽음의 신이여!
그런 쾌락들은 언제 사라지고 말지 모르는
그야말로 헛된 것들입니다.
게다가 사람들의 능력을 갉아먹지요.
이 짧은 인생에 그런 쾌락들은 어울리지 않습니다.
저에게 주시지 말고 그냥 가지고 계십시오.

[ 27 ]
인간이란

재물을 많이 갖게 된다고 해서
만족하지는 않습니다.
재물이야 얻을 만큼 얻을 것이요
저의 수명도
당신께서 정하시고 다스리는 동안은 지속되지 않겠습니까?
저는 죽음에 관한 가르침말고 다른 것을 원할 것이 없습니다.

**역주**

• 모든 성인이 그러했듯이 어린 나찌께따는 대범하게도 물질적 풍요에 대한 유혹을 거뜬히 뿌리치고 있다. 인간의 감각은 편하고 즐거운 쪽으로만 기울도록 되어 있으니, 이러한 유혹을 뿌리친다는 것은 흐르는 강물을 거꾸로 돌리는 것만큼이나 어려운 일이 아닐 수 없다.

[ 28 ]
이미
늙거나 죽지 않는 신의 모습을 알고 난 후라면
아무리 저 땅에 사는 자라도
(수많은) 색깔과 흥분과 오락이 덧없음을 알진대
어느 어리석은 자가 장수하기만을 바라겠습니까.

[ 29 ]
죽음의 신이시여!
죽은 사람들에 대해서
그들의 존재가 있는 것인지 없는 것인지
그리고 그들이 간 저 세상에 대해서 부디 가르침을 주십시오.
무척 심오하고 또한 함부로 알 것이 아님을 알고 있으나
저 나찌께따는 이 이외에 아무것도 여쭐 것이 없답니다."

## 제2장

[ 1 ]
(죽음의 신이 말했다.)
"훌륭한 것과
쾌락을 주는 것은
다르다는 것을 알아라.
이 두 가지는 여러 가지 목적을 가지고
사람을 일생 동안 거기에 묶이게 한단다.
이중에 훌륭한 것을 택하는 사람은
진정한 선(善)을 갖는 것이요
쾌락을 주는 것을 택하는 사람은
결국 그가 추구하던 것을 중도에 놓치게 된단다.

역주

• 훌륭한 것(śreyasa) : 마땅히 해야 할 것, 옳은 것.
• 쾌락을 주는 것(preyasa) : 감각적으로 기쁘고, 즐겁고, 혹은 편하게 하
는 것.
• 묶이게 한단다(sinītah) : 인도인들은 전통적으로 인생을 네 단계로 나누
어 그때마다 처해진 상황에 따라 성실히 의무를 다할 것을 가르쳐왔다. 즉
학생기(學生期, brahmacarya avāsthā āśrama)에는 금욕의 생활을 몸
에 익히면서 배움에 힘쓰며 부모와 스승 등 윗사람을 공경하고, 가장기(家
長期, gṛhyāvasthā āśrama)에는 결혼하여 가장이 되고, 가족들을 모든
면에서 책임지고 옳은 길로 이끌며 자녀들을 결혼시키는 책임을 다한다.
숲 속 수행기(山林 修行期, vānaprasthā avāsthā āśrama)에는 인적이
드문 숲으로 들어가 세상과 나 자신과 자녀들을 위해 수도 생활을 하며, 마
지막으로 초탈기(超脫期, sanyāsa avāsthā āśrama)에는 홀로 물질적
인 모든 굴레를 벗은 사람의 삶을 살도록 노력해야 한다는 것이다.
  이러한 인생의 과정 속에 인간은 누구나 '훌륭한 것'(śreyasa)과 마음을

즐겁게 하고 감각을 기쁘게 하는 '쾌락을 주는 것'(preyasa) 혹은 '편한 것' 이 두 가지를 놓고 고민하게 된다. 마음은 편하고 감각을 즐겁게 하는 방향으로 가려고 하지만 이성(理性)은 훌륭한 것, 마땅히 해야 할 것으로 역류를 시키고자 애쓸 것이다. 따라서 쉽게 흐르는 조류에 몸을 내맡긴 사람들은 목적한 바를 이룰 가망이 점점 없어질 것이요, 힘들더라도 옳은 바를 좇는 사람은 종국에 가서 진정한 기쁨의 순간을 맞이하게 될 것이다.

[2]
훌륭한 것과
쾌락을 주는 것은
항상 인간에게 동시에 부딪혀오는 것이다.
지혜가 있는 사람은 그 두 가지를 알아보고 구별해내지만
보통 어리석은 사람은
그저 흘러가는 대로 몸을 맡기므로
쾌락을 주는 것을 선택하게 된다.

[3]
나찌께따여!
그대는 밝은 분별력으로
재물과 아름다운 선녀들의 유혹에 넘어가지 않았도다.
세상의 수많은 어리석은 자들이
대개 빨려 들어가는 그 유혹에
그대는 결코 말려들지 않았도다.

[4]
세상에는
두 가지의 아주 정반대의 속성
지혜(知慧)와 무지(無智)가 있다.

나는 그대가 진정 '지혜를 갈구하는 자'임을 인정한다.
왜냐하면 그 많은 유혹이 그대를 유혹해내지 못하였으므로.


[ 5 ]
무지 속에 갇혀 있는 사람들은
스스로를 상당한 지식인이라고
대단한 학자라고 생각하면서
영영 삐뚤어진 길로 가게 되는 것이다.
마치 눈먼 장님들을 역시 눈먼 다른 장님이 인도하여
영영 삐뚤어진 길로 가게 되는 것처럼.


[ 6 ]
재물에 눈이 어두워 제정신이 아닌 사람들에게는
다른 세계로 나아갈 수 있는 길이 보이지 않는다.
이 세상이 있을 뿐
다른 또 어떤 세상이 있다는 말이냐고 하는 사람은
계속해서 윤회의 쳇바퀴 속에서 죽음을 맞으리라.


[ 7 ]
그 지혜는
많은 사람들이 들을 수 있는
그런 흔한 것이 아니다.
또한 수없이 듣는다 해도
사람들은 무슨 말인지 이해하지 못한다.
그러므로 바로 그런 지혜를 설명해낼 수 있는 사람은
정말 대단한 사람이다.
놀라운 사람이다.
또한 훌륭한 스승에게서 전해 듣고

스스로 깨우친 인물들
그 얼마나 훌륭한가.


[ 8 ]
평범한 스승이 가르쳐서는
제대로 이해될 수가 없다.
아뜨만이 그 자신과 다르지 않음을
간파하는 그러한 스승이 가르쳐야만
수없이 많은 방법으로 생각해보는
그 존재에 대한 혼동이 일지 않는다.

**역주**

　• 평범한 스승(narenāvareṇa) : 논리로서는 이해하고 설명할 수 있으나 진정한 깨달음이 없는 상태에서 가르치는 스승을 말하는 것이다.
　• 아뜨만이 그 자신과 다르지 않음을 간파하는 스승(ananya) : 앞에 말한 평범한 스승과 다른 그 자신을 브라흐만(아뜨만)과 다르게 생각지 않는 스승. 그 자신이 브라흐만과 하나임을 깨달은 스승을 말한다.
　• 수없이 많은 방법으로 생각해 보는(bahudhā cintyamānaḥ) : 아뜨만은 가장 작은 원자보다도 더욱 작고, 더욱 미세하며, 더욱 알기 어려운 존재이기 때문에, 이렇게 보면 이렇고 저렇게 보면 저런 여러 가지 비유로 생각해 볼 수 있다. 아뜨만의 '하나'로서 이해하지 못한 상태에서 이 여러 방법으로 아뜨만을 들으면 혼동이 일 수밖에 없을 것이다.


[ 9 ]
그 존재는 논리로서 이해가 가능하지 않은 것.
그러므로 옳게 알게 하기 위해서
논리가 아닌
지혜의 스승으로부터 전해졌던 것이다.
이제 그대는 그 선지식을

그와 같이 논리가 아닌 진정한 학문의 스승으로부터 듣고
깨달음을 얻었도다.
모든 아들과 제자들이 그대와 같이 질문할 수 있기를 바라노라.

**역주**

• 모든 아들과 제자들이 그대와 같이 질문할 수 있기를(tvādṁno bhūyān-
naciketaḥ prāṣṭā) : 다시 한번 스승은 하나같이 진리 공부를 가르칠 능력이
있어야 하고 제자 또한 준비가 되어 있어야 함을, 그러나 그러한 상대가 귀
함을 말하고 있다.


[ 10 ]
재물이 영원하지 않다는 것은
나도 알고 있도다.
영원하지 않은 것으로 구한 것은 영원한 것이 아니기 때문이다.
그러므로 나는 나찌께따 아그니를 통하여
영원함을 얻었도다.

**역주**

• 나는 나찌께따 아그니를 통하여 영원함을 얻었도다.(tato mayānāciketa-
ścito'gniranityair draviyaiḥ prāptvānasmi nityam) : 나찌께따 제화(祭
火)로 제례를 치름으로써, 즉 모든 것을 버리고 태움으로써 죽음은 물질적
인 세상에서 비물질적인 단계로 승화되었다.

제례 자체는 물질적인 것이다. 그러나 물질적인 제례라도 나찌께다 아그
니는 그 안에 비물질적인 목적을 담고 있으므로 이것을 상징으로 알고 행
한다면 그 목적을 도달하기 위해 필요한 다리가 된다. '영원함'에 가기 위하
여 '영원하지 않은 것'이 그 방법, 다리로서 필요할 수 있다는 것이다. 그러
므로 현실이라는 것은 이 형이상학적인 목적 앞에 전혀 관계가 없는 것이
아니라 오히려 아주 중요한 것이라고 할 수 있다. 단 그 다리가 물질적인
것인 이상 그 틀 속의 영원함이란 그 틀이 파괴되는 순간 영원함의 속성을
잃는다. 그럼에도 '제례'는 앞으로 진정한 영원함을 추구해 나가게 하는 다

110

리로서의 의미가 있는 것이다.


[ 11 ]
오, 나찌께따여
그대는 모든 쾌락을 위한 도구와
세상 사람들이 모두 하나같이 원하는 것들
제례의식으로 얻을 수 있는 무수히 많은 복(福)
두려움이 없는 저 천상 세계
찬미할 신들과 저 멀리까지 뻗치는 가장 눈부신 장면을 보고도
강한 인내심으로 모든 유혹을 물리쳤도다.
그대는 진정 현명한 자로다.


[ 12 ]
그 보기 힘들고
숨겨진 듯 안으로 들어가 있으며
지혜 안 깊숙한 곳에 머무르는
그 오래된 빛인 신(神)을
정신적인 노력을 통해 깨닫게 된 사람은
기쁨과 슬픔을 초월하리라.

역주

• 정신적인 노력(adhyātma-yoga) : 원어(adhyātma-yoga)의 직역은
'정신적인 연결'(을 추구하는 방법)이다. 여기서 정신적이라고 하는 것은
내면의 '자신'(self)과 관련된 것을 말하고, 요가는 '연결'의 의미이므로 정
신적인 연결은 '자신의 참 모습과 현재의 자기 모습을 연결하는 것'을 말하
는 것이다.
이러한 정신적인 연결을 목적으로 하여 생겨난 요가의 수행방법은 심신
을 건강하게 하여 육체의 기(氣)가 왕성해지도록 하는 하타요가에서부터,
호흡을 조절하여 마음의 평화를 구하고 그로부터 궁극적인 '연결'을 추구하

려는 호흡의 요가(쁘라나야마), 신에 대한 신애(信愛)를 통하여 그러한 연결의 단계에 도달하려는 신애의 요가(박띠요가), 사랑을 매개로 하는 사랑의 요가(쁘렘요가), 명상을 매개로 하는 명상의 요가(드야나요가), 신체의 단련과 명상으로 하는 정신적인 단련을 잘 배합한 까르마요가, 혹은 왕도요가(라자요가) 등 종류가 여러 가지이다. 이처럼 요가가 실천적 수행방법으로 유행하면서, 여러 가지 방법을 각각 강조하는 독립적인 분야가 발전하였는데, 하타요가나 호흡단련법을 요가라고 생각하는 것은 요가의 수련방법을 중심으로 한 이해이며, 우파니샤드 등 인도의 전통적인 철학에서 말하는 요가는 일반적으로 명상을 중심으로 정신적인 합일을 추구하는 수행방법을 통칭하는 것이다.

[ 13 ]
결국은
죽음을 맞을 인간이
이 아뜨만에 대해 듣고 늘 마음속으로 새기며
아뜨만의 정체를 알아서
그 아뜨만이 물질적 구성요소와 비교될 수 없는
미세한 존재라는 것을 알게 되면
그는 지극한 기쁨을 누리게 되리라.
나는 그대 나찌께따를
'아뜨만을 맞아들일 준비로 문을 활짝 연 자'라 부르노라."

역주

• 결국은 죽음을 맞을 인간(martyah) : 인간은 일단 태어남으로써 생겨났으므로 죽음을 반드시 겪게 되어 있다. 죽음의 신이 이런 표현을 하는 것은 피할 수 없는 죽음을 눈앞에 둔 이상, 죽음이라는 공포를 극복하고 진리를 탐구하여 해탈로 나아가야 할 필요성을 말하기 위함이다.

• 정체(dharma) : 이 맥락에서 '다르마'는 '정체'(혹은 핵심)라는 의미이다. 다르마는 우리말로 하자면 도리, 법, 순리, 의무, 정체 등 여러 가지 의미를 함축하고 있어서 그때그때 맥락에 따라 각기 적합한 뜻으로 이해해야

할 것이다.

[ 14 ]
"죽음의 신이여!
당신이 아는 아뜨만
다르마와 다르고
다르마가 아닌 것과도 다르며
이미 세상에 있었던 어떤 것과도 다르고
아직 있지 않았던 그 어떤 것과도 다르며
과거, 미래, 현재와도 다르다고 하는
그 아뜨만이 무엇인지 더 이야기해주세요."

**역주**

• 다르마와 다르고 다르마가 아닌 것과도 다르며(anyatra dharmād anya-
trādharmād) : 아뜨만은 다르마의 범위로도 예측할 수 없는 그보다 훨씬
초월적인 존재인 것이다.

• 이미 세상에 있었던 어떤 것……아직 있지 않았던 그 어떤 것(anyatrās-
mātkṛta akṛtākṛtāt) : 이 두 가지는 모두 우리 인간이 상상할 수 있는 것들
이다. 이렇게 틀에 맞출 수 없는 아뜨만의 개념을 지금 설명하고 있다.

• 과거, 미래, 현재와도 다르다(anyatra bhūtāc ca bhavyāc ca) : 이러한
시간의 개념도 정해놓고 나면 고정되는 것이므로, 아뜨만은 그저 항상 있
는 것이다.

[ 15 ]
"네 가지 베다가
모두 그에 대해 말하고 있으며
모든 고행이 바로 그것을 얻기 위해 필요하고
스승의 문하에서도
모든 시간을 그것의 깨우침에 쏟아부어야 할

그것을 내가 그대에게 한마디로 말해주겠다.

그것은 '오움'이다.

---
역주
---

• 지금부터 죽음의 신 야마가 나찌께따에게 아뜨만에 대해서 설명한다. 특히 이 구절에서부터 17번째 구절까지 '오움'에 대하여 설명하고 있다. 오움은 브라흐만 혹은 아뜨만의 상징으로서, 단순한 소리나 글자의 범위를 초월하는 것이다. 그러므로 '오움'을 아는 것 또한 브라흐만을 이해하는 것의 한 방편이다.

• 네 가지 베다 : 리그 베다, 사마 베다, 아타르바 베다, 야쥬르 베다를 말한다.

• 베다, 고행, 스승의 집에서 거주하면서 받는 문하(門下)학습, 이러한 것들은 고대 인도의 학습 전통이며, 그 목적이 현실적인 지식뿐 아니라 이상적·정신적인 지식을 습득하기 위한 것이었다. 특히 고행(tapas)은 현실생활에서 인내력을 갖게 하며 강도높은 정신집중을 가능하게 하는 학습 혹은 수행방법이다. 그러나 아뜨만의 지혜는 이런 방법들을 통해 아무리 긴 세월을 노력한다고 해도 그 노력한 시간이나 정도에 따라 달성되는 목표가 아니니, 그 오묘하고 어려운 초월적인 지혜를 표현하는 하나의 상징이 바로 '오움'이라는 것이다.


[ 16 ]

이 '오움'은

우리가 생각해낼 수 있는

극한까지의 범위에 존재하는 '한정적 브라흐만'이요

우리의 생각이 미치지 못하는

초월적인 범위에 존재하는 '초월의 브라흐만'이기도 하도다.

이 소리를 옳게 알면 이 소리로 하여 무엇이든 소유할 수 있도다.

역주

• 한정적 브라흐만(akṣram brāhma) : 우리 인간 안에 있다고 혹은 인간이 생각할 수 있는 범위 내에 널리 편재한다고 생각되는 브라흐만은 인간들에게는 모든 것이지만 그 자체로서는 한정적인 모습이다.

• 초월의 브라흐만(akṣaram param) : 앞에 나온 한정적 브라흐만에 대치되는 초월의 범주에 있는 브라흐만을 말하는 것이다. 얼마나 초월적인지, 얼마나 되는 크기인지 알 수 없는 것처럼 '오움'도 그러한 상징이다.

• 무엇이든 소유할 수 있도다 : 물론 물질적인 소유를 말하는 것은 아닐 것이다. 우파니샤드에서 깨달음을 통하여 추구하는 것은 마음의 평온이므로, 결국 마음의 평온을 얻으리라는 것으로 해석해볼 수 있다. 무엇이든 마음먹기에 달린 것이기 때문이다. 샹까라도 '그가 원하는 것을 모두 이루리라'고 해석했다.

[17]
브라흐만을 알고자 한다면
이 '오움'이라는 글자의 소리 이상의 지름길은 없도다.
이 소리를 알게 되면
그 사람은 브라흐만 세상에서도 위대한 자로 통하게 된다.

[18]
그 아뜨만은
누구에 의해서 생겨나는 것이 아니며
누구에 의해 죽게 되는 것도 아니며
그 자신 이외의 다른 어떤 근원에서 생겨난 것이 아니며
어떤 다른 것을 낳지도 않는 것이라.
그러므로 이 아뜨만은 태어난 적이 없으며
육신이 죽는다고 해서 사라지는 것이 아니다.

[ 19 ]
만일 누군가를 해치려고 하는 자가
아뜨만이 죽게 되리라 생각한다면
그리고 죽는 사람이
그로 인해 아뜨만이 죽고 있다고 생각한다면
그 둘은 모두 아뜨만을 모르는 것이다.
아뜨만은 누구를 죽이지도
죽음을 당하지도 않는 것이기 때문이다.

[ 20 ]
이 아뜨만은
세밀한 것 중에서도 가장 세밀하고
큰 것 중에서도 가장 크며
세상 모든 것의 구석구석에
그리고 지혜의 동굴이라 불리는 인간의 마음속에도
머물고 있다.
꾸준히 할 바를 해 나가는 사람은
자신의 축복받은 감각을 통해 아뜨만의 존재를 감지하게 되며
그때 그는 아무런 슬픔도 갖지 않게 되리라.

역주

• 꾸준히 할 바를 해 나가는 사람(akratuḥ) : 원문 그대로를 직역하면 '행하지 않는 사람 혹은 업에 얽매이지 않은 사람'이라는 뜻이다. 즉 집착하지 않고 꾸준히 그 할 바(까르마)를 행하는 사람을 말하는 것이다. 샹까라는 '세속의 어떤 것에도 집착하지 않고 해탈의 추구를 방해하는 요소들을 멀리하는 자'라고 하였다.

[ 21 ]
그는 움직이지 않으면서도

저 멀리까지 가 있으며
자고 있으면서도 사방 어디든 가며
지고의 기쁨 그 자체이며
그것을 초월한 것이기도 하니
그 존재를 '나' 이외의 누가 알 수 있겠는가?

역주

• '나' 이외의 누가 알 수 있겠는가 : 그 존재는 바로 나이기도 하니, 내 자신
말고 그를 알 수 있는 더 좋은 통로가 어디 있겠는가 하는 의미이다.


[ 22 ]
모두가 육신을 입고 있으나
그는 육신이 없으며
모두가 불안정하나
그는 유일하게 안정되어 있도다.
그 위대한 편재하는 아뜨만이
그 스스로와 다르지 않음을 깨달은 현명한 사람은
아무런 슬픔도 고통도 갖지 않도다.


[ 23 ]
아뜨만은
베다 등을 공부한다고 얻게 될 것이 아니로다.
그 책 속에 담긴 의미를 더 많이 안다고
얻게 될 것이 아니로다.
오로지 구도자 스스로가 아뜨만을 구할 때
아뜨만은 구해질 수 있느니
그러한 구도자 앞에서만이
아뜨만은 그 모습을 드러내도다.

[ 24 ]
죄악과 멀지 않으며
그의 감각이 늘 평온하지 못하며
마음을 고요히 가라앉히지 못하며
마음속이 평온하지 못한 사람은
아무리 그를 구하려 해도 구하지 못한다.


[ 25 ]
그 아뜨만에게 있어
브라만이나 끄샤뜨리야는 매일 먹는 밥과 같고
죽음이란 그에게 반찬과 같은 것이다.
그러니 누가 이 세상에 살면서
아뜨만이 어디에 있는지 알 수 있겠는가.

| 역주 |

• 브라만이나 끄샤뜨리야는……밥, 죽음이란……반찬 : 고대 인도인들에게 브라만(사제)이나 끄샤뜨리야(무인), 바이샤(농 상인), 슈드라(노예) 등 신분제도는 벗어날 수 없는 삶의 틀이었다. 그들은 그 틀을 벗어야 한다는 생각을 하지 않고 그 틀 안에서 당연히 살아야 하는 삶을 그대로 살았던 것이었다. 그러므로 그들의 신분제도는 '현실'을 상징한다고 할 수 있다. 아뜨만에게는 이런 우리의 현실이 마치 우리가 매일 먹는 밥과 같은 것에 불과하다. 즉 그렇게 평범하고 일상적인 것일 뿐이라는 것이다. 게다가 인간에게는 가장 두려운 죽음이란 것이 아뜨만에게는 밥과 같이 먹는 반찬 같은, 역시 일상적인 것이다.

우파니샤드가 말하려는 것은, 현실이나 죽음이 인간에게는 가장 큰 문제이지만 결국 자연현상에 불과하며, 시야를 저 넓은 곳으로 돌릴 때 현실의 괴로움과 죽음에 대한 두려움은 그렇게 절대적인 것이 아니게 된다는 것이다.

118

## 제3장

[1]
이 육신의 동굴 안에는
지고의 존재의 세상에 속한
두 개의 아뜨만이 들어 있다.
스스로 만든 진리를 마시는 그 둘은
그림자와 빛과 같다고
이미 깨달음을 얻은 자
다섯 아그니를 지키는 자
세 번이나 나찌께따 아그니를 택한 자들이 말하도다.

역주

• 동굴(guhyam) : 육신 안에도 피와 살이 있는 부분과 진공 상태로 비어 있는 물질적인 부분들이 있는데, 그 진공상태로 빈자리를 '동굴'이라고 하여 보이지 않는 아뜨만이 머무는 깊숙하고 은밀한 자리라고 한 것이다.

• 그림자와 빛 : 빛이 없다면 그림자는 생기지 않으므로 한 아뜨만은 근본이요, 다른 아뜨만은 그로부터 생겨난 것이다.

• 스스로 만든 진리를 마시는 그 둘은(rtam pibantau) : 스스로 선한 행위에 대한 결과를 만들어 업보를 치르는 그 둘은.

• 다섯 아그니를 지키는 사람(pañcāgnayo) : 천상, 구름, 땅, 인간 그리고 여자 혹은 그리하빠뜨야, 아하바니야, 닥쉬나아그니, 사비야, 아바사트야 등 다섯 가지 아그니를 각각 상징하는 다섯 갈래 불길, 이것들은 수행자가 수도과정중에 정복하게 되는 형이하학적인 상징들이기도 하다.

• 세 번이나 나찌께따 아그니를 택한 사람(tri-nāciketāḥ) : 앞에 나찌께따의 두번째 소원에 나왔듯이 세 번의 나찌께따 아그니 의식을 행한다는 것은 상징적인 것이다. 먼저 알고, 다음엔 안 것을 깊이 숙고하며 마지막으로 그것을 실천하는 이 세 가지를 모두 행해 나가는 것이다. 이것이 바로 완전한 지식의 경지인 것이다.

[2]
제례의식을 행하는 사람에게는
'다리'와 같으며
세상을 건너려는 사람에게는
두려움을 없게 하는
가장 든든한 의지가 되는 나찌께따 아그니
우리가 그것을 온전히 이해할 수 있기를 바라노라.

역주

• 다리(setu) : 한 쪽에서 건너편으로 건널 수 있게 해주는 것이 다리이
다. 나찌께따 아그니는 영원함의 세계로 건너갈 수 있도록 일부는 이쪽에
있으면서 그 끝은 다른 쪽에 걸쳐 있어 매개 역할을 한다는 의미이다.

• 세상을 건너려는 사람(titīrṣatām) : 세상을 건넌다는 것은 한정적, 제한
적인 이 물질의 세계를 초월하여 저 영원한 세계로 나아가려 한다는 의미
이다.


[3]
아뜨만을 수레의 주인이라 생각하고
육신을 수레라고 생각해보라.
지혜를 마부
그리고 마음을 고삐라 생각해보라.


[4]
감각들을 말(馬)이라 하고
감각이 좋는 그 대상들을
말이 달려나가는 길(道)이라 생각한다면
이렇게 육신과 감각과 마음이 한데 모인 아뜨만은
마차 안에 들어앉은 주인이다.

[5]
지혜인 마부가
만일 마차를 제대로 몰지 못하여
마음인 고삐가 불안정하게 되면
그 조정을 받는 감각들은
각기 제멋대로 움직이게 된다.

[6]
그러나 지혜인 마부가
마차를 잘 몰아
항상 마음을 통제할 수 있게 되면
그의 말(馬)인 감각들은
마부가 길을 잘 들인 말처럼
항상 절도있게 되는 것이다.

[7]
그러나 무지(無智)에 갇혀
그 의식을 통제하지 못하는 사람은
그 지혜가 영구한 순수함에 이르지 못하여
최종 목적지까지 가지 못하고
탄생과 죽음의 윤회의 길을 따라
이 속세로 다시 되돌아 내려온다.

**역주**

• 윤회의 길(saṁsāram) : '떠다니다, 방황하다'(saṁsarati)에서 파생된
명사로, 태어남과 죽음이 반복되는 틀을 의미한다.

[8]
지혜롭고
마음을 통제하여
그로써 영구한 순수함에 도달한 사람은
그 목적지까지 도달하여
이 고통스런 탄생과 죽음의 쳇바퀴 속으로
다시 내려오지 않게 된다.

[9]
분별력 있는 마부, 지혜를 가지고
마음인 고삐를 단단히 쥐는 통제력을 가진 사람은
이 세상의 여로(旅路)를 마치고
편재하는 신의 그 지고(至高)의 경지에 도달하게 되리라.

역주

• 편재하는 신의 그 지고의 경지(tad viṣṇoḥ paramam padam) : 원문에 쓰인 viṣṇu는 '편재하는 신'이라는 의미이면서 '최고의 신, 초월의 신'을 지칭하는 말이다. 지고의 경지라는 말은 앞 구절에 나온 '고통스런 탄생과 죽음의 쳇바퀴'에 대치되는 개념으로서 윤회의 틀을 벗어난 편재하는 신의 경지를 말한다.

[10]
감각보다는
그 대상이 먼저 생겼고
그 대상들보다는
마음이 먼저 생겨났으며
마음보다는 지혜가
그리고 지혜보다는
아뜨만이 더 먼저 있었다.

122

• 10, 11번째 구절은 우파니샤드의 아뜨만과 아뜨만을 중심으로 한 세계관을 알 수 있는 부분이다.

[ 11 ]
그 아뜨만보다
먼저 미현인(未顯因)이 있었으며
그 미현인보다
먼저 뿌루샤가 있었으니
그 전에는 아무것도 없었다.
여기가 여로(旅路)의 끝, 최종 목적지이다.

• 아뜨만보다 먼저 미현인이 있었으며 : 리그 베다의 황금알(히란야 가르바) 경(經)에도 '처음에는 물의 혼돈만이 있었으며 그 속에서 만물의 창조자 황금알이 나와 그 위를 떠다녔다'고 하였다(리그 베다 10.129.2).

• 뿌루샤 : 리그 베다에 뿌루샤는 '천 개의 머리와 천 개의 눈, 천 개의 다리를 가지고 있으며, 과거, 현재, 미래 모든 것'으로 묘사되었다(리그 베다 뿌루샤 편 10.90). 뿌루샤는 무형적 육신을 입은 모습(puri śayate iti puruṣaḥ)이므로 이 이상의 존재를 생각하는 것은 우리에게 불가능하다. 그러므로 뿌루샤는 '우주 브라흐만'의 다른 이름이다.

[ 12 ]
그는
모든 생물체에 들어 있으며
각각의 아뜨만으로서
우리에게 나타나 보이지 않는다.
오로지 현미(顯微)한 것을 볼 수 있는 시각을 가진 사람의
극히 현현(玄玄)한 지혜로만이

볼 수 있는 것이다.

• 현미(顯微)한 것을 볼 수 있는 시각을 가진 사람(sūkṣama-darśī) : 세상에서는 현미하지 않은 시각으로도 사물을 볼 수 있으나, 눈에 보이지 않는 것을 보기 위해서는 물리적인 눈의 시력에만 의지하지 않고 세밀한 것을 볼 수 있어야 한다. 즉 두 가지 '보는 힘'의 균형이 잘 잡힌 시각을 가진 사람(samyag-darśī)이라야 한다는 것이다.

• 현현(玄玄)한 지혜로(sūkṣamayā buddhayā) : 아뜨만은 그 자체가 아주 숭고하고 세밀하여 눈으로 볼 수 있는 것이 아니다. 그것은 지혜, 그것도 평범한 지혜가 아닌 현현한 지혜로만이 볼 수 있다.

[ 13 ]
지혜로운 사람이라면
말(言)을 마음속에 접어두고
마음은 아뜨만을 깨닫고자 하는 데에 두고
그리고 그 깨달음을 얻기 위하여
아뜨만에 자신을 온통 집중시킬 수 있으리라.

[ 14 ]
일어나라.
깨어나라.
그리고 스승에게로 가서 뿌루샤를 알도록 하라.
뾰족하고 날카로운 칼날을 만들기 위해
꾸준히 날을 갈아야 하는 것처럼
진리를 깨닫기 위해 나아가는 길은
그처럼 어렵다고 선각자들이 말하고 있지 않은가.

124

[ 15 ]
소리가 없고
촉감이 없으며
형태와 맛
그 끝과 냄새 또한 없으니
그는 불멸의 존재로다.
또한 시작이 없고 끝이 없고
초월적이며
지극히 안정된 이 아뜨만을 알게 되면
그는 그 순간 죽음의 어귀에서 풀려나리라."

역주

• 아뜨만은 감각의 대상이 아니며, 아무런 특성이 없는 존재이다. 다만
인지하기 위하여 그의 특성을 들어보자면, 시작이 없고 끝 또한 없는 것,
속세의 것과는 다른 초월적인 것, 변화하지 않고 안정된 것이라고 할 수 있
다는 것이다. 그러나 이러한 설명만으로 온전히 설명될 수 없다. 오직 스스
로 깨달아야 알게 되며, 이 아뜨만을 '깨닫는' 사람만이 죽음이라는 두려움
을 벗고 윤회의 틀을 벗어나 얽매임 없는 자유의 세계로 나아가게 된다는
것이다.

[ 16 ]
나찌께따가
죽음의 신 야마를 통해 알게 된
이 영원한 진리를 설하거나 들음으로써
지혜로운 자는 브라흐만의 세계에서도 탁월하게 되리라.

[ 17 ]
누구든
이 최고의 비밀스런 우파니샤드를

사제들의 모임에서
혹은 조상에게 제례 올릴 때
묵송하면
성결하게 되어
그 모임이나 제례는 무궁한 효력을 지니리라.


# 제2부

## 제1장

[ 1 ]
스스로 생겨난 아뜨만이
우리의 감각들을 밖으로 향하게 하였으니
감각은 안에 들어앉은 아뜨만을 보지 않고
밖의 대상들만을 보려 든다.
해탈을 구하기 위하여
밖으로 향하는 감각들을 스스로 붙잡아놓을 수 있는 사람만이
안으로 들어앉은 아뜨만을 볼 수 있도다.


[ 2 ]
지혜가 모자라는 사람은
바깥의 즐거움을 좇기 마련이고
그로써 그는 죽음이라는 어마어마한 덫에 걸리게 되는 것이다.
그러나 현명한 사람은
안에 들어앉은 아뜨만을 흔들림 없는 확고한 존재로 인식하고
그럼으로써 세상의 허망한 것들에 대해 욕심을 내지 않는다.

126

[ 3 ]
지혜 그 자체인
아뜨만으로 인하여
우리들은 형태, 맛, 냄새, 소리, 촉감
그리고 성관계로 인해 생기는 쾌감들을 잘 알고 있다.
이 모든 것은 그 아뜨만으로 인한 것이니
이 세상에 아뜨만으로 인하지 않는 것이 있는가?
나찌께따가 알고 싶어했던 것, 그것은 바로 아뜨만이다.

역주

• 나찌께따가 알고 싶어했던 것, 그것은 바로 아뜨만이다 : 나찌께따의 세번째
질문은 '죽음 뒤에 무엇이 있는가, 죽은 후의 사람은 어떻게 되는가'에 관한
것이었다. 아뜨만을 앎으로써 죽음과 죽음 뒤에 있는 것, 죽음을 넘어서는
것, 이 모두를 알게 된다. 그러므로 이 질문의 완전한 대답은 오로지 아뜨
만을 통해서만이 가능하다.


[ 4 ]
또한 그 아뜨만으로 인하여
우리는 꿈속의 현상과 실제의 현상을 볼 수 있다.
현명한 사람이라면
그 위대하고 모든 곳에 편재하고 있는 아뜨만을
진정으로 깊이 깨닫고
더 이상 슬퍼하거나 괴로워하지 않으리라.


[ 5 ]
이처럼 업보를 짊어지는 아뜨만
호흡을 지탱해주는 아뜨만이
과거, 미래, 현재
이 모든 시간의 통제자임을 영감 속의 만남으로 알게 되면

이제 그는 자신을 굳이 지키려 하지 않나니
이것이 바로 아뜨만에 대한 옳은 지식이다.

역주

• 업보를 짊어지는(madhvadaṁ) : 원문의 직역은 '꿀을 먹는'이다. 꿀을
이용한 비유는 브리하다란야까 우파니샤드의 꿀의 지혜(madhu vidyā)
편에도 자세히 나와 있다. 벌과 꽃의 관계를 브라흐만과 개체 아뜨만(개
인)에 비하여 서로 필수불가분의 관계임을 보이고 있다. 꿀은 벌이 일함으
로써 만들어낸 까르마, 즉 업(業)이다. 그가 만들어낸 꿀을 그가 다시 먹는
것처럼, 업도 만든 이가 그 결과를 짊어진다.

[6]
지혜의 고행을 통해 태어난 황금알이
물질과 함께 지혜라는 동굴 속에 들어 있으되
물과 같은 물질들보다 먼저 진작부터 거기 머물러 있었음을
해탈을 희구하는 자가 드디어 깨닫게 되면
그는 브라흐만을 보게 되노라.
그것은 곧 아뜨만이다.

[7]
태양의 여신 아디띠는
그 황금알 안에서 '숨'으로 태어났다.
그는 지혜의 동굴 안에 머물고 있으며
또한 다른 물질로 된 것들과 함께 태어나는 자이다.
그가 바로 그것(아뜨만)이다.

역주

• 아디띠(aditi) : 베다에 나오는, 태양의 햇살을 의인화한 여신으로 이
이름은 '그 한계가 없는 것'이라는 의미이다. 즉 태양 빛이 사방 천지에 퍼
짐을 설명하는 것이다. 이처럼 그 한계가 없는 것이기 때문에 다른 신들의

'어머니'라고도 불린다(리그 베다 1.89.10). 샹까라는 아디띠의 이름을 '먹
는 자(adana), 경험하는 자'로 풀이하면서, 자연의 모든 대상을 미현인
(未顯因) 이후 처음으로 경험하는 자, 즉 모든 자연 대상을 자식으로 하는
'어머니'라고 설명하고 있다.

   • 그 지혜의 동굴 안에 머물고 : 지혜의 동굴이라는 것은 앞에서 여러 번 나
온 것처럼 사람 몸의 가장 깊숙한 한가운데 공간이고, 아뜨만이 자리하는
곳이다. 아디띠의 머무는 자리가 이 '동굴'이라는 것은 아뜨만과의 깊은 연
관성을 가진다는 것을 표현한다.


[ 8 ]
뱃속에 아이를 수태한 여인이
그 아기를 아주 조심스럽게
배 안에 간수하듯
불의 신 아그니는
장작들 사이에 잘 보존되도다.
아그니는
명상을 통해 수행을 하는 요기들이
매일 정성스럽게 준비한 귀한 음식들로서
제례를 올리는 귀한 신(神)이니
그도 또한 그것(아뜨만)이다.

   | 역주 |

   • 위에 언급된 아디띠만이 아뜨만인 것은 아니다. 이번 구절에서는 아그
니도 그와 같음을 말하고, 이처럼 모든 자연의 힘이 그 아뜨만에서 나온 것
임을 말하고 있다.

   • 불의 신 아그니는 장작들 사이에 잘 보존되도다 : 제례의식이든 아니든 불을
지필 때는 반드시 장작이 있어 불을 감싸고 있게 된다. 어머니 뱃속의 아이
는 늘 어머니 뱃속에 있듯, 아그니도 늘 장작으로 에워싸여 보호받는다.

   • 제례를 올리는 : 모든 제례의식은 크든 작든, 어느 신에게 드리는 제례
이든 불을 지피고 그 불에 깨끗한 곡류, 버터기름 등을 붓는다. 이것을 '하

와나'(havana)라고 하는데 '아그니 신에게 제례를 올린다'고 표현한다.

[ 9 ]
태양이 떠오르고
다시 지는 그곳
태양이 움직이는 범위
모든 신들이 그 안에 포함되노라.
그 모든 신들이
그 생명인 아뜨만을 각기 그 근본으로 삼도다.
어느 신도 그 이상을 넘을 수 없으니
그것은 바로 그것(아뜨만)이다.

역주

• 어느 신도 그 이상을 넘을 수 없도다 : 인간이 생각할 수 있는 가장 큰 범주는 자연이다. 이 구절에서는 모든 신들의 근원, 즉 모든 자연력의 근원은 유일한 아뜨만이며, 그 안에서라야 그 힘들이 '자연력'일 수 있다는 것을 말하고 있다. 그 이상을 우리는 생각할 수가 없다. 아뜨만의 범주는 바로 그런 무한대이다.

[ 10 ]
이 물질로 된 세상에서
빛을 발하는 그 브라흐만은
저 보이지 않는 지혜의 세상에서도 빛나는 자이다.
또한 지혜의 세상에서 이루는 것같이
물질로 된 세상에서도 이루어내는 자이니
누구든 그를 참으로 이해 못하고
'하나'가 아닌 '여럿'으로 보는 자는
죽음과 죽음의 끊임없는 쳇바퀴를 벗어나지 못하리라.

130

• 누구든 그를 참으로 이해 못하고 하나가 아닌 여럿으로 보는 자는 죽음과 죽음의 끊임없는 쳇바퀴를 벗어나지 못하리라 : 브라흐만의 이해는 기본적으로 '하나임'을 깨닫는 것이다. 굳이 구분지어 말한다면 세상의 특성은 '다양성'이며 브라흐만의 특성은 '단일성'이다. 브라흐만을 여럿으로, 복합적인 것으로 이해하는 것은 아직 이해의 단계가 세상의 수준임을 말하는 것이다.

[ 11 ]
유일한 존재 브라흐만을 구할 때에는
그를 초월적인 것으로 추구해야 한다.
또한 그를 이해하는 데 '여럿'이라는 것은
절대 끼일 자리가 없도다.
누구든 그를 '여럿'으로 이해하는 자는
죽음에서 죽음으로 도는 쳇바퀴를 벗어날 길이 없도다.

• 위의 구절과 마찬가지로 브라흐만의 단일성을 강조하고 있다. '초월적'이라는 것은 물질적인 세상의 '다양성'이라는 특성과 대치되는 개념으로 이해해야 할 것이다.

[ 12 ]
손가락만한 뿌루샤는
심장 속 중간에 자리잡고 있도다.
그가 과거, 미래
그리고 현재 등 시간의 주인인 것을 알라.
그리하면 그 현명한 사람은
자신의 육신에 굳이 애착을 갖지 않으리라.

> **역주**

• 손가락만한 뿌루샤(aṅguṣṭa mātraṁ puruṣam ) : 사람 몸 안에 들어 있는 뿌루샤를 슈베따슈바따라 우파니샤드(제3장 1편 1절)에서도 손가락만한 뿌루샤라고 부르고 있다. 그 존재가 분명 있으되 그 존재는 눈으로 보아 크기를 말할 수 있는 것이 아님을 '손가락'에 비유하여 설명하고 있다.


[ 13 ]
이 손가락만한 뿌루샤는
연기가 없는 불과 같다.
그는 과거와 미래의 통치자이며
오늘 여기 있으며
내일도 있을 것이다.
확언하건대 그가 바로 브라흐만이다.

> **역주**

• 연기가 없는 불(jyotir ivādhūmakaḥ) : 불과 함께 연기가 있는 것은, 우리가 경험하는 시간의 구분이 있는 세계에서는 아주 당연한 일이다. 연기가 나는 불은 언젠가 그 연기가 사그라듦과 함께 사라지게 될 것이다. 반면에 뿌루샤 혹은 브라흐만은 '언젠가'라는 시간의 구분이 없는 영원한 것, 그리고 시간을 초월하는 것이다.


[ 14 ]
높은 산꼭대기에 떨어진 빗물이
여러 길을 통하여
그 산 아랫자락으로 흩어져버리노니
그와 같이 '여럿'이 아닌 아뜨만을
'여럿'으로 이해하는 사람은
그가 이해하는 대로 '여럿'의 세상으로 흩어져 내려오도다.

역주

• 여럿의 세상(prthaka) : 원문은 '따로따로임'의 의미이다. 세상의 모든 것은 그 바탕을 브라흐만에 두고 있으며, 따라서 현상적으로 다르게 보이는 것이지 근본적으로 다른 것이 아니다. 그러므로 거기에 차등이나 우열이 없다. 그러나 그것을 이해하지 못하고 차등과 다양성만의 세상을 보는 사람은, 그가 아는 만큼의 세상, 차별과 다양성의 세상만을 겪는다. '여럿의 세상'은 윤회의 쳇바퀴를, '하나인(여럿이 아닌) 아뜨만'은 해탈을 대신하는 말이다.

[ 15 ]
깨끗한 물에 깨끗한 물을 부으면
역시 깨끗한 법.
가우따마여
'하나'인 아뜨만을 진정 아는 사람의 아뜨만은
근원 아뜨만과 합쳐지고
그처럼 깨끗하도다.

역주

• 가우따마여 : 나찌께따의 아버지도 나찌께따도 가우따마 가문 사람이므로 이렇게 부를 수 있다. 여기서는 나찌께따를 가르킨다.


제2장

[ 1 ]
태어남이나 자라남 등의
어떠한 형태적 변화도 없으며
영원한 지혜 그 자체인 아뜨만의 몸체는

열한 개의 문을 가지고 있도다.
이와 같은 아뜨만을 숙고하고 아는 사람은
슬퍼함이 없으며 진정으로 자유로운 자가 되리라.

【역주】

• 아뜨만의 몸체는 열한 개의 문을 가지고 있도다(puram ekādāśa dvāram)
: 열한 개의 문이라는 것은 인간의 몸을 기준으로 할 때 두 개의 눈과 두 개의 귀, 두 개의 콧구멍, 입, 항문, 생식기 등 아홉 개의 구멍과 배꼽과 정수리 구멍을 합한 것을 말한다. 이러한 기관들에 대해서 아이따레야 우파니샤드 제1장에도 비슷한 언급을 볼 수 있다. 이것은 아뜨만이 이러한 구멍을 가지고 있는 물질적인 실체라는 것이 아니라 그러한 기관들이 해내는 '작용'을 가지고 있다는 것으로서, 아뜨만의 존재를 긍정적으로 묘사해보려는 시도이다. 우파니샤드를 읽으면서 이러한 상징성을 파악하는 것은 매우 중요하다.

[2]
그 아뜨만은
하늘에서 태양이요
하늘과 땅 사이에서 바수요
제례장에서 사제
집안에서는 귀한 손님이로다.
그는 또한 사람들 속에
신들 속에
진리 속에
하늘 안에도 머물고 있다.
그는 물에서 태어났고
땅에서도 태어났으며
진리에서도
신에게서도 태어났도다.

그는 항시 변함없는 진리요
모든 것의 근원이 되므로
위대하다고 하는 것이다.

역주

• 이 구절에서는 아뜨만의 편재성과 그 편재함 가운데 핵심이 됨을 설명하고 있다.

• 하늘에서 태양이요(haṃsaś śuciṣat) : 태양이라고 한 것은 원어가 '백조'의 뜻인데 이 새는 물과 우유를 구별해내는 분별력을 가지고 있다고 하며 '분별력 있는 자'의 확장된 의미로 개체아(個體我), 아뜨만 혹은 브라흐만, 태양 등의 의미로도 쓰인다. 즉 하늘에서는 빛을 제공하여 모든 것을 구별할 수 있도록 하는 태양이 '백조'인 것이다.

• 하늘과 땅 사이에서 바수요(vasur antarikṣa) : '바수'는 공기와 물을 의인화한 신들의 무리이다. 이 구절에서는 대공(大空) 중 어느 곳에나 편재하는 공기를 뜻하고 있다. 하늘과 땅 사이에 바수만큼 구석구석 자리하고 있는 존재는 없다. 아뜨만의 편재성을 설명하고 있다.

[3]
호흡의 흐름을
위로 흐르게 했다가 아래로 내쉬게 하는 것도
그 아뜨만의 행함이다.
마음속 한가운데 자리잡은 그 소인(小人)을
모든 신들이 숭배하노라.

역주

• 마음속 한가운데 자리잡은 그 소인(madhye vāmanam āsīnam) : 소인(vamana)은 앞에서 '손가락만한 뿌루샤'라고 했던 것처럼, 그 존재를 긍정적으로 인식시키면서 동시에 아주 미세한 것임을 표현하기 위한 상징이다.

[ 4 ]
이 육신에 머무르는 자가
육신이라는 틀을 깨면
그 뒤에 그말고 무엇이 남겠는가.
아무것도 남지 않게 되리라.
이것이 바로 그것(아뜨만)이다.

[ 5 ]
어느 누구든
육신을 가진 인간은
내쉬는 숨만으로 혹은 들이쉬는 숨만으로 사는 것이 아니다.
그는 이 두 가지 숨이 기워하는 근원
그것으로 사는 것이다.

[ 6 ]
가우따마여!
이제 내 그대에게
이 은밀하고 영원한 브라흐만에 대해서
자세히 설명하겠노라.
이제 브라흐만을 알지 못함으로 인해서
죽고 난 뒤 아뜨만이 어떻게 되는지 알려주겠노라.

[ 7 ]
무지(無智)의 인간은
그의 업보나 그 생각하는 바에 따라
또 다시 그 자신이 모르는 육신을 입으러
세상으로 간다.
그러나 어떤 사람들은 그처럼 왕래하지 않는다.

이처럼 행함에 따라 생각하는 바에 따라
각기 그 처지가 다른 것이니.

역주

• 행함에 따라 생각하는 바에 따라(yathā karma yathā śrutam) 각기 그 처
지가 다른 것이니 : 이것은 우파니샤드의 주된 주제 중 하나인 '업(業,
karma)에 따른 결과'에 관한 부분이다. 개체아(個體我)의 장래는 미리 정
해져 있는 것이 아니라 그가 어떻게 만들어 나가는가에 달려 있다는 것이
골자이다. 우파니샤드의 인생에 대한 입장을 보여주는 일례라 하겠다.


[8]
늘 깨어 있으면서도
꿈꾸는 상태에서는
내부에서 원하던 것들을 만들어내는
깨어 있는 그가 바로 순수한 브라흐만이며
예로부터 그를 '불멸'이라 불러왔도다.
모든 세상은 그에 의지해 있나니
어느 누구도 그를 능멸하지 못하노라.
그가 바로 그것(브라흐만)이다.

역주

• 원하는 것들을 만들어내는(kārmaṁ kāmam) : 잠이 들어 눈을 뜨고 세상
을 바라볼 수 없을 때에도 사람은 마치 세상을 보고 있는 것같이 꿈을 통해
세상을 본다. 그것도 꿈을 통해 보는 것들은 오히려 현실세계에서 이루지
못한, 소망하던 것이 많다. 그 원하던 것들을 만들어내서 보게 하는 것도
브라흐만의 작용 중에 하나라는 것이다.


[9]
하나뿐인 불의 신 아그니가
그 불에 타는 물질의 형태에 따라 모습을 매번 바꾸듯

온 세상에 하나뿐인 아뜨만이
그 들어가는 자리에 따라 매번 모습을 바꾸노라.
그리고도 그가 들어간 자리 밖에도 존재하노라.


[ 10 ]
하나뿐인 바람의 신 와유가
이 세상(육신) 속으로 들어와
그 들어앉는 자리마다 매번 모습을 바꾸듯
온 세상에 하나뿐인 아뜨만이
그 들어앉는 자리에 따라 매번 모습을 바꾸노라.
그리고도 그는 그가 들어앉은 자리 밖에도 늘 존재하도다.


[ 11 ]
태양은 스스로 모든 세상의 눈이지만
불결한 것들과 접촉하여 생기는 눈의 장애가
태양에게는 영향을 미칠 수 없도다.
마찬가지로 스스로 모든 생물의 근원이 되는 것은 아뜨만이나
그 생물들의 고통은 아뜨만에게까지 미칠 수 없도다.
다만 아뜨만은 안과 밖, 모든 곳에 머무를 뿐이로다.


[ 12 ]
온 세상에 유일한
모든 사물 속에 든 아뜨만은
하나로
여러 가지를 만들어내도다.
현명한 자는
그 아뜨만을 깨닫게 되어
영원한 기쁨을 얻으리라.

그러나 그 외 다른 자들은 그렇지 못하리라.


[ 13 ]
영원하지 못한 사물들 가운데
유일하게 영원하며
의식 있는 것들 가운데 그 의식의 근원이 되며
여럿 중에 하나이고
홀로 여럿의 욕망을 채워주는 이가 있도다.
현명한 자는
그 아뜨만을 깨닫고 영원한 평화를 누리리라.
그러나 그 외 다른 이들은 그렇지 못하리라.


[ 14 ]
'그는 바로 이렇다'
하고 현자들은 깨닫지만
아뜨만은 말로 표현할 수 있는 것이 아니니
단지 최고의 환희라 할 뿐이로다.
내 어찌하면 그를 알 수 있을 것인가.
그는 스스로 빛을 내는 것인가
빛으로 나타나는 것인가.


[ 15 ]
그곳엔 태양이 빛을 내지 못하며
달도 별도 빛을 내지 못하며
번개도 번쩍이지 못하니
불이야 말해 무엇하리.
아뜨만이 빛을 내주어야
모든 것이 빛을 받아 밖으로 번쩍이니

이것은 아뜨만의 빛으로 인해
모든 것이 빛을 냄을 말하는 것이다.


# 제3부

## 제1장

[ 1 ]
뿌리는 위쪽으로
가지는 아래쪽으로 향하는
무화과 나무를 보라.
그 시작을 알 수 없는 브라흐만처럼 보이도다.
그 뿌리가 바로 순수한 빛
브라흐만의 모습이다.
그것이 '불멸'의 이름으로 불리는 브라흐만이다.
그 브라흐만에 모든 세상이 의지해 있으며
그를 어느 누구도 벗어날 수 없도다.
그가 바로 그것(브라흐만)이다.

**역주**

• 뿌리는 위쪽으로, 가지는 아래쪽으로 향하는 나무(ūrdhva-mūlo′ vākśākha) :
나무에서 뿌리는 나무가 그렇게 자라날 수 있었던 근원이요, 가지들은 뿌
리의 형태가 달라진 모습이다. 이렇게 나무 전체는 근원인 뿌리의 또 다른
모습인 것이다. 여기 묘사한 이 특이한 나무는 그 뿌리가 세상을 향하고 가
지는 그 뿌리를 향하고 있어서 어디가 뿌리고 어디가 가지인지 알아볼 수
가 없게 되어 있다. 그래서 이 나무의 이름은 '뿌리가 위를 향하는 나무'라
고 하였다.

[ 2 ]
모든 세상은
생명(인 브라흐만)으로부터 나서
움직이고 있으니
그(브라흐만)는
내려칠 기세의 천둥과도 같이
대단히 경외스러운 존재로다.
이러한 그를 아는 자
불멸을 얻으리라.

[ 3 ]
그 브라흐만에 대한 경외감으로
아그니가 타오르고 있으며
그 경외감으로 태양도 타오르고 있노라.
또한 그 경외감으로 비(雨)인 인드라
바람인 와유
그리고 다섯번째, 죽음도 내달리고 있노라.

[ 4 ]
만일 육신이 스러지기 전에 브라흐만을 깨닫는다면
모든 괴로움에서 벗어날 것이요
그렇지 못했다면
다시 이 세상에 육신을 입고 와야 할 것이로다.

역주

• 이 세상에(sargeṣu lokeṣu) : 원문의 직역은 '창조된 여러 세상에'라고
되어 있다. 그래서 샹까라는 이 부분을 '……깨닫지 못한 사람은 지혜가 없
음으로 해서 이 세상과 다른 여러 세상에 다시 현신(現身)해야 한다'고 풀
이하고 있다.

[ 5 ]

마치 맑은 거울에 비친 자신의 모습이 확연하게 보이듯

맑은 지혜에 비추어보았을 때라야

아뜨만의 모습이 확연하게 보인다.

꿈을 꾸고 있을 때

깨어 있던 순간의 장면들을 얼핏 볼 수 있듯

죽은 조상들이 있는 저 세상에 가면

아뜨만을 잘해야 얼핏 볼 수 있다.

물에 비쳐 보이는 만큼이

반인반신 간다르바 세상에서 볼 수 있는 한계이며

브라흐만 세상에서는

그림자와 빛처럼 매우 분명하게 아뜨만을 볼 수 있다.

그러므로 이 인간의 세계에서 아뜨만을 깨닫도록 애써야 한다.

브라흐만의 세상은

아뜨만을 알지 못하고는 들어가지 못하는 세상이니.

역주

• 반인반신 간다르바 : 하늘에 사는 신적 존재로 음악, 향연을 즐긴다고
한다.

[ 6 ]

각기 다른 자연적 요소로부터

여러 감각 기관들이 따로따로 생겨났음을

또한 그 감각들이 모두 하나의 아뜨만에서 생겨나고

마지막 순간에 다시 그 아뜨만 안으로 들어와 잠김을 깨닫고 나면

그 현명한 지혜를 가진 사람은

슬픔으로 고통스러워할 일이 없도다.

142

역주

• 눈, 코, 귀 등 감각기관은 각기 다른 특성을 가지고 있으며, 그 특성을 직접적으로 브라흐만에게서 부여받은 것이 아니라 이미 여러 가지 특성과 형태로 다원화된 자연으로부터 받은 것이다. 이렇게 각기 다른 특성은 각기 다른 자연의 특성에게서 받은 차이요, 그 존재의 근원은 브라흐만임을 말하고 있다.

[ 7 ]

감각들을 넘어서면 마음이 있고
마음을 넘어서면 진리가 있고
진리를 넘어서면 위대한 (개체) 아뜨만
그리고 그것을 넘어서면 그보다 훌륭한
아직 드러나지 않은 존재, 미현인이 있다.

역주

• 어떠한 말로도 표현하기 어려운 그것을 표현하기 위해 이러한 단계적 묘사를 하고 있다. 이것은 하나의 어휘나 비유적인 방법으로 그것을 표현했을 때 만들어지는 제한적 형상화의 한계를 극복해보기 위한 것이다. 이처럼 단계적으로 묘사하거나 부정어를 사용함으로써 그 형상화될 수 없는 진리를 설명해보려는 시도는 우파니샤드에 나타나는 두드러진 특징 중 하나이다.

감각기관보다는 그 감각을 느끼는 '마음'이 더 위에 있으니 이 '마음'이 더욱 세밀하고 훌륭한 것이고, 그 위에는 마음으로 받아들일 수 있는 보다 훌륭한 것, '최고의 진리'가 있고, 그 위에는 그 진리로 상징되는 보다 훌륭한 (개체) 아뜨만이, 그리고 그 아뜨만 위에는 아뜨만이라는 이름으로조차 부를 수 없는, 무어라 부를 수도 형상화할 수도 설명할 수도 없는 보다 세밀하고 훌륭한 '아직 드러나지 않은 존재'(avyāktam)가 있다는 것이다.

[8]

'아직 드러나지 않은 존재'를 넘어서면 뿌루샤가 있는데
그는 하늘의 광활함과 같으며
그 안에 세상에 있는 어떠한 특성도 갖고 있지 않은 자로다.
그 뿌루샤를 알게 되면
그는 해탈하여 불멸을 얻으리라.

**역주**

• 뿌루샤 : '아직 드러나지 않은 존재'는 우리 육신 안에 들어와 육신을 채움으로써 인간과 관계된 존재로서 그 절정에 달한다. 이것이 인간에게는 가장 궁극적으로 인식되는 것이고 모든 진리의 탐구는 이것을 위한 것이라고 할 수 있다. 그러므로 '뿌루샤'는 몸 안에 들어옴으로써 '몸 안을 채운 신'이란 뜻이다.

[9]

그의 모습은
시야(視野)라는 틀에 고정되어 있지 않도다.
그러므로 누구도 그를 눈으로는 볼 수가 없었노라.
그를 가슴으로
감히 마음으로
잘 알게 되면 그러한 자는 불멸을 얻으리라.

**역주**

• 아뜨만의 모습이 시력으로 감지할 수 없는 것이라면 어떤 방법으로 아뜨만을 보아야 하는가. 우파니샤드는, 인간의 어떠한 인지 능력도 아뜨만을 알기에 완전하지 못하지만 그래도 '가슴으로, 감히 마음으로' 그를 알고자 노력해야 한다고 말한다. 그러나 마음으로 안다는 것도 결코 완전할 수 없음을 두려워하여 '감히'(abhiklpta)라고 표현한 것이다.

[ 10 ]

마음과 다섯 감각들이 아뜨만에 고정되면
감각기관들을 조정하던 '지혜'도 전혀 움직이지 않으니
이 상태를 최상의 단계라고 부르노라.

역주

• 감각을 제어하고 마음을 평정하게 가지면 '논리'와 같은 지혜의 활동도
없는 상태가 되는데, 이것은 명상 등의 정신훈련을 통해서 이룰 수 있는 단
계이다. 이것은 한정적인 논리보다 더욱 깊은 지혜의 활동을 하게 하기 위
한 방법이다.

[ 11 ]

이처럼 감각들이 고정되어
미동하지 않을 수 있는 단계에 이르게 하는 것을
'요가'라고 부른다.
구도자는 조금의 자만심도 갖지 않는 지경에 이를 수 있으니
요가로써 마음의 내달림과 평온함을 통제할 수 있기 때문이다.

역주

• 요가(yoga) : 명상 등의 방법을 통한 구도(求道).
• 자만심(pramatta) : 자만심은 '나'와 '나의 것'에 대한 애착을 말한다. 우
파니샤드는 자만심을 버리지 못하는 것은 무지(無智) 때문이라고 하며, 명
상 등의 방법으로 지혜를 얻게 되면 애착은 자연히 사라진다고 말한다.

[ 12 ]

아뜨만은
소리로
마음으로
눈으로 잡을 수 없는 것이다.
신념을 가진 사람들은

'아! 이것이 아뜨만이다'라고 말하도다.
그러나 눈에 보이는 증거를 요구하는 이들에게
아뜨만이 어떻게 나타날 수가 있단 말인가.


[ 13 ]
먼저 '존재한다'고 인식하고
그 다음에 그것의 근원적인 속성을 인식하도다.
이 두 방법 중에
먼저 '존재'로서의 그를 인식하고 나면
자연히 그의 근원적인 속성을 알게 되노라.

역주

• 아뜨만에 대한 두 가지 인식 방법을 말하고 있다. 하나는 실체로서 인
식하는 것인데, 여기에는 존재로서 인식되기 위한 다른 어떤 특성이나 틀
이 동반될 수밖에 없다. 다른 하나는 어떠한 특성이나 틀도 가지지 않는 아
뜨만 자체의 모습으로 보는 것이다. 이중 먼저 특성을 가지고 있어 인식이
가능한 아뜨만의 모습, 즉 실체로서의 모습을 먼저 인식하고 나면, 그것을
통하여 차차로 그 존재의 특성이나 틀을 초월하는 근원적인 속성을 인식할
수 있다. 이 두 가지 브라흐만의 모습은 각각 '특성이나 틀을 가지는 아뜨
만의 모습'(saupādika/saguṇa)과 '특성이나 틀을 가지지 않는 아뜨만의
모습'(nirupādika/nirguṇa)이라는 용어로 설명되기도 한다.
　명상의 과정에도 깨닫고자 하는 그 존재의 형상을 마음속에 그리고, 그
에 대한 집중적인 명상으로 감각의 제어, 내달리는 마음의 제어가 먼저 이
루어지고 나야 그 다음에 평온한 가운데 내면의 세계를 깊이 숙고하게 된
다. 다른 말로, 이성적으로 이해하고 나서야 이성적 이해의 틀을 벗어나 아
뜨만을 알게 된다고 할 수 있을 것이다.


[ 14 ]
　마음속에 자리잡고 있는 욕망들에서 완전히 풀려나면

그때 그 사람의 죽음은 죽음이 아닌 것이 될 것이요
육신을 입은 채로 브라흐만을 구할 수 있게 되리라.


[ 15 ]
현세에서
마음속 모든 매듭이 풀리게 되면
그때 그 사람의 죽음은 죽음이 아닌 것이 될 것이요
이것이 이 우파니샤드의 가르침이로다.


[ 16 ]
뿌루샤의 심장에는 백한 개의 기도(氣道)가 흐르고 있으며
그들 중 하나는 머리의 정수리를 통과하는 것이다.
이 길을 통해 '위'로 향해 가는 사람은
불멸을 얻게 되고
그 외 다른 여러 가지 방향으로 된 기도들을 따르는 사람은
속세의 단계에 머무르게 되리라.

역주

• 이 길을 통해 '위'로 향해 가는 사람은 불멸을 얻게 되고 : 찬도기야 우파니샤
드(제8장 6편 6절)에도 말하기를 수행으로 일관된 삶을 살고 궁극적으로
아뜨만을 찾은 자는 그가 죽을 때 가슴속에 머물던 아뜨만이 정수리(슈슘
나 기도)를 통하여 나와 상승하는 길, 즉 '태양의 길'을 따라 브라흐만 세계
의 입구를 향해 가게 된다고 하였다.


[ 17 ]
아뜨만 안에 든
손가락만한 그 뿌루샤는
항상 인간들의 심장 속에 머물고 있으니
인내를 가지고

'문자'(muñja) 풀 한 포기에서 줄기를 하나 뽑아내듯
자신의 안에 있는 그를 알아보라.
그는 순수하고 불멸한 존재이니
그의 순수하고 불멸함을 알라.

[18]
죽음의 왕이 가르쳐준
이 불멸의 브라흐만에 대한 지식
요가의 방법을 알고 나찌께따는 해탈을 얻었도다.
그는 무지의 늪에서 빠져 나왔으니
그로부터 완전히 풀려났도다.
누구든 이 지혜를 나찌께따와 같이 깨닫게 되면
그와 같이 죽음으로부터 해방되리라.


## 평온을 위한 낭독

오움—
우리(스승과 제자)를 (무지에서) 구하소서.
우리(의 노력으)로 하여 기뻐하소서.
우리가 함께 힘차게 (탐구)하게 하소서.
우리 둘이 익힌 지식이 우리를 빛나게 하고,
또한 우리가 서로를 시기하지 않도록 하소서.

오움—평온, 평온, 평온.

# 4. 쁘라샤나 우파니샤드

    아타르바 베다 계열에 속하며, 각 장마다 제자의 질문과 스승의 응답을 담은 여섯 장으로 구성되어 있다. 이 우파니샤드의 이름은 이렇게 질문을 중심으로 내용이 구성된 데서 지어진 것이라고 한다. 위대한 성자 삐빨라다는 이미 상당한 지혜의 수준에 도달해 있는 수께샤, 쉬비 등 젊은 사제들이 갖고 있는 브라흐만에 대한 미혹을 풀어준다. 문장의 형식은 운문과 산문이 섞여 있으며, 전체 여섯 개의 질문들이 모두 브라흐만에 관한 것이다.

    ● 역자의 말

## 평온을 위한 낭독

오움—
신들이여
베다의 제례의식을 행할 때
당신들의 은총으로
우리가 귀로 복된 말들을 듣도록
눈으로 복된 장면을 보도록 하십시오.
우리가 이 건강한 육체로 찬양하고
신들을 이롭게 하는 일평생을 살게 하십시오.

오움—평온, 평온, 평온.

인드라여
우리를 보살피소서.
최고의 지혜를 가진 뿌샤여
우리를 보살피소서.
적을 물리치는 가루다여
모든 신의 스승인 브리하스빠띠여
우리를 보살피소서.

오움—평온, 평온, 평온.

152

역주

- 인드라(indra) : 천둥의 신. 모든 신들의 왕이다.
- 뿌샤(puśā) : 베다에 태양의 모습으로 등장한다. 짐승들과 재물을 지켜 주는 신이다.
- 가루다(garuḍa) : 비슈누 신이 타고 다니는 독수리로 새들의 왕이며, 악 마들과의 전쟁에서 비슈누 신의 전차로서의 역할도 훌륭히 해내는 힘과 용 맹을 가진 새이다.
- 브리하스빠띠(bṛhaspati) : 학문을 주관하는 신이며, 모든 신들의 스승 이라고 알려져 있다.

# 제1장

## [1]

바르드와자의 아들 수께샤, 쉬비의 아들 사뜨야까마, 태양의 가문 에서 난 가르가의 후손 가르기야, 아쉬발라의 아들 까우살리야, 비 다르바에서 난 브리구의 아들 바르가바, 까뜨야의 후손인 까반디. 이들은 모두 브라흐만을 알고자 고행에 열중하고 있었다.

그들은 브라흐만에 대해 고민하던 중, '그분이라면 모두 말씀해 주시리라' 생각하여 각기 손에 장작들을 들고 삐빨라다 성자를 찾 아갔다.

역주

- 장작들을 들고(samitapāṇayo) : 제자가 스승에게 배움을 청하러 갈 때 는 성심으로 듣고 그것을 모두 이해, 소화하겠다는 의지의 표명으로서 잘 마른 장작을 가져가는 것이 예의이다.

[2]

이들이 찾아가자 대 성자 삐빨라다가 말했다.

"그대들이 고행과 감각의 절제(독신생활)를 몸에 익히고, 스승에 대한 경외와 믿음까지 갖추어 이곳에서 내 제자로서 일 년 간 머문 다면, 그리고 나서 하나씩 각자 원하는 문제를 질문한다면 내 아는 한 답해주리라."

역주

• 고행과 감각의 절제(독신생활)를 몸에 익히고, 스승에 대한 경외와 믿음까지 갖추어(tapasā brahmacaryena sraddhaya) : 이 세 가지 조건들은 지고 (至高)의 지혜를 추구하는 데 있어 가장 먼저 필요한 전제조건들이다. 찾 아온 성자들이 이미 그만한 자격을 갖추었음을 모르는 것이 아니나 다시 한번 그 중요성을 강조하기 위하여 일 년의 시간을 요구하고 있는 것이다.

[3]

일 년 동안 성자 삐빨라다의 거처에 함께 머문 뒤, 까반디가 가서 물었다. "스승님, 이 모든 사람들은 어디에서 생겨난 것입니까?"

[4]

성자가 말하였다.

"인간을 만들 뜻을 가진 창조주 쁘라자빠띠가 고행의 수도를 했다 는 것을 들었을 것이다. 그가 고행의 수도를 하여 천지창조의 도구 로서 한 쌍의 물질과 숨을 세상에 내놓았다. 이 둘이 백성들을 만들 어 나갈 것이라 생각하면서.

[5]

태양은 숨이요, 달은 물질이다.

그중에서 세상에 형태가 있는 것과 없는 것까지도 모두 물질이니 모습을 가진 것은 모두 물질이다.

154

역주

• 태양은 숨이요, 달은 물질이다.(ādityo ha vai prāṇaḥ rayir eva candramāḥ) : 태양과 달이 한 쌍이고 서로 맞물려 있듯, 숨과 물질도 또한 한 쌍이고 서로 맞물려 있다. 이 둘이 함께 있어야 세상에 생물이 생겨나는 것이다. 주석에는 태양은 곧 '먹는 자' 아그니요, 달은 그의 '먹이' 소마라고 하여, 이 숨(생명)과 육신(물질)의 관계를 설명하고 있다.

[ 6 ]

태양이 떠올라 동쪽으로 향해 나아갈 때, 태양은 동쪽에 있는 모든 생명체들이 그 햇살 속에 들어오게 한다. 남, 서, 북, 위, 아래, 그리고 그가 가는 사방 모든 곳을 햇살로 비추니, 사방의 모든 생물체는 그 빛을 받게 된다.

[ 7 ]

태양은 '바이슈바나라'와 '비슈바루빠'라는 이름으로 불리는 숨(息)과 불의 모습을 하고 나타난다. 리그 베다의 만뜨라도 다음과 같이 말했도다.

역주

• 바이슈바나라(vaiśvanara) : '세상을 하늘로 날라주는 자'라는 의미이다. 물질을 태워서 그 연기로 하늘에 가져다주는 것은 아그니(불)이므로 아그니의 이름으로 알려져 있다. 숨(息)도 모든 생물체들 속에 들어가 살아 있게 하여 결국 높은 곳에 도달하게 하므로, 이 구절에서는 아그니와 숨, 이 두 가지를 일컫는 이름으로 쓴 것이다.

• 비슈바루빠(viśva-rūpaḥ) : '세상의 모든 모습을 취하는 자'라는 의미이다. 역시 아그니(불)의 이명(異名)이며, 이 구절에서는 숨도 그와 같은 이름으로 부른다고 하였다.

[8]

태양은

세상 그 어떤 형태로든 모습을 취하는 금빛의 존재로

모든 것을 알고 있으며

모든 것의 최종적인 목적이다.

그는 모두의 유일한 빛으로서

천 개의 광선을 가지고

백 가지 모습을 하고

세상 만물의 숨(息)으로 늘 떠오르는 자이다.


[9]

그러하니, 일 년의 시간이 곧 창조주 쁘라자빠띠요. 그 시간의 길
은 남, 북의 두 갈래로 되어 있다. 바라는 것을 이루기 위한 행위만
을 하는 사람들은 달의 세계를 얻을 것이오, 계속해서 이 세상으로
돌아오리라. 후손을 원하는 성자들이 택한 길은 이 남쪽의 길이었도
다. 앞서간 자들이 간 길은 물질로 된 것이었도다.

---

**역주**

• 그 시간의 길은 남, 북의 두 갈래(tasya ayāne dakṣiṇam cottaram ca) :
앞의 네번째 구절에서 말했듯, 물질과 숨(정신)은 한 쌍으로서 함께 세상
을 전개해 나간다. 이 구절에서는 시간의 길도 두 가지로 나누어 남(南)은
아래쪽, 어두움, 달 그리고 물질과 연관 있으며, 북(北)은 위쪽, 밝음, 태
양 그리고 정신과 연관 있는 것임을 암시하고 있다(다음 구절 참고).

시간을 이처럼 두 갈래 길로 나누어 설명하는 것은 인간의 삶이 정지된
것이 될 수 없고, 어떤 형태로든 진행될 수밖에 없는 것이기 때문이다. 시
간은 어차피 흘러갈 수밖에 없으니, 어떻게 걸어나가는가에 따른 결과를
크게 두 갈래 길을 통해 표현한 것이다.

[ 10 ]

감각을 통제하는 고행, 금욕, 믿음 그리고 초월의 지혜로서 아뜨
만을 찾아가는 자는 북쪽의 길로 가는 것이며, 이 길을 가는 사람은
태양의 세계를 얻으리라. 그곳은 모든 생명체의 근거지요, 불멸의
장소, 두려움이 없는 곳, 궁극적인 목적지이다. 그곳에서 그들은 다
시 돌아올 필요가 없으며, 그것을 (윤회의) 끝이라고 하는 것이다.
이것을 말하는 (다음의) 구절이 있다.

역주

• 위에서 남쪽의 길이 행위로서 걸어나가는 길이라고 한 데 반하여 이
북쪽의 길은 지혜로서 가는 길이라고 하였다. 그 결과는 각각 달의 세계와
태양의 세계를 얻는 것이며, 각기 다른 이 결과는 밝기의 차이만 있는 것이
아니라, 일차적인 목적지와 궁극적인 목적지라는 큰 차이가 있다.

[ 11 ]

(시간의 비밀을 아는 사람들이 말하기를)
그 태양은 발이 다섯 개 달린 세상의 아버지로서
열두 달로 이루어진 모습을 하고 있으며
그가 머무는 곳은 하늘의 높은 자리, 물이 가득한 곳이다.
또 다른 사람들은 그를
일곱 개의 수레바퀴와 여섯 개의 바퀴살로 된 수레라고 하였도다.

역주

• 다섯 개의 발이 달린(pañca pādam) : 일 년을 이루는 다섯 계절을 말
한다.
• 일곱 개의 수레바퀴와 여섯 개의 바퀴살(sapta cakre ṣaḍara) : 일 년을
이루는 시간을 일곱 등분으로 나누고, 계절을 여섯 개로 나눈 기준에 따른
것이다.

[ 12 ]

달(月)도 또한 창조주 쁘라자빠띠로다. 초승부터 보름까지 달이 점점 밝아지는 기간은 '숨'이고, 보름부터 그믐까지 달이 점점 어두워지는 기간은 '물질'이다. 현명한 성자는 때를 알아 제례의식을 행할 때 밝은 보름 동안에 날을 잡으며, 그렇지 않은 자들은 어두운 보름 동안에 날을 잡는다.

역주
• 위의 구절에서와 같이 이번에도 살아가는 방법을 두 가지로, 즉 어두움과 밝음, 물질과 정신, 현명한 자와 그렇지 않은 자 등으로 대비시키고 있다.

[ 13 ]

낮과 밤도 창조주이니 낮은 숨, 밤은 물질이다. 낮에 여자와 동침하는 어리석은 사람은 그 생명을 줄이고 있는 것임을 알아야 한다. 브라흐만의 정한 때를 알아 금욕하는 사람은 밤에 동침한다.

역주
• 금욕하는 사람은(brahmacarya) 밤에 동침한다 : 우파니샤드에서 말하는 감각의 절제 혹은 금욕생활(brahmacarya)이라는 것이 단순히 성욕을 억제하는 것이 아니고, 조절할 줄 아는 생활태도를 말한다는 것을 알 수 있다.

[ 14 ]

곡물 또한 창조주 쁘라자빠띠이다. 곡물을 먹음으로 해서 생명의 씨앗인 정자(精子)가 만들어지기 때문이다. 이 정자로부터 생명체의 숨이 생겨나는 것이다.

[ 15 ]

쁘라자빠띠의 정한 때에 따라서 성생활을 절제하는 사람들은 아들, 딸 쌍둥이를 얻을 것이다. 고행과 금욕이 있는 곳에 진리가 서 있을 수 있으며, 그곳이 바로 브라흐만의 세계이다.


[ 16 ]

티 하나 없는 브라흐만의 세계는 바로 그러한 사람들의 것이며, 그곳은 규범과의 갈등이나 거짓, 속임수가 있을 수 없는 곳이다."


## 제2장

[ 1 ]

대 성자 삐빨라다에게 바르가바가 와서 물었다.

"스승이시여, 우리 사람들에게는 신들이 도대체 몇이나 됩니까. 그리고 그중에 어느 신이 사람들을 진정 빛나게 하는 것입니까. 어느 신이 주된 신입니까."

역주

• 빛나게(prakāśyante) : 원어로 신(神)은 'deva'인데 '(세상을) 비추는 이'라는 뜻이다. 세상을 비춘다는 것은 암흑 속의 등불처럼 의지가 되는 것이며, 따라서 무지(無智) 속의 초월적 지혜를 신이라 할 수도 있을 것이다. 그러므로 바르가바의 질문은 너무도 많은 신들 중에 어느 신이 진정으로 사람들에게 빛이 되는지, 어느 신이 진정한 신인지, 그 빛은 어디에서 나오는 것인지 등 신의 근원을 묻는 질문이다.


[ 2 ]

삐빨라다가 대답하였다.

"물론 대공(大空)이 그 주된 신이다. 그러나 바람, 불, 물, 흙, 소리, 마음, 눈, 이 모든 신들도 각기 그 위대함을 과시하여 말하기를

'우리가 이 화살과 같은 육신을 뿔뿔이 흩어지지 않도록 붙들고 있다' 하였다.

[3]

이처럼 자만심에 가득 찬 그 신들에게 숨의 신(神) 쁘라나가 말했다. '그대들은 미혹에 빠지지 말라. 스스로를 다섯 등분하여 내가 이 육신을 받치고 있도다.' 그러나 다른 신들이 믿지 않았다.

> **역주**
>
> • 스스로를 다섯 등분하여(pañcadhātmānam) : 숨인 '쁘라나'는 다섯 숨을 통틀어 말하는 대표숨을 말하기도 하고, 내쉬는 숨을 말하기도 한다. 숨의 종류는 들이쉬는 숨(아빠나), 내쉬는 숨(쁘라나), 온몸에 퍼져 있으며 들이쉬는 숨과 내쉬는 숨이 막 교대하려고 할 때 생명을 유지하게 하는 숨(브야나), 배꼽 속에 들어서 소화를 시키는 숨(사마나), 밖으로 나가는 숨(우다나), 이렇게 다섯으로 본다.

[4]

숨이 자리했던 육신에서 일어나 나가려 하니 모든 숨들이 차례로 따라 일어나고 그가 앉으니 다시 모든 숨들이 따라 앉았다. 마치 여왕벌이 일어나면 모든 일벌들이 따라 일어나고, 여왕벌이 앉으면 모두 따라 앉듯, 소리, 마음, 시력, 청각 등 모든 감각기관들이 숨을 좇아 움직이니 그제서야 그의 비중을 알게 되어 모두들 그를 칭송하기 시작했다.

[5]

이 쁘라나는 스스로 불이 되어 타오르며, 태양이 되어 빛을 발하고, 구름이 되어 비를 내린다. 이 쁘라나가 인드라의 모습으로 그 선민을 보호하고 악마를 물리쳤으며, 땅에서는 때론 바람으로서 때론 달로서 세상을 받들고 양육한다. 형태가 있는 것이든 없는 것이든

160

영원한 것이든 모두 하나같이 이 쁘라나 외의 것이 없도다.

[6]

마치 마차의 바퀴의 중심에 바퀴살이 박혀 있듯 리그 베다, 야쥬르 베다, 그리고 사마 베다와 그 베다로부터 만들어진 제례의식 그리고 사제 '브라만'과 무인 '끄샤뜨리야', 이 모든 것이 쁘라나에서 연유하는 것이다.

[7]

쁘라나여! 그대는 창조주 어머니의 자궁 속에 다니며, 세상에 태어나는 것 또한 그대로이다. 인간 등 모든 생물들이 그대에게 공물을 바쳐 예배하도다.

[8]

그대는 곧 신들 중에 가장 앞서가는 불의 신 아그니요, 제례에서 조상에게 바치는 공물들을 제일 먼저 받는 자도 그대이며, 성자(聖者)들의 수도가 목적하는 것 또한 그대이며, 몸을 이루는 가장 중요한 요소도 '아타르바'라는 이름으로 불리는 그대요.

역주

• 신들 중에 가장 앞서가는 불의 신 아그니요(devānām asi vahnitamah) : 불의 신 아그니의 이름은 '앞으로 나아가는 자'(agrāṇi iti agni)라는 뜻이다. 아그니는 신들 중에 앞서 나와 제례에 바쳐진 음식들을 먹고(태우고) 다른 신들에게 가져다준다고 한다.

• 몸을 이루는 가장 중요한 요소도 '아타르바'라는 이름으로 불리는 그대 : '아타르바-앙기라사'는 성자의 이름이기도 하지만 '몸의 핵심'이라는 자구적인 의미를 가지고 있다.

[ 9 ]

쁘라나여! 그대는 최고의 신, 용맹한 인드라요, 그대는 루드라, 모두를 보호하는 보호자요, 그대는 대공(大空) 속에 다니며, 모든 빛들의 주인인 태양이오.

> **역주**
>
> • 루드라(rudra) : 원어로 '울리는 자'(rodhayati iti rudraḥ)라는 뜻으로 자연의 재앙 등 무시무시한 힘을 상징하는 동시에 그런 재앙으로부터 보호해주는 보호신의 개념도 들어 있다. 이 루드라 신은 우파니샤드까지를 포함하는 베다 시대 이후 문헌에 거의 등장하지 않는다. 학자들은 쉬바 신이 이 루드라 신의 이미지에 접목되어 크게 성장한 신이라고 파악하고 있다.

[ 10 ]

쁘라나여! 그대가 구름이 되어 비로 뿌려지면, 그대의 모든 백성, 모든 생물들은 이제 음식이 잘 자랄 것이라는 희망에 차서 기쁨의 비를 맞는다오.

[ 11 ]

쁘라나여! 그대는 가장 순수한 존재이며 그대는 불 '에까리시', 먹는 자, 또한 모두의 진정한 주인이요, 우리는 오늘 그대에게 먹을 것을 바치려고 하오. 오, 어디든 편재해 있는 공기, 그대는 우리의 아버지로다!

> **역주**
>
> • '에까리시'(ekarṣi) : '한 사람의 성자'는 불의 신 아그니에게 지어졌던 이름이기도 하다.

[ 12 ]

그대의 본 모습은 소리에 담겨 있고, 귀에, 눈에, 그리고 마음에 가득 차 있으니, 그들을 모두 평온하게 해주오. 그대는 이들을 성스럽게 해주오. 이들에게서 떠나지 마오.

[ 13 ]

이 세상에 모든 생물, 그리고 지하의 모든 생물, 천상에 있는 신, 이들이 누리는 행복도 모두 쁘라나에 연유하는 것. 마치 어머니가 자식들을 보호하듯, 그대는 우리를 보호하여 번영과 지혜를 내려주오."

## 제3장

[ 1 ]

그 다음엔 까우살리야가 성자 삐빨라다에게 가서 물었다.

"스승이시여! 그 숨은 어떤 근원에서 생겨난 것입니까? 또한 어떤 과정을 통해 몸으로 들어옵니까? 그리고 왜 육신을 버리고 떠나는 것입니까? 어떻게 외부의 육신을 지원합니까? 아뜨만과는 어떤 관계가 있습니까?"

[ 2 ]

대 성자 삐빨라다가 대답하였다.

"그대는 숨과 관련해서 매우 어려운 질문을 하는구나. 그러나 그대는 이미 맑은 브라흐만의 지혜를 터득한 자이니, 내 기쁜 마음으로 대답하겠노라.

[ 3 ]

숨은 아뜨만으로부터 생성된다. 마치 이 세상에서 인간의 육신 뒤에 그림자가 따라붙는 것처럼 아뜨만과 숨의 관계는 그러한 것이

다. 그리고 마음의 작용을 통해 우리의 몸 안으로 숨이 들어오는 것
이다.

[4]

마치 제후(諸侯)가 '그대는 이 마을, 또 그대는 이 마을을 다스리
며 살라' 하고 그 책임자를 임명하듯, 이 숨도 다른 감각들을 그들의
알맞은 위치에 임명하는 것이다.

[5]

이 숨은 항문과 요도에 아래로 들이쉬는 숨(아빠나)을 임명한다.
그 자신이 입과 코로 나오며, 눈과 귀에도 스스로 내쉬는 숨(쁘라
나)으로 군림하며, 들이쉬는 숨과 내쉬는 숨의 중간에는 배꼽 속에
들어서 소화를 시키는 평숨(사마나)으로 존재한다. 무엇이든 먹거나
마신 것을 몸의 각 필요한 부분으로 날라다주는 것은 이 평숨의 일
이다. 그로부터 일곱 갈래의 불꽃도 나왔다.

> **역주**
>
> • 일곱 갈래의 불꽃(saptārciṣa) : 눈, 코, 입, 귀, 피부(촉각)와 배설기관,
> 생식기관을 말한다. 음식이 소화가 되어서 에너지화해야 감각기관들이 그
> 기능을 발휘할 수 있음을 말하는 것이다.

[6]

이 마음속에 아뜨만이 있다. 여기에는 백한 개의 기도(氣道)가 있
으며 각 기도에 다시 백 개씩의 갈래가 있고, 다시 그 백 가지 갈래
마다 더욱 세밀한 칠만 이천 개씩의 갈래가 있다. 그리고 그 모든 기
도 속으로 브야나 숨이 다닌다.

> **역주**
>
> • 브야나 숨 : 내쉬는 숨과 들이쉬는 숨 사이에 숨을 유지시켜주는 숨이

브야나 숨이다. 온몸에 이미 퍼져 있는 이 브야나 숨은 그 두 숨이 서로 교
대할 때 생기는 공백기로 인해 숨이 끊기지 않도록 해주는 것이다.

[7]

우다나 숨은 그중 위에 있는 한 기도(氣道)를 통해 선업(善業)을
이룬 사람들이 복된 세상으로 가도록 해주며, 악업을 범했다면 죄악
의 세상으로 가게 한다. 또한 선업과 악업 이 두 가지가 섞여 있다면
그를 인간의 세상으로 가게 한다.

> 역주
> • 우다나 숨(udāna) : 배출되는 숨의 이름이다. 머리 끝부터 발 끝까지
> 어디든지 다니며, 몸 안에서는 하강하여 항문 또는 어떤 기도를 통하여 나
> 간다. 그러므로 사람이 죽고 난 후, 몸에서 숨이 나가는 것은 이 우다나 숨
> 의 역할이다.

[8]

태양은 곧 밖으로 나온 숨 '쁘라나'이다. 눈 속에 들어 있는 볼 수
있게 하는 힘은 이 태양을 좇아 그대로 따름으로써 보는 힘을 발휘
하기도, 못하기도 하기 때문이다. 땅(쁘리트비)속에 들어 있는 지
신(地神)은 인간의 들이쉬는 숨 '아빠나'를 거느린다. 이 둘 사이 대
공(大空)의 공기는 평숨 '사마나', 그 이외의 숨은 모든 곳에 편재하
는 '브야나'이다.

> 역주
> • 사람의 몸 대신 세상을 몸체로 놓고, 여러 가지 숨의 작용을 설명하면
> 서 이러한 숨의 작용이 모두 자연의 힘과 연관이 되어 있음을 말하고 있다.

[9]

열기는 곧 우다나 숨이다. 그러므로 육신에 기운이 사그라들면 목
소리 등 감각들은 마음속으로 꺼져 들어가고, 그 사람은 이제 육신

을 버릴 준비가 된 것이다.

[ 10 ]

죽음의 순간에 품은 생각에 따라 (감각들은 그 기능을 잃어가므로) 숨 속으로 들어간다. 그리고 그 숨은 이제 열기와 결합하여 아뜨만과 함께 그 품은 생각에 따라, 가게 될 세상으로 데려간다.

[ 11 ]

이와 같은 숨의 여러 가지 작용을 제대로 아는 현인은 그 아들과 손자, 후손이 절대 패망하지 않으며, 그 스스로도 불멸함을 얻으리라. 성자들이 남긴 만뜨라도 이렇게 말하지 않느냐.

[ 12 ]

숨이 어떻게 생겨나는지,

몸으로 어떻게 들어오는지,

또 다섯 가지 숨의 각기 다른 역할과 숨과 아뜨만의 관계를 알게 되면,

그는 불멸을 얻으리라.

알게 되면 불멸을 얻으리라."

## 제4장

[ 1 ]

그 다음엔 대 성자 삐빨라다에게 태양의 가문에서 난 가르가의 후손 가르기야가 물었다.

"성자이시여, 이 인간의 어느 감각들이 잠자는 것이고 어느 감각

들이 깨어 있는 것입니까? 기쁨이란 어떻게 느껴지는 것이며 감각들은 무엇에 근거하고 있는 것입니까?"

[2]

대 성자 삐빨라다가 가르기야에게 말했다.

"가르기야여, 지면 위의 모든 햇살들이 태양 속으로 흡수되었다가 태양이 떠오르면 그로부터 햇살들이 다시 나와 온 세상에 퍼지는 것처럼, 감각들과 그 대상들은 그들의 최고의 신(神) 마음속에 모두 하나가 되어 존재하는 것이다. 그러므로 잠자는 동안 인간은 듣지 않고 보지도 않고 냄새도 맡지 않으며 맛도 보지 않고 만지지도 않고 말하지도 않고 붙잡지도 않고 즐거움을 느끼지도 않으며 배출하지도 않으며 움직이지도 않는다. 그것을 보고 세상 사람들은 '그가 잠잔다'고 말하는 것이다.

[3]

이 육신 안에 늘 깨어 있는 것은 숨의 제화(祭火)이다. '가장(家長)의 불'은 들이쉬는 숨, '남쪽에 놓는 불'은 브야나 숨, 가장의 불에게서 취한 '봉납(捧納)의 불'은 내쉬는 숨이로다.

**역주**

• 가장의 불(gṛhapatya), 남쪽에 놓는 불(dakṣiṇāgni/anvāhāryapacana), 봉납의 불(āhavanīya) : 제례의식에서 사용되는 제화(祭火)는 이 세 종류가 있다. 이중 가장의 불을 제일 먼저 집에서 피우고, 그 다음 조상들에게 경배하는 뜻에서 남쪽을 향하게 해서 불을 피우고, 봉납의 불은 본격적으로 제례의식에 들어가면서 신을 부르기 위해 피운다.

[4]

평숨은 들이쉬는 숨과 내쉬는 숨, 이 둘을 늘 같게(sama) 조절하므로 '사마나'라는 이름의 제례관이다. 마음은 제례를 행하는 제주

(祭主)요 우다나 숨은 그 제례로 얻는 결과이니 이 우다나 숨이 제
례의식을 행한 제주를 매일 브라흐만에게 가게 한다.

역주

• 마음은 육신과 감각을 총지휘하므로 제례에서 모든 것을 총지휘하는
제주에 비유되었고, 우다나 숨이 모든 것을 '가라앉게' 하여 사람이 잠자는
동안 천상을 통해 불멸의 브라흐만에게로 향하게 하므로, 제례의 결과에
비유되었다.

[5]

이 수면 상태에서 인간의 마음은 '자신'의 위대한 존재를 느끼며,
깨어 있을 때 보았던 것들을 꿈속에서 본다. 모든 들었던 것들을 다
시 들으며 여러 장소, 여러 방향에서 경험했던 것들을 다시 경험한
다. 이생에 혹은 전생에 경험한 혹은 경험하지 않은, 존재하는 혹은
존재하지 않는 모든 것을 본다. 모든 것들을 본다. 모든 것들을 본다.

[6]

그러나 마음이 (태양의) 열기로 덮이면 더 이상 꿈을 보지 않게
된다. 그리고 그 상태에서 이제 이 육체는 환희를 느끼게 된다.

[7]

들어라 제자여, 새들이 자신의 둥지를 튼 나무에 안식하듯, 모두
최고 아뜨만 속에 안식하느니라, 모두 최고 아뜨만 속에 안식하느
니라.

[8]

흙과 흙을 이루는 요소, 물과 물의 요소, 빛과 빛의 요소, 공기와
공기의 요소, 하늘과 공기의 요소, 눈과 그 보이는 대상, 귀와 그 들
리는 대상－소리, 코와 냄새의 대상, 혀와 맛의 대상, 피부와 만져지

는 대상, 목과 목소리가 담는 것, 손과 손에 잡히는 물건, 성기(性器)와 쾌감, 배설기관과 배설물, 발과 발이 가는 장소, 마음과 사고하는 대상, 지혜와 지혜의 대상, 자아의식과 자아의식의 대상, 의식(意識)과 의식의 대상, 빛과 빛으로 나타나는 것, 숨과 숨을 가진 모든 것들이 그 최고 아뜨만 속에 잠기도다.

[ 9 ]

그는 보는 자이며, 만지는 자이며, 듣는 자이며, 맛을 보는 자이며, 사고(思考)하는 자요, 깨닫는 자요, 행하는 자요, 사고하는 아뜨만, 뿌루샤로다. 그는 영원히 파멸하지 않을 최고의 아뜨만에 굳건히 서도다.

[ 10 ]

제자여, 그림자가 없고, 육체도 없으며, 색(色)이 없고, 순수한 불멸의 그를 아는 사람은, 모든 것을 알게 되며, 무엇이든 될 수 있도다. 그러하니, 다음의 구절과 같이 말하지 않더냐.

[ 11 ]

제자여
지혜로 된 존재가 있고
그 존재에 모든 신(神), 감각과 숨,
세상의 물질들도 모두 의지하고 있도다.
이것을 아는 사람은
모든 것을 알게 되고 어느 곳이든 들어갈 수 있도다."

## 제5장

[ 1 ]

이번에는 대 성자 삐빨라다에게 쉬비의 아들, 사뜨야까마가 물었다.

"성자이시여, 인간들 중에 죽음의 문턱에 들어가는 순간까지 '오움'을 기억하는 사람은 어떤 세상으로 가겠습니까?"

역주

• 오움을 기억하는(oṁkāram abhidhyāyīta) : 샹까라는 '바깥세상의 모든 감각의 대상이 되는 것들에서 그 감각을 걷어들이고 모든 것의 근원인 브라흐만과 그 상징인 오움에 대해서, 바람 자는 곳에서 타는 등불처럼 깊이 숙고하는'이라고 풀이하고 있다.

[ 2 ]

사뜨야까마에게 대 성자 삐빨라다가 말하였다.

"사뜨야까마여, 이 '오움'은 초월의 브라흐만이며 또한 속세의 브라흐만이기도 하다. 그러므로 현명한 자들은 이 두 브라흐만 중 하나를 얻게 되느니라.

역주

• 초월의 브라흐만(para brahma) : 아무런 특성을 들 수 없으므로 우리의 말과 지혜로서도 알 수 없는 순수 브라흐만을 말한다. 이처럼 모든 감각, 마음, 지혜를 초월하므로 '초월의 브라흐만'이라 하였다.

• 속세의 브라흐만(apara brahma) : 초월의 브라흐만이 존재함을 그래도 인정할 수 있는 것은 이 '속세의 브라흐만'을 볼 수 있기 때문이다. 속세의 브라흐만이라는 것은 우리의 감각과 마음과 지혜에 포착되고 그 포착된 상(像)을 통해서 '볼 수 있는' 브라흐만을 말하는 것이다.

• 현명한 자들은 이 두 브라흐만 중 하나를 얻게 되느니라 : 무지의 단계에서 벗어나 브라흐만을 구하는 사람들은 현명한 사람들이다. 그런데 어떤 브라

170

흐만을 숭배, 명상하는가에 따라 도달할 수 있는 단계가 다르다는 것이다. 초월의 브라흐만을 명상함으로써 얻는 깨달음의 단계는 초월의 브라흐만이다. 또한 브라흐만을 섬기면 상(像)을 가진 브라흐만의 단계까지만 깨달음을 얻을 수 있다. 이처럼 어떠한 이름과 형태로 브라흐만을 명상하든 그에 해당하는 브라흐만의 단계에 도달할 수 있다는 것이다.

[ 3 ]

만일 '오움'의 한 글자 '아'만의 오움을 명상한다면, 그는 '아'만큼 깨달음을 얻고, 곧장 다시 속세의 인간세계로 내려오게 될 것이며, 그것은 리그 베다의 구절들이 그를 인간의 세상으로 데리고 오는 것이다. 그는 이 속세에서 고행과 금욕생활과 믿음으로 살며, 위대한 자를 느끼며 살리라.

**역주**

• '오움'의 한 글자 '아'만의 오움을 명상한다면 : '오움'은 아, 우, 머, 이 세 소리로 이루어져 있으며, 이 세 소리가 합하여서 나는 소리가 '오움'이고 그것은 곧 브라흐만의 상징이다. 그런데 오움의 '아'만을 이해하는 것은 이 브라흐만 상징의 일부분만을 아는 것이요, 이러한 불완전한 이해로 해서 그가 얻는 것은, 진정한 해탈의 단계가 아니라 다시 육신을 입고 속세로 돌아오는 것이다. 그러나 아예 오움을 모르는 것보다는 훌륭한 단계이기 때문에 다른 생물이 아닌 인간으로 오게 된다는 것이다.

• 다시 속세의 인간세계로 내려오게 될 것이며 : '오움' 중에 '아'만큼의 부분만 명상하는 자는 그 불안전함으로 인하여 다시 땅에 태어난다. 이때 인간의 모습으로 다시 세상에 오는 것은 진리의 상징인 리그 베다가 진리의 힘을 발휘하여 그를 인간세계로 데려오기 때문이다. 그러나 다시 속세에 온 이번 생에서는 전생보다 훨씬 브라흐만과 가까워지는 생활을 한다. 아, 우, 머 소리를 각각 리그 베다, 야쥬르 베다, 사마 베다와 일치시켰다. 이들이 한데 모여야 각각 '오움'과 베다가 만들어지며, 그들을 상징으로 하는 브라흐만을 온전히 알 수 있다는 것이다.

• 위대한 자를 느끼며 살리라 : 위대함(mahimān)은 브라흐만의 위대함과

자신(self-ātman)의 위대함이며, 이것을 그는 이번 생을 통해서 더욱 가깝게 깨달아간다.

[4]

만일 두 글자의 오움을 명상한다면, 그는 '마음'과 하나가 되리라. 그를 야쥬르 베다의 구절들이 땅과 하늘 사이에 있는 달의 세계로 데리고 가리라. 그는 그 달의 세계에서 브라흐만의 광휘를 경험하고 다시 돌아오리라.

[5]

그러나 세 글자의 '오움'을 통해, 최고 뿌루샤를 명상하는 사람은 저 빛나는 태양과 하나가 되리라. 뱀이 허물을 벗듯 그도 죄를 벗게 되리라. 그를 사마 베다의 구절들이 저 위, 브라흐만 세상으로 데려가리라. 그는 몸 안에 든, 숨보다 중요한 '뿌루샤'를 보게 되리라. 그러므로 이러한 구절들이 있다.

> **역주**

• 세 글자의 '오움' : 오움의 아, 우, 머, 이 세 글자는 만두끼야 우파니샤드에 사람의 의식 상태로 각각 '깨어 있는 의식 상태', '꿈꾸는 상태' 그리고 아무 꿈도 없이 깊이 자는, 나중에 깨어나서야 아무것도 모르고 잘 잤다고 하는 '깊은 숙면 상태'에 비유되었다. 그리고 이 세 소리가 합해져서 나는 소리로서 상징되는 초월적인 것은 의식의 단계로는 표현될 수 없는 브라흐만의 단계 '뚜리야'라고 하였다.

• 태양과 하나가 되리라(sūrye saṃpannaḥ) : 태양은 모든 빛의 근원일 뿐 아니라 모든 빛이 함께 이룬 빛 이상의 것이다. 이러한 속성 때문에 아, 우, 머, 세 글자의 오움을 통해 최고 뿌루샤를 명상하는 사람은 그러한 속성을 갖춘 태양과 하나가 된다. 즉 그 자체가 된다.

[ 6 ]

아, 우, 머 이 세 글자는 아직 죽음이 있는 세계에 속하는 것이다. 이들은 서로 연관되어 있으며, 결코 다른 목적을 두고 있는 것이 아니다. '오움'의 세 글자들이 이렇게 각각 외부, 내부, 그리고 그 두 부분을 잇는 연결부분으로서 완전히 합해짐을 알면 그 현명한 사람은 다시 자신의 본 모습에서 흔들리지 않는다.

> **역주**
>
> • 죽음이 있는 세계의 것(mrtyumatyah) : 이 세 글자를 각각 명상함으로써 얻게 되는 내세는 모두 점진적인 발전은 있지만 아직은 윤회를 벗어날 수 없는 속세이다. 속세에 다시 태어난다는 것은 육신을 입은 이상 다시 고통과 죽음을 겪어야 하는 것을 의미하며, 그것은 영원하지 못한 존재의 어쩔 수 없는 운명이다.

[ 7 ]

리그 베다를 통해 이 땅의 세상을 얻고 야쥬르 베다를 통해 하늘과 땅 사이 세계를, 사마 베다를 통해 그 브라흐만 세계를 얻으니, 현인(賢人)들은 '오움'을 통해서만이 이 세계들을 모두 얻을 수 있음을 안다. 물질과 영혼의 틀에서 완전히 자유롭고 평온한 그 브라흐만은 늙지 않고, 죽지 않으며, 두려움도 없으며, 모든 것을 넘어서 있는 것이다."

## 제6장

[ 1 ]

이번에는 대 성자 삐빨라다에게 바르드와자의 아들 수께샤가 물었다.

"대 성자이시여, 까우샬라국의 왕자 히란야나바가 제게 와서 이렇게 물은 적이 있습니다. '열여섯 개의 부분으로 이루어진 뿌루샤에 대해서 아십니까?' 저는 왕자에게 이렇게 대답할 수밖에 없었습니다. '알지 못하오. 만일 내가 알고 있다면 더할 나위 없이 훌륭한 그대에게 어찌 알려주지 않겠소. 거짓을 말하는 자는 그 뿌리와 함께 영원히 말라버릴 테니, 그대에게 숨기기 위해 거짓을 말하지는 않는다오.' 왕자는 내 말을 듣고 아무 말 없이 마차를 타고 돌아갔습니다. (그때부터 제 마음엔 그것에 대해 알고 싶은 궁금함이 가시처럼 박혀 있습니다.) 그러니 이제 그것에 대해 말씀해주십시오."

[2]
수께샤에게 대 성자 삐빨라다가 말했다.
"오, 내가 아끼는 제자여, 저 열여섯 부분으로 된 뿌루샤는 이 육신 안에 있도다.

역주

• 열여섯 부분(sodaśa kalāḥ) : 이어지는 네번째 구절에 열여섯 부분으로 된 뿌루샤를 설명하고 있다.

• 저 열여섯 부분으로 된 뿌루샤는 이 육신 안에 있도다 : 뿌루샤는 그 무엇으로 구성된 것이 아니며 아무런 부분이나 형체·특성이 없다. 그러므로 그것이 있는 자리는 다른 곳이 아닌 바로 사람의 마음, 깊은 동굴로 표현되는 그 깊은 곳에 있다. 그런데 사람들은 무지에 의하여 환영에 의하여 이 부분이 없고 형체가 없는 뿌루샤를 부분이 있는 것으로, 형체나 특성이 있는 것으로 생각한다. 바로 그 점을 지적하기 위하여 이제 열여섯 부분으로 된 뿌루샤를 설명하고 있는 것이다.

[3]
그(열여섯 부분으로 된 뿌루샤)가 누가 (몸 안에서) 나갈 때 나도 나갈까, 또 누가 자리를 잡을 때 나도 자리를 잡을 것인가 하는 뜻을

품었다.

• 뜻을 품었다(ikṣaṇa) : 뿌루샤는 세상의 창조, 즉 '형상화'를 시작하고자 뜻을 품은 것이다. 이것은 알지 못해서 던지는 물음이 아니므로 '무지'도 아니고, 부족함을 채우기 위함이 아니기 때문에 '원함'도 아니고, 외부의 힘에 의해 이루어질 것을 기대하는 것이 아니기 때문에 '소망'도 아니다. 그러니까 '왜 그런 뜻을 품었는가'에 대해서 답할 성질의 것이 아니다. 뿌루샤는 아직 형상화하지 않은 있는 그대로였을 뿐이다.

[ 4 ]

그 뿌루샤는 제일 먼저 숨을 만들고 다시 숨에서 믿음, 대공, 불, 물, 흙, 감각, 마음 그리고 음식을 만들었다. 그리고 음식에서 정자(精子), 고행, 베다의 구절, 아그니 봉납의식 등의 의례 그리고 그 행위들의 결과로서 나타나는 세상 그리고 세상 속에 생명들의 각기 독특한 이름을 만들었다.

[ 5 ]

바다로 흘러가는 강물이 바다에 도달하면 그 모습이 없어지고 '강물'이 '바다'라고 불리듯, 이 열여섯 부분들은 모든 것을 보는, 모든 것의 근원인 '뿌루샤'에 도달하여 그 모습이 없어지고, 그 뿌루샤를 얻어 그 속에 잠긴다. 각 부분들의 각기 다른 이름들이 사라지고 '뿌루샤'라고만 불리노니, 그 뿌루샤에 대해 아는 현인에게는 부분들도, 죽음도 있지 않으리라. 그러므로 이러한 구절이 있다.

[ 6 ]

마차 바퀴 가운데를 중심으로 바퀴살이 있듯
그 뿌루샤를 중심으로 모든 부분들이 있다.
그 뿌루샤를 알지어다.

그대를 죽음이 사방에서 괴롭히지 않게 할 수 있는
유일한 방법은
모든 것의 토대인 그 존재를 아는 것이다."


[7]
이제 제자들에게 대 성자 삐빨라다가 말하기를
"그 최고 브라흐만에 대해 이것이 내가 아는 것의 전부이다.
그 브라흐만 이외에 다른 어떤 것도 우리가 알 것은 없도다."


[8]
그러자 그 제자들은 그를 경배하여 말하였다.
"성자님은 우리의 아버지이십니다. 참 지식의 배로 우리를 무지와
무지로 인한 행위들을 건너게 해주셨습니다. 그러므로 성자님께 고
개 숙입니다. 고개 숙입니다."


### 평온을 위한 낭독

오움─
신들이여
베다의 제례의식을 행할 때
당신들의 은총으로
우리가 귀로 복된 말들을 듣도록
눈으로 복된 장면을 보도록 해주십시오.
우리가 이 건강한 육체로 찬양하고
신들을 이롭게 하는 일평생을 살도록 해주십시오.


오움─평온, 평온, 평온.

인드라여,
우리를 보살피소서.
최고의 지혜를 가진 뿌샤여
우리를 보살피소서.
적을 물리치는 가루다여
모든 신의 스승인 브리하스빠띠여
우리를 보살피소서.

오움—평온, 평온, 평온.

# 5. 문다까 우파니샤드

아타르바 베다에 속하는 우파니샤드로서, 3장으로 구성되어 있으며, 각 장은 다시 두 편으로 나누어져 있다. '문드'는 '(머리를) 깎다, 밀다'라는 뜻을 가지고 있으므로, 샹까라는 이 우파니샤드의 이름을 '무지(無智)를 깎아주는 우파니샤드'로 해석하였다.

문다까 우파니샤드는 고귀한 브라흐만에 대한 지식(paralaukika jñāna)과 낮은 세상의 지식(laukika jñāna)을 분명히 구분하고, 브라흐만에 도달할 수 있는 길은 제례나 숭배의식이 아니라 오직 고귀한 지혜이며, 오직 모든 것을 버린 고행자(sanyāsīn)만이 그 고귀한 지혜를 얻으리라고 말하고 있다.

●역자의 말

## 평온을 위한 낭독

오움-
신들이여
베다의 제례의식을 행할 때
당신들의 은총으로
우리가 귀로 복된 말들을 듣도록
눈으로 복된 장면을 보도록 해주십시오.
우리가 이 건강한 육체로 찬양하고
신들을 이롭게 하는 일평생을 살도록 해주십시오.

오움-평온, 평온, 평온.

인드라여
우리를 보살피소서.
최고의 지혜를 가진 뿌샤여
우리를 보살피소서.
적을 물리치는 가루다여
모든 신의 스승인 브리하스빠띠여
우리를 보살피소서.

오움-평온, 평온, 평온.

● 역주는 쁘라샤나 우파니샤드의 평온을 위한 낭독을 참고하라.

# 제1장

## 제1편

[1]
모든 신들 가운데에
세상의 창조자이며 동시에 보호자인
브라흐마 신이 맨 처음 생겨났다.
그가 모든 학문의 근원인 브라흐만의 지식을
맏아들인 성자 아타르바에게 주었다.

### 역주

• 브라흐마(brahmā) : 우주의 운용(창조, 유지, 파괴)을 각기 담당하는 브라흐마, 비슈누, 쉬바 중에 창조를 담당하는 머리가 셋 있는 신.

• 맨 처음 생겨났다(prathamaḥ sambabhūva) : 우주의 창조를 시작하기 위하여 브라흐마 신이 가장 먼저 일어났다.

여기에 브라흐마 신을 처음 생겨난 신으로 등장시킨 것은 '브라흐만의 지식'이 전수된 전통을 언급하기 위한 것이므로, 브라흐마 신의 비중이 우파니샤드에서 갑자기 커지는 결과를 가져오지는 않는다. 창조의 활동이 '브라흐마'라는 신의 역할로 분류되어 있기 때문에, 이 문다까 우파니샤드가 그 맥을 두고 있는 아타르바 베다가 전수된 과정을 적기 위하여 창조의 신인 브라흐마에서 그 전통의 시작을 적게 된 것이라고 이해된다.

여기에서 '베다'는 글로 적혀지거나 책으로 묶여진 베다를 말하는 것이 아니라 베다 그 자체, 신성한 무형의 베다를 말하는 것이다. 우파니샤드가 말하는 베다는 모두 이 신성한 존재로서의 베다를 말하는 것이므로 인간이 적은 글자나 책으로서의 베다와는 분명히 다른 것을 유념해야 한다.

• 브라흐만(brahman) : 위의 브라흐마 신과는 다르게 이해해야 한다. 이 브라흐만이 바로 절대 진리인 범천(梵天)이라 불리는 것이다.

• 브라흐만의 지식(brahma-vidyāyaṁ) : 오감(五感)과 논리로서 해결하지 못하는 형이상학적인 모든 지식.

• 맏아들 아타르바(atharvāya jyeṣtha putrāya) : 신 브라흐마는 수없이 많은 것을 창조했지만, 그가 가장 먼저 창조한 것은 아타르바 베다라고 한다. 그래서 여기 아타르바 베다를 정리했다고 하는 아타르바 성자가 그의 맏아들로 비유되었다.


[2]
브라흐마 신이 아타르바에게 전했던 그 브라흐만의 지식을
그 옛날 아타르바는 '앙기'라는 성자에게 전했으며
그는 또 사뜨야와흐에게
사뜨야와흐는 제자와 아들의 전통으로 내려온 그 지식을
'앙기라'에게 전하였다.


[3]
성자 슈나까의 아들 그 유명한 쇼나까가
바르드와자의 제자 앙기라에게 예의를 갖추고 와서 물었다.
"성자시여, 먼저 무엇을 알아야
우리가 알아야 할 것들을 모두 알 수 있겠습니까?"

역주

• 먼저 무엇을 알아야 우리가 알아야 할 것들을 모두 알 수 있겠습니까(vijñāte sarvam idaṁ vijñātam bhavati iti) : 이 질문은, 사실 형이하학적 존재나 그 어떤 것에 대한 질문이 아니라 그것들의 근원이 되는 세상의 근원, 하나의 근원적인 존재에 대해 이미 그 존재를 상정한 상태에서 묻는 것이다.


[4]
성자 앙기라가 쇼나까에게 말했다.
우리가 알아야 할 지식은
크게 초월적인 것과 초월적이 아닌 것
이 두 가지이다.

브라흐만에 관한 지식은 초월적인 것이며
그 이외의 것들은 모두 후자에 속한다.

역주

• 초월적인 것(parā) : 우리 인간이 감각이나 마음, 지혜로서 알아낼 수
없는 것을 말한다. 이 범위를 넘어서는 것은 세상에 있지 않거나 있더라도
인간의 인식 속에 잡아넣어 생각할 수 없는 것이므로 '초월적'이라 하였다.
• 초월적이 아닌 것(aparā) : 현실적인 것(지식), 부분적인 것, 불완전한
것을 말한다. 여기에서는 추구해야 할 지식을 이 둘로 나눔으로써 현실적인
지식도 궁극적으로 초월적인 지식을 얻기 위한 단계임을 말하는 것이다.


[ 5 ]
리그 베다, 야쥬르 베다, 사마 베다, 아타르바 베다,
음성학, 법학, 제례학, 문법, 어원학, 음률학, 천문학 등은
저차원적인 것들이며
불멸의 최고 아뜨만을 알게 하는 지식은 고차원적인 것이다.

역주

• 리그 베다(ṛgveda)……아타르바 베다 : 여기에서는 베다도 저차원적인
것으로 분류하고 있는데, 그것은 학습의 대상으로서의 베다는 다른 학문과
다를 바 없다는 의미이다. 베다를 통해 초월적인 지혜를 깨닫게 될 때만이
베다가 다른 학문과 다른 고차원적이며 세상의 창조와 함께 한 존재로서의
베다가 된다.
• 음성학, 제례학, 문법, 어원학, 음률학, 천문학(śikṣā kalpo vyākaraṇaṁ
niruktaṁ chando jyotiṣam) : 이 여섯 가지는 '여섯 가지 베다의 부분'(ṣaḍ
vedāṅga)으로서 베다를 올바르게 이해할 수 있도록 하는 만뜨라(베다의
구절)의 소리(음성), 제례의식, 문법, 어원 등에 관한 세분화되고 전문화
된 학문이다.

[6]
그 잡히지 않으며
태어난 가문이 없고
계급도 없으며
눈, 귀도 없으며
손발도 없는
영원하며
수없이 많은 생명체이며
어디든 존재하고
그러면서도 아무런 특징도 들 수 없을 만큼 지극히 세밀하며
변하지 않으며
모든 생명체들의 근원인 그를
현명한 사람은 어디에서든 보리라.

역주

• 근원(yoni) : yoni의 원뜻은 자궁이다. 어휘는 아기가 그 어머니의 자
궁에서 나오듯 모든 생명체들이 물질의 근원인 브라흐만이라는 근원지에서
나왔다는 것을 암시한다. 샹까라에 따르면 이 '요니'로서의 브라흐만은 이
름하여 환영력 혹은 그 힘의 소유자 이슈와라(神)라고 할 수 있다.

[7]
거미가 스스로 거미줄을 만들고
나중엔 그것을 다시 삼키듯
땅에서 약초가 생겨나듯
인간의 몸에서 머리와 털이 나듯
그 불멸의 존재로부터 모든 세상이 태어나는 것이다.

[8]
그 불멸의 브라흐만은

고행을 통해
스스로 세상에 알맞는 존재가 되었고
그 브라흐만에서 음식이 생겨났으며
다시 그 음식에서 황금알의 모습을 한 생명이
그리고 그로부터 마음
마음에서 세상의 흙, 물, 불, 바람, 대공(大空) 등의 물질적 근원
그것에서 이 세상
거기에서 인간에 맞는 의무가
그 의무에서 '불멸'이 생겨났다.

[역주]

• 고행(tapas) : 우파니샤드에 따르면 고행은 세상이 만들어지는 원동력
이다. 고행이라는 요소를 창조와 연결하여 언급한 것은 브리하다란야까 우
파니샤드에도 보이는데, 브라흐만이 고행을 통해 자신을 '세상의 다양함'으
로 만들었다(bahusyām iti)고 하였다.

• 그것에서 음식이 생겨났고(tato'nnam abhijāyate) : '음식'이라는 것은
드러나지 않은 사물의 원형 에너지를 상징하는 것으로 볼 수 있을 것이다.
이것을 시작으로 하여 진행되는 모든 창조의 과정은, 불멸성을 얻는 것을
그 궁극적인 목적으로 하고 있음을 이 구절을 통해 알 수 있다.


[9]
세상 모든 것을 알며,
또한 지혜로 이루어진 고행을 한
그 불멸의 브라흐만에서
이름과 형태, 그리고 음식들이 생겨났다.

[역주]

• 그 불멸의 브라흐만에서 이름(nāma)과 형태(rūpa) 그리고 음식(annam)들
이 생겨났다 : 아무것도 없는 상태에서 이름과 형태, 즉 개념과 형상이 생겨
났으며, 그것을 말미암게 한 힘(음식)의 이름은 브라흐만이었다는 것이다.

## 제2편

[1]
세 가지 베다에 나오는 여러 갈래의 의무들을
베다의 구절을 통해 보았도다.
그 (제례 등) 의무들은 모두 참 그 자체이니,
늘 참 의무의 결과를 소원하며 그것들을 실천하라.
이것이 그대가 행한 업(業)의 결과로 가야 할 길이로다.

역주

• 보았도다(apaśyam) : 전통적으로 베다는 만들어진 것이 아니라고 한
다. 즉 그 시작을 알 수 없는 때에 이미 베다는 있었고, 성자들은 명상을
통해 베다를 알게 되었다는 것이다. 베다는 그런 성자들이 '보고' 옮겨 적은
것이라고 한다.

• 세 가지 베다(tretāyam) : 리그 베다, 야쥬르 베다, 사마 베다. 대개 이
세 베다에는 제례의식과 신에 대한 찬가가 담겨 있음에 반해 아타르바 베
다는 사람들의 현실적인 삶과 관련된 것, 즉 질병, 죽음 등에 관한 대처 내
용이 많다.

[2]
불의 신 아그니가 장작에서 나와서 활활 타오르게 되면
그 불 가운데에
경건한 마음으로 공물(供物)을 하나씩 바치라.

[3]
다르샤와 빠우르나마사
짜뚜르 마스야, 아그라야나 제례를 행하지 않은 채
손님에 대한 예의를 갖추지 않고
격식을 제대로 갖추지 않고

아그니 제례를 행하는 사람에게는
일곱 세대 동안 파멸이 있을지어다.

역주

• 다르샤(dārśa)와 빠우르나마사(paurnamāsa) : 각각 매달 초승 첫날과
보름날에 아그니에게 올리는 제례이다.

• 짜뚜르 마스야(cāturmāsya) : 일 년 열두 달을 네 달 기준으로 세 등분
하여, 매 네 달이 시작될 때 아그니에게 올리는 제례로 일 년에 세 번 올리
게 된다. 제례의 이름은 각각 바이슈바데밤(vaiśvadevam), 바루나쁘라
가사(varuṇa-praghāsaḥ), 샤까메다(śakamedhaḥ)이다.

• 아그라야나(āgrayaṇa) : 가을과 봄 추수 때 아그니에게 올리는 제례이
다. 이모작 혹은 다모작을 하는 인도에서는 추수 때마다 아그니에게 제례
를 올린다.


[4]
깔리, 까랄리, 마노지와, 술로히따, 수두므르와르나, 스풀링기니
그리고 비슈바루삐 데비
이들은 아그니의 날름거리는 일곱 개의 혀들이다.

역주

• 깔리, 까랄리, 마노지와, 술로히따, 수두므르와르나, 스풀링기니 그리고 비슈
바루삐 데비(kālī karalī mano-jivā  sulohitā sudhūmravarṇā sphuliṅginī
viśvarūpīdevī) : 깔리(검은 자), 까랄리(무시무시한 자), 마노지와(마음의
속도만큼 빠른 자), 술로히따(붉은색을 가진 자), 수두므르와르나(짙은 안
갯빛을 한 자), 스풀링기니(불꽃을 튀기는 자) 그리고 비슈바루삐 데비(마
음대로 모습을 취하는 여신)가 이름들은 불의 여러 가지 특성과 모습을 의
인화 · 신격화한 것이다. 즉 아그니를 부르는 또 다른 이름들인 셈이다.


[5]
일곱 개의 혀를 날름거리는 아그니에게

봉납(捧納)하는 제례를 제때에 온전히 행하는 사람.
그 아그니에 바쳐진 신성한 공물들이
태양의 햇살이 되어서 그를 그 햇살에 실어다가
신들의 왕이 있는 천상으로 데려가리라.

역주

• 아그니에게 봉납하는 제례를 제때에 온전히 행하는 사람 : 불의 일곱 가지 모습을 알고, 그러한 특성의 아그니를 알고, 때를 알고, 제례의 이치와 상징성을 알아야 '온전히' 행하는 사람이다.

• 신들의 왕(devānāṃ patiḥ) : 샹까라에 따르면 '인드라' 신을 지칭한다. 제례를 행함으로써 도달할 수 있는 세계는 신들이 사는 천상으로 상징되고 있다.


[6]
그 찬란한 공물들은
'어서 오시오. (그대가 올 곳은) 선업으로 얻는
신성한 브라흐만의 세계라오' 하면서
좋은 말로 그를 찬양하며
태양의 햇살에 실어 그대를 데려가리라.

역주

• 선업(善業, sukṛtaḥ) : 위에서 언급된 제례의식의 성실한 수행은 그 행위가 품고 있는 이치와 상징성을 잘 이해한 것을 말하는 것이다. 단순히 행위에만 골몰한 것이 아니라 행위 자체를 깨닫는 것이므로 선업이라고 하였다.


[7]
자고로 열여덟이 이루는 제례라는 것은
확고하게 정해진 방법이 아니라고 하였거늘
그것은 그러한 규정의 깨지기 쉬운 성질 때문이다.

그러므로 이 열여덟이 이루는 제례만이
좋은 것, 행복을 약속하는 것이라 생각하는 어리석은 자들은
계속해서 늙음과 죽음의 쳇바퀴에서 벗어나지 못하리라.

**역주**

• 열여덟이 이루는 제례(aṣṭādaśa) : 열여섯 명의 사제들과 제례를 치르는 본인 그리고 그 부인 이렇게 열여덟 명이 이루는 제례를 말하며, 이것은 제례의식을 하는 데 있어 그 내용을 중시하지 않고 외형적인 것에만 매여 있는 행위를 상징하는 것이다. 이러한 형식은 언제든지 필요에 따라 바뀔 수 있는 부차적인 것들이다.


[8]
무지 가운데 빠진 채
스스로를 '현명한 학자'라고 여기는 어리석은 자들은
눈먼 장님이 이끄는 대로 우왕좌왕하는 또 다른 장님들처럼
방황하리라.


[9]
무지, 계속되는 착각 속에만 빠져 있는 어리석은 자들은
'우리는 할 일을 모두 끝냈다'고 자만한다.
그들은 행위 자체만 알 뿐
행위에 얽매임으로써 생기는 결과에 대해서는 알지 못하니
행위만큼의 시간이 지나고 나면
고통 속에 빠지리라.
다시 아래로 떨어져버리리라.

**역주**

• 얽매임(rāga) : 얽매임, 집착하는 것은 그 본래의 목적을 잊게 하고 생각하는 힘을 막아서 무지의 길로 들어서게 한다. 우파니샤드는 맑은 지혜를 갖기 위해서 '집착'을 버리는 것도 마음의 준비라고 한다.

[ 10 ]
제례와 베다 등의 경전을 따르는 것만이
가장 훌륭한 길이라 생각하는 어리석은 자들은
그 외 다른 진정한 방법들을 인정하려들지 않으니
그들은 자신의 업보로 인하여
다시 인간의 세계나 이보다 더 하위 세계로 떨어지게 되리라.

역주

• 다른 방법(anyat) : 제례나 베다와 같이 외형적인 것이 아닌 것을 말한다. 이전에 나왔던 같은 표현으로는 훌륭한 것(śreyaḥ)을 추구하는 방법, 해탈을 구하기 위한 순수한 지혜를 갖는 것 등이다.


[ 11 ]
산 속으로 들어가
그 숲에 살면서 보시로 연명하며
온전하게 고행의 수도를 하여
믿음을 견고히 다진 마음이 평온한 사람
그리하여 죄악의 구분마저 뛰어넘은 사람은
태양의 길로 들어서서 불멸하며
변하지 않는 뿌루샤가 있는 진리의 세계로 가게 되리라.

역주

• 산 속으로 들어가 그 숲에 살면서 보시로 연명하며 온전하게 고행의 수도를 하여 믿음을 견고히 다진 마음이 평온한 사람(tapaḥ śraddhe ye hi upavasanti araṇye śāntā,vidvāṁso bhaikṣyacaryāṁ carantaḥ) : 인생의 네 단계로 보면 이 단계는 인생의 황혼기에 접어드는 숲 속 수행기이다. 이 때 사람의 인생 단계는 세상에서 추구해야 할 욕망과 명예를 모두 추구하고 책임도 다한 때이므로 이제 세속에서 벗어나 정신적 수행을 한다.
• 태양의 길로(sūrya dvāreṇa) : 원문은 '태양의 문을 통하여'의 뜻인데, 태양의 문 혹은 길은 방향으로는 위, 즉 북쪽, 그리고 진리, 성(聖)스러움

190

등을 상징한다고 볼 수 있다.

[ 12 ]
해탈을 소원하는 사람은
행위로 얻은 세상이 어떠한가 잘 판단하고
집착을 버려야 하느니.
그가 알아야 할 것은
(이 세상에서) 변화하는 행위의 숭배로써
변화하지 않는 해탈을 얻을 수 없다는 것이다.
그러므로 그 불멸의 브라흐만의 진리를 구하고자 한다면
손에 신성한 장작을 들고
훌륭한, 브라흐만의 진리에 정통한 스승을 찾아가라.

역주
• 집착을 버려야 하느니(nirvedam āyān) : 원문에 vedam은 '알다', niḥ
는 '없애다'(혹은 털어버리다)의 뜻으로 붙여진 접두사이다. '집착을 버림'
의 의미로 우파니샤드에서는 vairāgya라는 어휘가 종종 사용된다.

[ 13 ]
그 브라흐만을 아는 스승은
완전히 마음을 평온하게 하여
감각들을 제어할 수 있게 된 제자에게만
브라흐만의 진리에 관한 가르침을 줄지어다.
그런 경우에라야 그 제자는
참되고 불멸인 뿌루샤의 진리를 그 스승에게서 깨닫게 되리라.

역주
• 까타 우파니샤드에서도 언급되었듯, 이 브라흐만의 지혜는 아무나, 아
무에게나 줄 수 있는 지혜가 아니다. 스승도 제자도 그러한 자격을 갖추어
야 할 것을 전제조건으로 하고 있다.

## 제2장

### 제1편

[ 1 ]
이것은 진리로다.
잘 타오르는 아그니에서 수천 개의 불꽃이 생겨나듯
그 불멸의 브라흐만에서
여러 가지 종류의 생물체들이 생겨나며
다시 그 브라흐만 속으로 잠긴다.

[ 2 ]
그 불멸의 브라흐만은 신성하며
형태가 없고
뿌루샤의 외부와 내부에 어디든 존재하며
탄생을 거치지 않고
숨을 쉬지 않으며
마음을 가지고 있지 않으며
완전히 순수한
그리고 다른 어떤 불멸의 존재보다도 더 훌륭한 존재이다.

역주
• 다른 어떤 불멸의 존재 : 샹까라는 미현인(未顯因, avyaktam) 혹은 자연(prakṛti), 마야(māyā) 등을 들었다.

[ 3 ]
그 불멸의 브라흐만에서 숨이 생겨났으며
또한 마음과 모든 감각기관, 하늘, 공기, 불, 물

그리고 모든 세상을 지탱하는 땅이 생겨났도다.


[4]
불은 그의 머리
달과 태양은 그의 두 눈이다.
방향들은 그의 귀
베다는 그의 목소리이며
공기는 숨
이 세상은 그의 가슴이고
그의 두 발에서는 땅이 생겨났으니
그가 바로 모든 생명체들 안에 존재하는 아뜨만이다.


[5]
그 브라흐만에서 아그니가 생겨났고
그 아그니(불)가 일어나도록 한 장작은 태양이다.
다시 달에서 구름
그리고 땅에서 약초들이 생겨났으며
그 약초에서 생겨난 힘인 정자(精子)를
남자는 여자에게 심는다.
이렇게 모든 것은 최고의 뿌루샤에게서 생겨났다.


[6]
그 최고 뿌루샤에서 리그 베다의 구절들
사마 베다의 구절들
야쥬르 베다의 구절들
제례 전의 의례
아그니 등 신들에게 올리는 제례
제례에 바치는 공물

시간

제례장(祭禮場)

달이 그 신성한 빛을 비추며 태양이 뜨겁게 내리쬐는 이 세상
이 모든 것들이 생겨났도다.


[7]

그 최고 뿌루샤에서 많은 신들이 생겨났으며
사드야, 인간, 동물, 들이쉬는 숨과 내쉬는 숨,
쌀과 보리, 고행, 믿음, 진리, 금욕(禁慾), 규칙
이 모든 것들이 생겨났다.

역주

• 사드야(sādhyā) : 하늘에 사는 신적 존재 중 하나이다.

• 쌀과 보리(vrīhi yavau) : 제례에 바치는 공물을 상징하는 것으로 보
인다.


[8]

그 최고 뿌루샤에서 일곱 감각이 생겨났으며
일곱 개의 불꽃
신성한 장작
일곱 가지 공물
그리고 생겨난 일곱 감각의 생기(生氣)가 다니는
일곱 개의 세상이 생겨났으니
사람이 잠들었을 때 그 심장 속 공간에는
그 (생겨난) 일곱 개씩이 숨겨져 있도다.

역주

• 일곱 감각(sapta prāṇā) : 샹까라에 따르면 일곱 감각이란 육신의 일곱
기관(두 눈, 두 귀, 두 콧구멍 그리고 입)을 말한다고 한다. prāṇa는 본래

'숨'이라는 의미이지만 우파니샤드의 여러 곳에서 '감각'이라는 의미로도 사용되었다. 숨과 감각들을 한꺼번에 prāṇa로 부르기도 한다.
　• 일곱 불꽃 : 불의 신 아그니의 타는 불꽃은 흔히 일곱 가지 갈래로 알려져 있다. 쁘라샤나 우파니샤드의 '세번째 질문'을 참조하기 바란다.


[ 9 ]
그 최고 뿌루샤에서 모든 바다,
그리고 모든 산들이 생겨났다.
수많은 강 줄기들도 모두 여기에서 생겨났도다.
약초와 그 즙도 여기에서 생겨났으며
그(뿌루샤)로 인해 생명체의 육신 속에 아뜨만이 머물도다.


[ 10 ]
이 모든 세상은
행위와 고행으로 된 뿌루샤 그 자체이다.
이 모든 것이 불멸의 브라흐만이니
그가 이 모든 생명체의 심장 속에 머물고 있음을 알지어다.
이것을 앎으로써만이
이 세상에 살면서 '무지'의 구속에서 풀려날 수 있도다.

　　┌─────┐
　　│ 역주 │
　　└─────┘
　• 행위와 고행(karma tapa) : 세상을 크게 행위와 고행으로 이루어진 것으로 보고 있다. 고행이 업(業)을 남기는 행위의 일종이 아니라 지혜를 얻기 위한 과정임을 생각해본다면 세상을 이 둘로 나눈 것에 수긍이 간다.

## 제2편

[1]
빛으로 충만한 브라흐만은
아주 가깝게 있다.
그는 이름하여 '심장의 빈 공간에 다니는 자'이며
가장 커다란 목표이며
모든 생명체가 그에게 속해 있도다.
그는 영원한 것과 영원하지 않은 것 모두이며
또한 모두의 궁극적인 추구의 대상이며
모두의 소망이며
인간의 지혜로는 이해할 수 없는
가장 훌륭한 존재로다.
그를 알라.

역주

• 영원한 것과 영원하지 않은 것(sadasat) : 『만두끼야 우파니샤드 독본』
(māṇḍūkya kārikā)을 지은 가우다빠다는 '과거에도 있고 현재에도 있으
며 미래에도 있을 것이 sat이며, 과거에도 없었고 미래에도 없을 것은 현
재에 있더라도 asat이다'라고 말한다(독본 제1절).

[2]
내 아끼는 제자여
광휘로 둘러싸인
작은 것들 중에 가장 작은 자
그리고 모든 세상과 그 세상에 사는 생명체들이 모두 속한 자
그는 불멸의 브라흐만이다.
그는 바로 숨이며
그는 목소리

마음이며
그는 영원한 진리
불멸의 존재이다.
(그대들이) 화살로 꿰뚫어야 할 유일한 목표
그를 알지어다.

역주

• 화살로 꿰뚫어야 할(veddhavyam) : 마음을 화살로 하여 목표물인 브라흐만에 대하여 화살을 쏘아 정확히 맞혀야 한다는 의미이다.

[3]
내 아끼는 제자여
훌륭한 활 우파니샤드를 가지고
명상으로 뾰족하게 다듬은 화살 '마음'을 활 시위에 꽂아라.
그리고 브라흐만에 집중하여 활 시위를 당겨라.
그 브라흐만을 과녁으로 하라.

역주

• 활 시위를 당겨라(āyamya) : 감각들과 마음을 모두 외부대상들에게서 되돌려 브라흐만에 온통 집중하라.

[4]
오움의 소리는 활이요
아뜨만은 화살이다.
그리고 불멸의 브라흐만은 그 과녁이라 생각해보라.
자만하지 않는 자는 과녁을 맞추리라.
그러면 화살과 과녁이 하나가 되듯
브라흐만과 하나가 되는 것이다.

역주

• 자만하지 않는 자(apramattena) : 자만(pramātā)은 '이것은 나, 이것은 나의 것'이라는 집착을 가지는 것을 말한다. 그러므로 자만하지 않는 자는 곧 외부 현상 세계에서 관심을 안으로 돌리고 자기 자신에 대한 애착이나 집착마저도 벗어난 사람을 말하는 것이다.

[5]

그 유일한 아뜨만에 하늘과 땅 사이
그 사이의 세계
그리고 모든 감각들과 마음이 모두 있음을 알지어다.
그 외 모든 방법을 그만둬라.
그를 아는 것만이
해탈을 얻을 수 있게 하는 '다리'(橋)로다.

역주

• 다리(橋, setuḥ) : 일을 이루는 데 있어 유일한 방법이라는 의미에서 '다리'라고 하였다.

[6]

바퀴살들이 수레바퀴의 중심에 박힌 것처럼
모든 기도(氣道)들이 일제히 향하고 있는 곳이 있다.
그곳에서 아뜨만은 여러 모습으로 생겨나고
또 그 안에서 움직이고 있도다.
이 아뜨만을 '오움'으로 명상하라.
그것은 그대가 어둠을 건너 저 다른 편으로 가게 하리라.

역주

• 여러 모습으로 생겨나고(bahudhā jāyamānaḥ) : 그때그때마다 세상의 '다양한 자극'에 맞추어 분노나 기쁨 등 정신 상태가 변화하는 것을 말하는

198

것이다.

[7]
모든 것을 알며
모든 지혜를 갖춘 자
전지(全知)의 능력으로 세상에 권능으로 나타나는 자
그는
신성한 브라흐만의 자리
심장의 빈 공간에 있다.
그는 마음으로 이루어져 있으며
숨과 육신의 주인이며
심장에 지혜를 넣어주는 음식 안에도 있도다.
그를 앎으로써 현자는
환희이며 불멸이며
빛을 내고 있는 그것을 꿰뚫어볼 수 있도다.

역주

• 심장의 빈 공간에(vyomni) : 'vyoma'는 '하늘 혹은 공간'이라는 의미이
며, 이 구절에서는 사람 안에 있는 이러한 공간을 말한다. 그가 '심장 속 빈
공간'에 자리하고 있음은 앞에서도 언급한 바 있다. 그는 도처에 편재하므
로 어느 한곳에 자리잡고 있는 것이 아니라 어느 곳에나 있는 것이다.

[8]
초월적이며
동시에 초월적이 아니기도 한
그 브라흐만을 보게 되면
마음속의 매듭이 풀어지며
모든 의심이 사라지고
행위들은 더 이상 남지 않으리라.

역주

• 마음속의 매듭(hṛdadyagranthiḥ) : 마음속에는 무지와 욕망들이 서로 얽혀져 있다. 이것은 풀어야 하기 때문에 '매듭'이라 하였다.

• 행위들은 더 이상 남지 않는다(karmāni kṣīyante) : 제례(祭禮), 즉 행위(karma)라는 것은 어느 순간까지만 필요한 것이며, 그 순간 이후에는 필요하지 않다는 것이다. 강은 배를 타고 건너야 하지만, 강을 건넌 다음에는 육지에서 배가 더 이상 필요하지 않다. 가져간다면 짐만 될 뿐이다.

[ 9 ]

환히 빛나는 공간
초월의 그곳에
어떤 갈라짐도 흠도 없는 브라흐만이 존재한다.
그는 모든 불빛 중의 순수한 빛이며
아뜨만을 아는 사람이
마음속에서 발견하는 바로 그것이다.

역주

• 어떤 갈라짐도 흠도 없는(virajam niṣkalam) : 갈라짐이란 구별, 차별, 상이함 등을 의미하고, 흠이란 무지, 불완전함 등을 의미하므로 이 둘은 속세의 불완전한 속성을 대변하는 어휘들이라고 할 수 있다.

[ 10 ]

그곳에는
모든 것을 빛나게 하는 이 태양조차 빛나지 않고
달과 별들도 빛나지 않는다.
그곳엔 번개조차 빛을 내지 못하니
불 같은 것이야 어떻게 빛을 낼 수 있겠는가.
그 존재가 빛을 냄으로써만이
이 모든 것들이 빛을 낸다.

이 모두가 그 빛으로 빛나고 있는 것이다.


[ 11 ]
그 불멸의 브라흐만이
모두의 정면에
뒤에
오른쪽
왼쪽에도 존재하며
위 아래로도 퍼져 있나니
이 모든 세상은 훌륭한 브라흐만 그 자체로다.



## 제3장

## 제1편

[ 1 ]
언제나 함께 있는 정다운 두 마리 새가
한 그루 나무에 앉아 있다.
한 마리는 행위로 얻은 열매를 계속 쪼아먹고 있고
또 다른 한 마리는 열매를 즐기기 않고 그저 보고만 있도다.

역주

• 우파니샤드 철학의 핵심을 한 그루 나무에 앉은 두 마리 새의 비유로
잘 나타내고 있다. 한 육신(나무)에 개체 아뜨만과 아뜨만(브라흐만)이 모
두 있음을 이해할 수 있게 한다. 슈베따슈바따라 우파니샤드 제4장 6~7절
에 반복된다.

[2]
같은 나무에 앉아서
개체아(個體我)는 자신에게 신(神)의 능력이 없음을 비관하여
슬퍼한다.
그러나 옆에는 다른 최고의 신이 있으니
그 위대함을 보고 나면 그때 비로소 슬픔에서 벗어나도다.


[3]
보는 주체인 '의식'이
빛나는 그 금빛의 창조자
브라흐만의 모체인 뿌루샤를 보게 될 때
그 사람은 선과 악의 범위를 초월하고
그 최고의 뿌루샤와 다를 바 없는 경지에 도달하게 되리라.

역주

• 브라흐만의 모체(brahmayoni) : 여기에서 브라흐만은 속세에 현상으로
나타나는 낮은 브라흐만. 속세의 브라흐만이다. 속세의 브라흐만은 초월의
브라흐만에서 나온 것이므로 그것을 모체라 하였다.


[4]
이 모든 생명체들의 모습으로 존재하는 것은 숨이다.
그를 알고 난 다음 현인(賢人)은
그 외 다른 것에 대해 이야기하지 않는다.
그는 아뜨만 안에서 즐기며
아뜨만과 교감하며
아뜨만 안에서 행동하니
이런 자가 브라흐만을 아는 자들 중에 으뜸가는 사람이다.

[5]
그 아뜨만은 진실을 택함으로써
고행으로써
참 아뜨만을 옳게 앎으로써
감각을 억제함으로써
꾸준히 수행함으로써 얻을 수 있다.
불완전의 속성들을 하나하나 떨쳐내는 수행자만이
몸 안에 들어 있으며
빛이며
순수함 그 자체인 아뜨만을 발견하리라.


[6]
진실을 말하는 자만이 승리할 것이오.
거짓을 말하는 자는 그렇지 못할지라.
진실을 말함으로써 신에게로 가는 길이 펼쳐지니
성자들은 그 길로 진실을 통해 최고의 세상에 다다르도다.


[7]
그 근원 브라흐만은 매우 크고
신성하나 그 모습은 상상할 수 없으며
가장 세밀한 것보다 더 세밀하고
무지한 사람들에게는 멀리, 아주 멀리
현명한 사람들에게는 가깝게, 아주 가깝게
그 육신 안에 머물도다.
이것을 아는 현인은
생명체 가운데 브라흐만이
그 육신 안에
깊은 동굴 속에 있는 것을 보리라.

[8]
그 아뜨만은 모습이 없으므로 눈으로 볼 수 없고
소리로도
그 외 어떤 감각으로도
고행이나 베다의 아그니호뜨라 등의 제례로도 잡을 수 없다.
그러나 순수한 지혜로 순수한 내면을 갖게 되면
정신을 집중하여
그 안에 어떠한 나뉨도 없는
아뜨만의 존재를 볼 수 있도다.


[9]
순수한 의식을 통해 알 수 있는
그 세밀한 아뜨만 안에
다섯 종류의 숨들이 들어가 있도다.
그 다섯 숨들로
세상 모든 생명체들의 의식이 아뜨만에 꿰어져 있음을 알라.
아뜨만이 스스로 그 많은 생물체의 모습을 취하도다.


[10]
아뜨만을 아는 사람들은
마음을 통해 그가 구하려는 세상을 얻으리라.
순수한 마음으로 그가 구하는 세상은 순수함의 세상
그런 사람은 마음으로 염원하여 무엇이든 나게 할 수 있으니
부귀를 좇는 자들이여, 아뜨만을 아는 자들을 경배할지어다.

## 제2편

[1]
아뜨만을 아는 사람은
스스로 모든 세상의 의지이며
순수한 빛을 발하고 있는 그 최고의 브라흐만을 아는 것이다.
아무런 욕심 없이 그 최고의 브라흐만을 숭배하는 현명한 사람은
씨의 단계를 초월하리라.

**역주**

• 씨(śukram) : 실체화되기 위한 물질적 원형. 육체의 원형을 말한다.
이런 사람들은 어머니 뱃속으로 들어가는 탄생의 과정을 다시 겪지 않게
된다. 그는 되풀이하여 육체를 입고 세상에 태어나지 않아도 되는 '해
탈'(mokṣa)을 얻는 것이다.


[2]
욕심냄을 즐겨 하여 계속 원하는 사람은
그 욕심 때문에 계속해서 이곳저곳에 태어난다.
그러나 아뜨만에 대한 지혜로 욕망을 만족으로 채운 사람은
이제 그의 모든 욕망이 이 세상에
그대로 가라앉는 것을 볼 것이다.


[3]
이 아뜨만은 베다를 통해서도
명석한 두뇌를 통해서도
그리고 듣고 반복해 또 들어도 알 수 없는 존재이다.
오로지 스스로 구함으로 알 수 있을 뿐.
이렇게 할 때 이 아뜨만은
우리의 무지로 가려져 있던 본 모습을

(우리) 앞에 드러낸다.

[4]
이 아뜨만은
아뜨만에 대한 독실한 믿음으로 생긴 힘이 없이는 구할 수 없으며
자만심이 남은 애착으로도 얻을 수가 없으며
또한 '내버림' 없는 고행으로는 아무리 해도 얻을 수 없다.
그러나 이런 방법들을 올바로 취하고
이 최고 아뜨만의 존재를 알고자 애쓰면
틀림없이 그의 아뜨만은 브라흐만의 세계로 들어가게 되리라.

역주

• 자만심이 남은 애착으로도 얻을 수가 없으며(na ca pramādāt) : '나', '나의 것', '나를 위한' 등의 '나'에 대한 의식으로, 무의식적으로 갖는 '나'에 대한 의식마저도 애착으로 말미암은 자만심이다. 이러한 자만심까지를 없애야, 즉 그 애착을 없애야 마음의 준비가 된다는 것이다.

• '내버림' 없는 고행으로는 아무리 해도 얻을 수 없다(atapaso vāpyalingāt) : 내버림이라는 것은 모든 욕망과 모든 애착과 모든 소유를 포기하는 것이다. 고행을 하는 데 있어 이 내버림이 갖추어지지 않았다면 그것은 어떤 욕망의 성취를 위하여 감수하는 '노동'이 될 뿐이다. 그러므로 고행에 있어 내버림을 강조하는 것이다. 원문의 내버림은 linga, 즉 징표라는 뜻으로, 이 부분(alingāt)의 직역은 '진정한 고행자의 징표 없이'이다. 대개의 학자들은 이 어휘가 sanyāsa(내버림)의 의미로 쓰여졌다고 본다.

[5]
아뜨만의 존재를 완전히 알고 아뜨만을 보는 성자들은
그들의 아뜨만에 기반한 지혜로서 자족(自足)하고
애착에서 벗어나 마음의 평정을 얻게 된다.
그러한 현자들은 어느 곳에든 충만한 브라흐만을 항상 느끼며

그 완전한 브라흐만 속으로 들어가리라.


[ 6 ]
베단따의 명백한 지혜를 이해한 사람
'내버림(超脫)'으로 얻은 지혜'로서 브라흐만을 추구하는 사람
순수한 진성(眞性)을 갖춘 사람은
죽음의 순간에 그 죽음을 넘어서고
불멸의 브라흐만의 세계에 들어가 모든 것으로부터 완전히 해방
되리라.

역주

• 베단따의 명백한 지혜를 이해한 사람(vedānta vijñāna suniścitārthāḥ) :
여기에서 베단따는 베다의 정수인 우파니샤드를 말한다. 그러므로 베단따
의 지혜라는 것은 브라흐만을 아는 지혜를 말하는 것이다.


[ 7 ]
그 죽음의 순간에 이르면
열다섯 가지의 (세상의) '부분'들이 각자의 근원으로 돌아가며
(감각의) 신들도 각자의 근원 신(자연력) 속에 잠기도다.
또한 그의 업(業)과 지혜의 아뜨만이 함께
(열여섯번째) 불멸의 최고 아뜨만 속에서 하나가 되도다.

역주

• 열다섯 가지의 '부분'(kālāḥ pañcadaśa)들이 각자의 근원으로 돌아가며 : 뿌
루샤(사람)는 열여섯 부분으로 되어 있다. 열다섯 부분은 물질적인 것이고
나머지 한 부분이 그 근원이다. 그러므로 사람이 죽으면 열다섯 부분이 근
원으로 돌아간다는 것이다. 쁘라샤나 우파니샤드의 마지막 질문(제6장)에
서는 열여섯 가지 부분으로 천지창조를 설명하고 있다. 숨, 믿음, 대공,
불, 물, 흙, 감각, 마음, 음식, 정자(精子), 고행, 리그 베다의 구절, (아그
니 봉납의식 등의) 의식, 그리고 그 행위들의 결과로서의 세상, 그리고 세

상 속에 생명들의 각기 독특한 이름, 이렇게 열다섯 가지의 부분들이 창조
되어 그 근원인 열여섯번째 부분으로 돌아갔다.

• (감각의) 신들도 각자의 근원 신 속에 잠긴다(devāśca sarve pratidevatāsu
gātaḥ) : 눈이나 코, 귀 등의 감각의 능력은 각기 그 능력의 본디 소유자인
자연력, 즉 태양(태양의 신 수리야)이나 바람(바람의 신 와유), 방향(방향
의 신 마따리쉬바) 등에게로 가 잠긴다.


[ 8 ]
강들이 흘러흘러 바다에 도달하면
'강'이라는 이름은 버리고 바다와 하나가 되듯
진리를 알게 된 사람은
'이름'과 '형태'의 구속에서 풀려나
신성한 뿌루샤에 도달하게 되리라.


[ 9 ]
이 세상에서 그 최고의 브라흐만을 알게 되면
그는 브라흐만 그 자체가 되고,
그러한 현인의 가문에는
브라흐만을 알지 못하는 어리석은 자가 태어나지 않는다.
그는 살아 있는 동안
원하는 것을 갖지 못하여 생기는 고통을 겪지 않으며
선과 악을 초월하며
죄악을 건너고
아뜨만과 아뜨만이 아닌 것이 얽힌 마음의 매듭을 풀고
불멸을 얻으리라.


[ 10 ]
리그 베다에서도 말했나니

208

베다에 말한 대로 제례 등을 행하며
스스로 브라흐만에 대한 독실한 믿음이 있고
에까리시 아그니에게 바치는 아그니 제례를 실행한
그러한 사람에게 브라흐만의 진리를 전하라.
그렇지 않은 사람들에겐 전하지 말라.

**역주**

• 이 구절은 브라흐만의 지혜가 세상의 논리로 설명될 수 있는 것이 아니고 객관적인 판단으로 증명하는 지혜가 아니기 때문에, 함부로 아무에게나 전수되어서는 안된다는 것을 말하고 있다. 이처럼 엄격하게 그 전수자를 제한하는 것은 도처에 오해하기 쉬운 요소가 많이 있기 때문이다. 베다에서는 이 지혜를 제대로 이해하지 못할 사람에게 지식을 전수했다가는 죄악을 부르는 결과를 초래한다고 한다.


[ 11 ]
이 불멸의 뿌루샤에 대한 진리를
옛날 '앙기라'라는 한 성자가 전해주었다.
쉬로브라따 의식의 맹세를 지키지 못하는 자는
이 진리를 공부할 수 없도다.
훌륭한 성자들에게 머리 숙이노라.
훌륭한 성자들에게 머리 숙이노라.

**역주**

• 쉬로브라따 의식 : '쉬라'(śira)는 '머리'라는 뜻이며 '브라따'(vrata)는 '맹세'라는 뜻으로, 쉬로브라따는 머리에 아그니를 이는 의식이다. 이 의식은 아그니 신의 상징성을 이해하고 그 아그니를 통해 신의 진리를 따르고자 함을 나타내는 의례이다. 이 우파니샤드의 제목인 '문다까 우파니샤드'의 '문드'(머리를 깎다, 밀다)의 의미를 바로 이 부분에서 찾는 학자들도 있다.

# 평온을 위한 낭독

오움―
신들이여
베다의 제례의식을 행할 때
당신들의 은총으로
우리가 귀로 복된 말들을 듣도록
눈으로 복된 장면을 보도록 해주십시오.
우리가 이 건강한 육체로 찬양하고
신들을 이롭게 하는 일평생을 살도록 해주십시오.

오움―평온, 평온, 평온.

인드라여
우리를 보살피소서.
최고의 지혜를 가진 뿌샤여
우리를 보살피소서.
적을 물리치는 가루다여
모든 신의 스승인 브리하스빠띠여
우리를 보살피소서.

오움―평온, 평온, 평온.

# 6. 만두끼야 우파니샤드

만두끼야 우파니샤드는 아타르바 베다에 속하며, 우파니샤드 중 가장 짧은 열두 개의 만뜨라로 되어 있다. 이 우파니샤드에서는 우리가 인식하기 어려운 브라흐만을 제4의 의식(turīya avāsthā)으로 설명하고 있다.

먼저 명상할 때 사용하는 '오움'의 소리 '아' '우' '머'를 인간의 의식 단계, 즉 '깨어 있는 상태', '꿈꾸는 상태', '꿈 없는 깊은 숙면 상태'로 비유하여 설명하고, '아' '우' '머' 이 세 소리로 이루어진 '오움'의 소리와 그 상징성은 아뜨만의 초월적인 단계, '제4의 의식'으로 비유하여 설명하였다. 만두끼야 우파니샤드는 이러한 단계적 설명을 통해 신비주의적 영역을 대단히 훌륭하게 드러내고 있다.

베단따 불이 일원론(不二一元論, advaita vāda)의 철학자 샹까라의 선대 스승(샹까라의 스승인 고빈다의 스승) 가우다빠다는 그의 가장 중요한 저작이라 꼽히는 '만두끼야 까리까'(만두끼야 우파니샤드 讀本)를 남겼다. 까리까의 양은 짧은 12개의 구절로 된 우파니샤드 본문에 비하면 상당한 분량의 일종의 주석서이며, 주석을 통해 가현설(假現說, vivartavāda)과 환영론(幻影論, māyāvāda)을 펼치는 데 성공했다. 그 심오한 주석은 이 우파니샤드의 위치를 고양시키는 데 큰 공헌을 했다. 만두끼야 우파니샤드의 내용은 사실 이 까리까를 통하여 더 체계화되고 중요한 베단따 교본으로 자리잡았다고 볼 수 있다. 후에 샹까라는 가우다빠다의 주석에 자신의 주석을 덧붙여 그 중요성을 다시 한번 일깨웠으며, 이러한 일련의 작업을 통해서 불이 일원론의 성립에 주역이 되었다.

●역자의 말

## 평온을 위한 낭독

오움―
신들이여
베다의 제례의식을 행할 때
당신들의 은총으로
우리가 귀로 복된 말들을 듣도록
눈으로 복된 장면을 보도록 해주십시오.
우리가 이 건강한 육체로 찬양하고
신들을 이롭게 하는 일평생을 살도록 해주십시오.

오움―평온, 평온, 평온.

인드라여
우리를 보살피소서.
최고의 지혜를 가진 뿌샤여
우리를 보살피소서.
적을 물리치는 가루다여
모든 신의 스승인 브리하스빠띠여
우리를 보살피소서.

오움―평온, 평온, 평온.

214

[ 1 ]
오움―
이 오움이야말로 모든 것
즉 과거에 있었으며, 현재 존재하고,
미래에도 존재할 모든 것이다.
이들 시간 이외의 모든 것
그것들 또한 오움이다.

> 역주

• 과거에 있었으며, 현재 존재하고, 미래에도 존재할 모든 것(bhūtam
bhavad bhaviṣyad iti sarvam) : 모든 것이 오움(브라흐만)인 이 상황에
서 사물의 '이름'이라는 것은 시간조차 초월하지 못하는 일시적이고 제한적
인 표현일 뿐이다. 또한 과거와 현재와 미래는 서로 다른 것이 아니라 '시
간'이라는 이름으로 나누어진 브라흐만이다.

[ 2 ]
이 모든 것은 브라흐만이며
아뜨만이 바로 브라흐만이다.
이 아뜨만의 네 부분이 있으니…….

> 역주

• 네 부분(pāda) : pāda는 '넷의 숫자' 혹은 '사분의 일'을 말한다. '네 부
분'이라는 것은 앞으로 설명하게 될 깨어 있는 상태, 꿈꾸는 상태, 꿈 없는
깊은 숙면 상태, 그리고 제4의 의식 상태를 말하는 것이다. 가우다빠다 아
짜리야는 그의 주석에서, 이것은 '네 개'의 숫자가 아니라 '16개의 단위로
된 것'을 말한다고 한다. 16개의 네 등분은 다시 네 개가 되며 이것은 속세
의 특성인 '다양성'과 다양성이 단계적으로 그 근원 요소들 안으로 흡수되
는 것을 상징한다는 것이다.

[3]

깨어 있는 상태에 머물며
외부세계를 분별하는 자
일곱 부분과 열아홉 개의 입을 가지며
물질세계를 먹고 사는 바이슈바나라가 그 첫부분이다.

**역주**

• 일곱 부분 : 천상(머리), 태양(눈), 바람(숨), 대공(몸통), 물(오줌보),
땅(발), 아하바니야 아그니(입) 등을 말한다.

• 열아홉 개의 입 : 다섯 가지 인식을 얻는 감각(눈, 코, 귀, 입, 피부), 다
섯 가지 감각의 능력(보는 것, 냄새맡는 것, 듣는 것, 맛보는 것, 촉감을
느끼는 것), 다섯 숨(들이쉬는 숨, 내쉬는 숨, 평숨, 브야나 숨, 우다나
숨), 그리고 마음, 지혜, 자각(自覺, ahaṁkāra), 의식(cita)이 열아홉
개의 입이다.

• 바이슈바나라(vaiśvanara) : 세계를 들어 옮기는 이. 아그니 신의 다른
이름 중 하나이다.

• 첫부분(prathamaḥ pādaḥ) : 브라흐만을 이해할 수 있게 하는 첫번째
단계 혹은 브라흐만의 작은 한 부분이라는 의미이다.

[4]

꿈꾸는 상태에 머물며
내적 세계를 분별하는 자
일곱 부분, 열아홉 개의 입을 가지며
덜 물질적인 세밀한 것들을 먹고 사는 따이자사가
그 두번째 부분이다.

**역주**

• 일곱 부분, 열아홉 개의 입 : 위의 구절과 같다.

• 따이자사(taijasa) : '열기, 에너지'란 뜻이며, (불의) 내적인 에너지를
말하는 것이다. 앞에 나온 깨어 있는 상태의 바이슈바나라는 외부 세계를

216

담당하고, 따이자사는 내부 세계(꿈의 세계)를 담당한다고 하여 현실과 꿈
의 세계를 구별하고 있다.

[5]
아무것도 바라지 않으며
아무런 꿈도 꾸지 않는 상태는
바로 아주 깊은 숙면 상태.
그 깊은 숙면 상태에 머물며
희열(ānanda)로 만들어져 있으며
희열만을 먹고 사는 '의식'(意識)이라는 입을 가진 '쁘라쟈'가
그 세번째 부분이다.

**역주**

• 이번에는 깊은 숙면 상태를 들어 세번째 의식이라고 하였다. 이 단계
에서 의식은 외부 상황이나 내부 상황, 그 어떤 대상에 대한 의식도 없다.
그것은 희열로 표현될 수 있는 '평온'의 순간인 것이다. 그러나 이 의식의
단계는 완벽하지도 지속적이지도 못하다. 대개 우리가 경험하는 것은 우리
가 깊은 숙면을 하고 '아, 기분 좋군. 아무것도 모르고 참 잘 잤네.' 하고 말
하는 그 기억하지 못하는 순간, 혹은 명상중에 도달하게 되는 이와 같은 의
식 상태의 길지 않은 '순간'이기 때문이다. 이렇게 아뜨만의 느낌을 순간적
으로 비슷하게 맛만 볼 수 있는 우리는, 영원한 깊은 숙면의 행복한 단계를
소망하게 된다. 그러한 완전하고 지속적인 희열의 단계는 나중에 제4의 의
식 상태(turīya avāsthā)로 표현되어 있다.

• 쁘라쟈(prājña) : 숭고한 지혜 혹은 분별력이라는 뜻이다. 쁘라쟈가 머
무는 상태, 깊은 숙면 상태가 앞의 두 상태와 특히 다른 점은 의식 중에 '잘
못된 인식'은 절대 하지 않으며, 어떠한 욕망도 갖지 않는다는 것이다.

[6]
그(쁘라쟈)는 모두의 주인이며

모든 것을 아는 자
내부의 통치자이며
모두의 근원
모두의 시초이자
모든 생명체들의 종말이다.

역주

• 쁘라쟈는 완성의 제4의 의식 상태는 아니지만 현실 속에서 느끼는 희열 단계의 주인이므로, 주석을 쓴 가우다빠다에 의하면 '이 세 단계 의식을 잘 알고 있는 유일한 자'이다.

[ 7 ]
내저인 것을 구별하는 지혜도 아니고
외부의 물질 세계를 구별하는 지혜도 아니고
그 둘을 구별하는 것도 아니며
의식(意識)의 덩어리도 아니고
의식도 아니고
의식이 아닌 것도 아니며
보이지 않으며
말로 설명할 수도 없으며
잡을 수도 없고
특징지울 수도 없으며
상상해볼 수도 없고
어떤 이름으로 부를 수도 없고
오직 하나의 핵심인 진리이며
세상을 복되게 하는 그 어떤 것이며
둘이 아닌 그 아뜨만을
성인들은 네번째, '뚜리야'라고 말했나니
그가 바로 아뜨만

그가 바로 우리가 진정 알아야 할 존재로다.

역주

• 이제 제4의 의식, 즉 아뜨만을 설명하고 있다. 여기 설명된 아뜨만은
위의 세번째와는 다르다. 외적·내적 세계에 제한되어 있지 않다는 점에서
는 같지만, 뚜리야 아뜨만은 세번째 의식 상태와는 달리 긍정적으로 표현
하기 어려운 존재이다. 그래서 이 의식의 이름은 바이슈바나라, 따이자사,
쁘라쟈처럼 따로 붙이지 못하였으며 그저 제4의 의식이라 하였다. 또한 '…
…도 아니고 ……도 아니고'처럼 부정하는 방법을 통해 말로 표현하기 어려
운 존재를 표현하고자 시도한 것이다.

[8]
바로 그 아뜨만의 글자로서의 모습이 '오움'이다.
아, 우, 머의 세 글자로서 그는 서 있다.
그의 세 부분이 아, 우, 머, 세 글자들이니
아, 우, 머는 그를 이루고 있는 부분들이로다.

역주

• 글자로서의 모습(adhyakṣaram) : 아뜨만이 세상에 여러 모습으로 형상
화하듯, 아뜨만이 문자로 형상화된 모습을 말한다.

[9]
우리의 의식이 깨어 있는 상태에 머무는 그 바이슈바나라는
신들 중에 바쳐진 제물을 가장 먼저 먹고
그것을 다른 신들에게 전하며
이것은 아, 우, 머의 첫 글자 '아'와 같이
맨 처음 나서니
이들은 '처음'이라는 공통점을 가지고 있도다.

[ 10 ]
꿈꾸는 상태에 머무는 따이자사는
바이슈바나라와 쁘라쟈 사이에
그리고 '우'는 '아' 와 '머' 사이에 위치하는 공통점이 있으므로
일치되는 바가 있도다.
이러한 지혜를 아는 사람은
그의 지식이 날로 늘 것이오,
세상사에 구별을 두지 않으며
그 가문에는 브라흐만을 알지 못하는 자가 태어나지 않으리라.


[ 11 ]
깊은 숙면 상태에 머무는 그 쁘라쟈는
오움의 세번째 글자 '머'와 공통점이 있도다.
이 둘은
각기 앞의 두 가지를 서로 잘 모아 어울려 적용시킨다는 점과
다른 것들이 이것에 와서 합쳐진다는 점에서 일치한다.
이것을 아는 사람은 세상을 모아 어울려 적용하게 할 수 있으므로
'참 모습'을 알게 되며 세상의 근원에 와서 합쳐지리라.


[ 12 ]
글자로 온전히 표현될 수 없는 오움은
그 어떤 이름으로도 칭할 수 없는 '제4의 아뜨만'이다.
그는 말로 설명할 수 없고, 세상의 복(福)
그리고 둘이 아닌 오로지 유일한 모습이며
그러므로 오움은 그 자체가 아뜨만이다.
이것을 아는 사람은 그 자신 안의 아뜨만 속으로 들어가
하나가 되어 다시 세상에 태어나지 않으리라.

## 평온을 위한 낭독

오움—
신들이여
베다의 제례의식을 행할 때
당신들의 은총으로
우리가 귀로 복된 말들을 듣도록
눈으로 복된 장면을 보도록 해주십시오.
우리가 이 건강한 육체로 찬양하고
신들을 이롭게 하는 일평생을 살도록 해주십시오.

오움—평온, 평온, 평온.

인드라여
우리를 보살피소서.
최고의 지혜를 가진 뿌샤여
우리를 보살피소서.
적을 물리치는 가루다여
모든 신의 스승인 브리하스빠띠여
우리를 보살피소서.

오움—평온, 평온, 평온.

# 7. 찬도기야 우파니샤드

　찬도기야 우파니샤드는 '찬양의 우파니샤드'라는 뜻으로, 사마 베다 계열에 속하는데, 바가바드 기따에서 비슈누 신의 화신인 끄리슈나가 '나는 베다 중의 사마 베다'라고 하여 베다 중에도 사마 베다가 얼마나 중요한가를 강조한 바 있다. 사실 이 우파니샤드는 우파니샤드 중에 사마 베다라 할 만큼이나 중요한 것이다.

　사마 베다의 본문은 대개 리그 베다에 나오는 만뜨라들을 중심으로 그대로 찬양의 방법으로 기록한 것이므로 리그 베다와 내용상 겹쳐지는 부분이 많지만, 사마 베다의 중요성은 리그 베다와 겹쳐지는 내용에 있다기보다는 만뜨라의 찬양으로서의 기록이라는 점에 있다. 그래서 찬도기야 우파니샤드의 상당 부분은 사마 베다의 핵심이 되는 찬양의 상징적 용어들을 형이상학적 견지에서 풀이하고 있다. 또한 전체 우파니샤드를 대표하는 중요한 내용들이 많이 담겨 있다. 등장 인물 간의 문답식 대화로 된 부분이나 소나 개 등을 이야기 속에 끌어들여 흥미있는 한 편의 설화처럼 구성한 부분들은 독자들이 흥미있게 우파니샤드의 가르침을 이해할 수 있을 것이다.

　모두 8장으로 되어 있고, 각 장은 대개 10개 이상의 '편'(khaṇḍa)

들로 나누어져 있다. 분량상 브리하다란야까 우파니샤드 다음으로
긴 장편이다.

●역자의 말

## 평온을 위한 낭독

오움—
나의 팔, 다리 모든 몸이 건강하고
나의 목소리와 호흡
그리고 눈과 귀
이 모든 감각기관들이 튼튼하기를
이 모든 세상이 우파니샤드가 알려주는
그 브라흐만이니
그런 브라흐만을 내가 무심히 내버려두지 않기를
그리고 브라흐만이 내게 무심하지 않기를
내게 무심하지 않기를
그래서 나를 그대로 내버려두지 않기를
나를 그대로 내버려두지 않기를

그리고 우파니샤드가 말해주는 평화와 자제의 덕목들이
브라흐만 안에 살고자 하는 내게 항상 있기를
그 모든 것들이 내게 임하기를
그 모두가 내게 임하기를
그 덕목들이 항상 내게 임하기를 소망하노라.

오움—평온, 평온, 평온.

# 제1장

## 제1편

[1]

'오움', 이 글자는 제례의식에서 제사장이 높은 소리로 찬양하는 그것이니, 이제 그 '오움'이 무엇인지 설명하리라.

> **역주**
>
> ・오움 : 오움을 소리내는 것은 모든 베다의 만뜨라를 암송하기 전에, 마음을 가다듬고 정신을 집중하게 하는 마음의 준비에 필요한 도구와도 같은 것이다. 코를 통해 진공을 울리는 이 소리는 그 자체가 초월적인 존재와의 교감을 시도하는 통로가 된다는 이유에서, 우주의 소리라고도 한다. 이 우파니샤드는 찬양으로서의 만뜨라를 다루고 있기 때문에, 찬양의 핵심이며 가장 먼저 불리는 '오움'을 풀이하는 것으로 그 운을 떼고 있다.

[2]

땅은 이 모든 세상의 핵심이요, 땅의 핵심은 물, 물의 핵심은 풀, 풀의 핵심은 사람, 사람의 핵심은 말(言), 말의 핵심은 리그 베다, 리그 베다의 핵심은 사마 베다, 사마 베다의 핵심은 찬양의 '오움'이다.

> **역주**
>
> ・생물이나 무생물이 나고 살고 돌아가는 곳이 땅이므로, 땅은 이 모든 세상의 핵심이라고 했다. 또 이 땅을 둘러싸고 있는 것은 물이므로 물이 그 땅의 핵심이라 했다. 땅에 뿌리를 둔 풀이 그 물을 마시고 자라나기 때문에, 물이 풀에 있어서 핵심이다. 그 풀을 먹는 것은 사람이므로 풀이 이루어낸 가장 훌륭한 모습은 사람, 또 모든 생물체 중에 사람은 다른 생물체가 가지지 못한 말(言)을 가졌으므로 사람에게는 말이 가장 중요하고, 그 말에서 나온 가장 훌륭한 것은 리그 베다요, 그 리그 베다가 가장 훌륭

하게 밖으로 드러나는 때는 사마 베다로 (찬양으로) 불리는 때이다. 그리
고 최종적으로 그 사마 베다를 가장 핵심적인 한마디로 말하자면 '오움'이
다. 그러므로 오움은 그 안에 모든 것을 담고 있는 가장 함축적인 진리의
소리이다.

[3]
그 찬양의 '오움'은 모든 핵심들의 가장 훌륭한 핵심이며, 최고 아
뜨만의 상징으로 가장 훌륭하고 가장 고귀하니, 최종적인 여덟번째
핵심이라고 불린다.

> **역주**
> • 여덟번째 핵심 : 바로 앞에서 말한 일곱 가지 핵심(땅, 물, 풀, 사람, 말
> (言), 리그 베다, 사마 베다)의 핵심이므로 여덟번째 핵심이다.

[4]
리그 베다는 무엇이며, 사마 베다는 무엇이며, 베다의 찬양이란
무엇인가. 이제 이런 것들에 대해 생각해보도록 하자.

[5]
말(言)은 리그 베다요, 숨은 사마 베다 그리고 오움은 그 사마 베
다의 가장 핵심적인 찬양이다. 이것은 곧 말과 숨이 각각 리그 베다
와 사마 베다의 근원이라는 말이다. 또한 말은 리그 베다, 숨은 사마
베다라 하였으니, 이들 둘이 한 쌍임을 말하는 것이다.

> **역주**
> • 말은 리그 베다 : 말로 할 수 있는 가장 훌륭한 것은 리그 베다를 낭독하
> 는 것이다. 인간 이외의 그 어떤 생물체도 말로서 리그 베다를 낭독할 수
> 없다. 그러므로 사람에게 '말할 수 있음'은 축복받은 능력이다.
> • 이들 둘이 한 쌍(mithunam)이다 : 말과 숨은 서로 공존해야 밖으로 드러
> 나는 능력이 된다는 면에서 이 둘은 하나의 쌍을 이루고 있음을 알 수 있다.

226

[6]

그 한 쌍은 '오움'이라는 글자에서 합쳐진다. 이 둘이 서로 만나 서로가 원하는 것을 채워준다.

[7]

이와 같은 '오움'이라는 찬양의 글자를 섬기는 자, 그는 제례의 목적을 이루게 하는 자가 된다.

> **역주**
> • 제례(yajña)에서는 제주(祭主, yajñamān)가 사제들을 초청하여 그들에게 각 베다를 담당하는 제례관이 되게 하고, 자신을 대신하여 제례를 주관하게 한다. 그러므로 제례관들이 '오움'의 의미를 알고 그 아는 것을 바탕으로 하여 제례를 치러낼 수 있을 때, 그 제례관의 능력으로 인하여 제례의 목적(祭主의 목적)을 이룰 수 있게 된다는 것이다.

[8]

이 '오움'은 '허락'을 나타내므로, 윗사람이 허락하여 말할 때도 '오움'이라 한다. '오움'의 이와 같음을 알아 그대로 섬기면 '오움'은 틀림없이 그 사람의 섬김대로 이루게 하리라.

[9]

그 '오움'으로 인하여 세 가지 베다가 존재하며, '오움'의 소리로서 아타르바 베다를 담당하는 제례관이 만뜨라를 암송하고, 리그 베다를 담당하는 제례관이 신들을 부르며, 사마 베다를 담당하는 제례관이 찬양을 할 수 있도다.

이 '오움'을 경배하기 위해 베다의 모든 제례 의무가 존재하니, 제사장도 '오움'의 소리를 찬양하여 그의 위대함과 중요성을 숭배한다.

[ 10 ]

'오움'을 아는 자나 알지 못하는 자나 그 '오움'을 통해 의무를 수
행할 것이다. 그러나 지혜와 무지는 각기 다른 결과를 초래하는 법.

지혜와 믿음 그리고 집중으로서 (제례)의무를 행하는 자의 행위
는 그 어떤 다른 사람의 행위보다 월등히 튼튼한 것이니, 이로써 '오
움'을 설명하고자 한다.

## 제2편

[ 1 ]

한번은 조물주 쁘라자빠띠의 두 부류의 아들인 신과 악마들이 서
로 싸우고 있었다. 신들은 이 '오움'의 찬양으로 악마들을 이기리라
생각하였다.

[ 2 ]

먼저 신들은 코에 머무는 후각을 그 '오움'의 찬양으로 경배하였
다. 그러자 곧 악마들은 죄악으로 순수한 후각을 찔러 물들여놓았
다. 그래서 사람들은 후각으로 좋은 냄새와 나쁜 냄새를 모두 맡게
되었다. 후각이 죄로 물든 까닭이었다.

[ 3 ]

다음에 신들은 목소리를 '찬양'(우드기타)으로 경배하였다. 그러
자 악마들이 목소리도 죄악으로 찔러 마찬가지로 죄로 물들였다. 그
리하여 사람들은 목소리를 통해 참과 참이 아닌 것, 두 가지를 모두
말하게 되었으니, 그 목소리도 죄로 물들었기 때문이다.

228

역주

• 우드기타(udgīthā) : 제례에서 신에 대한 찬양에 사용되는 사마 베다의 만뜨라.

[4]

그 다음 신들은 시각을 찬양(우드기타)으로 경배하였다. 그러나 악마들은 시각도 죄악으로 찔러 마찬가지로 죄로 물들였다. 그리하여 사람들은 눈으로 볼 것도 보지 말아야 할 것도 모두 보게 되었으니, 이 또한 그 눈이 죄로 물들었기 때문이다.

[5]

그래서 이번에는 신들이 찬양(우드기타)으로 청각을 경배했다. 마찬가지로 악마들이 청각을 죄악으로 찔러 죄로 물들였다. 그리하여 사람들은 들을 것과 듣지 말아야 할 모두를 듣게 되었다. 이 또한 그 청각이 죄로 물들었기 때문이다.

[6]

그 다음에 신들이 마음을 찬양(우드기타)으로 경배하였다. 그러나 그 마음도 악마들이 죄악으로 찔러서 물들여놓았다. 그리하여 사람들은 상상할 것과 상상하지 말아야 할 것, 이 둘을 다 마음속에 떠올리게 되었다. 마음도 죄에 물들었기 때문이다.

[7]

이제 신들은 입 안에 있는 생명인 숨을 최고의 찬양(우드기타)으로 경배하였다. 그러자 이번엔 악마들이 숨을 찌르려고 그 가까이 가자마자 악마들 자신들이 녹아버렸다. 마치 흙 덩어리가 단단한 돌 덩어리에 부딪혀 부서지는 것과 같았다.

[8]

마치 흙 덩어리가 단단한 돌 덩어리에 와서 부딪히자마자 부서져 버리듯, 이러한 진리를 아는 현명한 사람을 죄악으로 해하려 하는 자도 그처럼 파멸할 것이다. 진리의 사람은 이 숨처럼 단단하기 때문이다.

[9]

이 '숨'은 좋은 냄새인지 나쁜 냄새인지 알지 않는다. 숨은 죄악에 물들지 않았기 때문이다. 숨은 먹는 것, 마시는 것에서 받은 모든 영양분을 후각이나 시각, 청각 등 감각기관들에게 나누어준다. 사람이 죽으면 숨이 더 이상 있지 않으니 감각기관들도 그 몸을 빠져나간다. (마지막 순간에 숨이 몸에서 빠져나갈 때) 입을 벌리는 것은 이 때문이다.

역주

• 숨은 먹는 것, 마시는 것에서 받은 모든 영양분을 후각이나 시각, 청각 등 감각기관들에게 나누어준다 : 숨이 없으면 먹거나 마시지 못하므로, 몸 안의 모든 감각들이 지탱할 힘을 얻을 수 없다. 숨이 없는 사람, 즉 죽은 사람이 배고픔이나 목마름을 비롯한 어떠한 감각도 느끼지 못하는 것은 이러한 이유 때문이라는 것이다.

[10]

성자 '앙기라사'가 이 '숨'을 찬양(우드기타)으로 경배했다. '앙기라사'를 숨이라고 부르니, '숨'은 말 그대로 모든 (육신의) 부분들 중에 핵심이기 때문이다.

역주

• '숨'은 말 그대로 모든 (육신의) 부분들 중에 핵심 : 성자 앙기라사(aṅgīrasa)의 이름 자체가 '부분이 모여 이룬 전체의 핵심, 정수'라는 뜻이다.

[11]

브리하스빠띠(말(言)의 신)도 숨을 찬양(우드기타)으로 생각하고
경배하였다. 그러므로 사람들이 브리하스빠띠를 '숨'이라고 부른다.
브리하띠는 '말', 그리고 빠띠는 그의 주인이란 뜻이기 때문이다.

**역주**

• 브리하스빠띠를 '숨'이라고 부르니 : 말(言)의 주인은 곧 숨이므로 말의 신
인 브리하스빠띠도 숨과 통하는 것으로 간주된다. 위의 앙기라사와 같이
숨과 연관있는 이름으로 숨의 특징을 설명하고 있다.

• 브리하띠는 말 : 계속해서 숨과 연관있는 이름들로서 숨의 특징들을 나
타내고 있다. 브리하띠는 일차적인 의미에서는 '길다'는 뜻이지만 여기에서
는 말의 영구성을 연결지어 브리하띠와 말은 서로 통함을 말하고 있다.

[12]

또한 아야스라는 성자도 숨을 찬양(우드기타)으로 경배하였다.
그러므로 사람들이 숨을 '아야스야'(입에서 나오는 것)라고도 부르
니, 숨은 '아스야'(입)로 나오는 것이기 때문이다.

[13]

달바의 아들 바끄도 이처럼 숨을 알게 되었다. 이것을 앎으로써
그는 나이미샤 숲에서 제사의식을 행하는 자들의 제례관이 되었다.

**역주**

• 달바의 아들인 바끄의 이야기는 대 서사시 마하바라따에 나오는데 그
는 여러 명의 성자들 가운데 제례에서 가장 중요한 찬양의 제례관 역할을
한다.

[14]

이와 같음을 알고 최고의 찬양(우드기타)인 '오움'을 숭배하는 자
가 제례에서 제례의 목적을 위하여 찬양하는 제례관이 될 수 있도

다. 이것은 매우 초월적인 지혜이기 때문이다.


## 제3편

[ 1 ]

이제 신들과 연관된 힘에 관하여 설하노니, 저 열기를 내뿜는 태양을 사마 베다의 태양으로 숭배하라. 태양은 떠올라 우리의 음식이 자라도록 찬양하며, 또한 어둠과 (어둠으로 인한) 두려움을 물리친다. 이 모든 것을 아는 사람은 (죽음 등의) 두려움 그리고 그의 원인인 무지를 물리치리라.

역주

• 신들과 연관된 힘(adidevīka) : 직역은 '신과 연관되는 것'인데 그 내용은 태양 등 자연의 힘이다. 흔히 신은 내용을 보면 자연력의 상징으로 의인화된 존재들을 의미한다. 우파니샤드에서는 세상을 세 부분으로 나누어 보고 있다. 그것은 '물리적인 부분'(ādhibhautika), '자연력의 부분'(ādhidaivika) 그리고 '초월적인 부분'(ādhyātmika)이다.


[ 2 ]

사실, '이것'과 '저것'은 같은 것이니, 이것도 뜨겁고 저것도 뜨겁기 때문이다. 사람들도 이것이 움직인다고 말하고 저것도 움직여 돌아온다고 말한다. 이 둘은 그 자리하고 있는 위치가 다를 뿐 근본적으로 같은 것이다. 그러하니 이것과 저것 모두 우드기타로서 숭배하라.

역주

• '이것'과 '저것' : 숨과 태양. 숨은 우리에게 있는 가까운 것이므로 '이것'이라고 하고 태양은 저 하늘에 보이므로 '저것'이라고 하였다.
• 사람들도 이것이 움직인다고 말하고 저것도 움직여 돌아온다고 말한다 : '이

232

것'은 호흡으로, 호흡은 사람이 살아 있는 동안 계속 진행하고, '저것' 태양도 계속 진행하는 것이다. 그러나 이 둘에는 차이점이 있다. 숨은 생명이 끝났을 때 다시 그 육신으로 돌아오지 않는다. 그러나 '저것' 태양은 떠서 하루 해를 진행하고 그러다가 져도 다시 떠서 진행하는 끊임없이 '움직여 돌아오는 것'이다.

[ 3 ]

숨 중에 '브야나'를 가장 훌륭한 사마 베다의 찬양(우드기타)으로 경배하라. 사람이 숨을 코와 입을 통해 밖으로 보내는 것은 '내쉬는 숨'이라 하고, 코와 입을 통해 안으로 들이쉬는 것을 '들이쉬는 숨'이라고 하며, 이 두 호흡이 만나는 것은 '브야나'라고 하는데, 브야나는 곧 목소리이다. 사람이 말을 할 때에는 호흡을 하지 않는 순간이기 때문이다.

[ 4 ]

소리 중에 가장 성스러운 것은 '리끄', 곧 리그 베다의 구절이다. 들이쉬는 숨과 내쉬는 숨을 쉬지 않으면서 읊는 (가장 훌륭한) 것은 리그 베다의 구절이다. 리끄는 또한 사마 베다의 내용이니, 사람은 들이쉬는 숨과 내쉬는 숨을 쉬지 않으면서 브야나 숨으로, 사마의 찬양을 한다. 그 사마란, 곧 가장 훌륭한 '오움'이라는 찬양의 소리이니, 그러므로 찬양은 이 브야나 숨으로 하는 것이다.

**역주**

• 리그 베다의 구절과 사마 베다의 내용, 그리고 '오움' 이들은 모두 같은 것을 말한다.

[ 5 ]

이 외에도 힘이 필요한 움직임, 즉 마찰에서 일어나는 아그니(불)의 발화(發火), 달리기, 팽팽한 활을 쏘는 것, 이러한 모든 움직임들이 들이쉬는 숨과 내쉬는 숨을 쉬지 않는 브야나 숨으로 이루어지니 그러한 브야나 숨을 가장 훌륭한 찬양(우드기타)으로 숭배하라.

[ 6 ]

찬양(우드기타)의 글자의 의미를 알고 '우드기타'의 그 글자 하나하나를 경배해야 할지니. '우드'는 호흡이다. 모든 사람들이 이 호흡으로 일어선다(살고 있다). '기'는 '말'(言)이다. 현자들은 말을 일컬어 '기르'(말씀)라고 한다. '타'는 음식이다. 음식에 이 모든 것이 머물고 있다.

**역주**

• 우드기타 : 제례에서 찬양에 사용하는 사마 베다의 만뜨라를 우드기타(udgītha)라 하고, 이 찬양을 담당하는 제례관을 '우드가따'(udgātā)라고 한다.

• 머물기 때문이다 : 만물은 음식을 먹고 생명을 유지하고 자라난다. 이것을 음식에 머문다고 표현한 것이다. '머물다'는 'tiṣṭhati'(띠슈따띠)로 중간 소리가 '타'와 같다.

[ 7 ]

높은 곳에 있으므로 천상은 '우뜨'이며, 대공(大空)은 모두를 포용하므로 '기' 그리고 땅은 모두의 머무는 곳이 되므로 '타'. 이런 식으로 태양은 우뜨, 바람은 '기', 그리고 아그니는 '타'이다. 사마 베다는 '우뜨', 야쥬르 베다가 '기', (사마 베다가 그 근본을 리그 베다에 두고 있으므로) 리그 베다가 '타'이다. 이 글자들의 의미를 잘 알고 경배하는 사람들에게 우유가 주어질 것이니, 그 우유는 그 안에 '소리'(오움)를 담고 있는 것이다. 그는 만물에 힘을 주는 음식을 많이 얻으며, 그 음식을 먹는 주인이 될 것이다.

234

• 우뜨(ut) : '높다' '일어나다' 등의 의미를 가지고 있다. 천상은 높이 있으므로, 그리고 호흡이 일어남으로써 모든 감각이 일어나 활동할 수 있으므로 이런 것들을 우뜨에 연관지었다. 앞에 나온 '우드'와 같은 뜻이다.

• 기(gī) : '삼키다' '받아들이다'의 의미를 가진 어근이다. 대기공간 중에는 모든 것이 포함된다.

• 우유가 주어질 것이니 : 우유는 풍요와 건강의 상징이다.

[ 8 ]

(제례로써 목적하는) 기원의 성취를 이루기 위해서는, 그것을 위해 그가 찬양으로 읊고자 하는 바로 그 찬양을 좋아 거기에 집중해야 한다.

[ 9 ]

또 지금 찬양하려고 하는 그 만뜨라가 바탕을 두고 있는 리그 베다의 신과 성자에 깊이 집중하라.

• 만뜨라가 바탕을 두고 있는 리그 베다의 신과 성자 : 베다에는 각기 다른, 자연의 힘을 의인화한 신에 대한 구절들이 있는데, 그 구절들은 인간이 지은 것이 아니며 천지창조 이전에 이미 무형의 베다가 존재했다는 전통적인 믿음이 있다. 그러므로 베다는 워낙에 존재한 베다 구절을 초월적인 눈으로 '볼 수 있었던' 리시(성자)들이 옮겨 적은 것으로 알려진다. 이 리시들의 이름이 각 구절마다 명기되어 있다.

[ 10 ]

또한 그 만뜨라가 지어져 있는 형식으로 된 찬양들로 찬양하라.

[11]
그 만뜨라가 향하는 방향을 좇아 그 방향에 깊이 집중하라.

[12]
마지막으로, 찬양하는 자는 자신의 기원(祈願)을 주의깊게 되뇌
이되, 절대 자만하지 말라. 이대로 하면 그가 어떤 소원을 갈구하든
그 소원을 크게 이루리라. 그가 어떤 소원을 갈구하든.


## 제4편

[1]
'오움', 이 글자야말로 우드기타, 사마 베다의 찬양이니 이것을 경
배해야 한다. 제례관도 '오움'이라고 발음하여 찬양하는 그것이니,
그 '오움'에 대해 설명하리라.

[2]
한번은 죽음을 두려워한 신들이 세 베다 안으로 들어가 신성한 베
다의 구절들로 스스로를 덮음으로써, 죽음의 두려움에서 스스로를
구하였다. 그러므로 사마 베다의 구절들을 감싸는 보호막(chanda)
이라고 한다.

역주
• 찬다(chanda) : 일차적인 의미는 '찬양'이지만 동음이의로서 다른 의미
는 '덮는 것'이다.

[3]
그런데 죽음은 리그 베다, 사마 베다, 야쥬르 베다 안에 열중해

있는 신들을 마치 물 속에서 물고기가 노는 모습을 보듯 지켜보았
다. 이것을 알고 신들은 리그 베다, 사마 베다, 야쥬르 베다 각 베다
중에서도 '오움'의 모음 소리 속으로 들어가버렸다.

[ 4 ]

리그 베다의 구절을 알고 나면 경건한 마음으로 '오움'이라고 발음
하고 사마 베다와 야쥬르 베다의 구절들도 깨닫게 된다. 그 영원하
며, 두려움 없고, 파멸하지 않는 오움, 그것은 베다의 소리이며, 그
자체가 불멸이며, 두려움 없는 모습이니, 그 속에 들어가 신들은 불
멸의 존재, 그리고 아무런 두려움 없는 존재가 되었다.

[ 5 ]

이 글자(오움)에 대해 이와 같음을 아는 자, 그 글자를 경배하는
자는 '오움'의 소리 안으로 들어가리오, 그 안으로 들어가 불멸의 신
과 같이 불멸하게 되리라.


제5편

[ 1 ]

우드기타는 곧 '오움'이다. 또 그 '오움'은 다름아닌 우드기타이다.
또한 태양이 곧 우드기타요, 이것이 곧 '오움'이다. 태양도 '오움'의
소리와 함께 움직이므로.

[ 2 ]

"나는 태양과 그 햇살들을 하나로 찬양하였다. 그리하여 단 한 명
의 아들 너를 얻었느니라" 하고
성자 까우시따끼도 아들에게 말했다.

"그러므로 너는 햇살들에 대해 계속 명상하거라. 그로써 너는 많은 아들을 얻을 것이다. 이것은 자연력의 원리이니."

[ 3 ]
이제 초월적 힘에 대해 이야기하거늘, 입에 든 숨을 사마의 찬양으로서 경배하라. 이 숨으로써 '오움'의 찬양을 할 수 있으니.

[ 4 ]
"나는 하나의 숨만을 찬양하였다. 그리하여 단 한 명의 아들 너를 얻었느니라."
하고 까우시따끼도 아들에게 말했다.
"그러므로 너는 많은 아들들을 생각하면서 편재하고 있는 여러 형태의 숨들에 대해 명상하여라."

[ 5 ]
우드기타가 곧 '오움'이요, '오움'이 곧 우드기타이니 이것을 알면, 제사장이 제례 때 잘못 발음하여 찬양한 것도 모두 아무런 흠이 없는 것으로 모아지리라.


제6편

[ 1 ]
이 대지가 곧 리그 베다의 구절이며 아그니(불)는 사마 베다이다. 이 (아그니라고 하는) 사마는 (대지인) 리그 베다 구절에 근거한다. 그러므로 이 대지가 곧 '사' 그리고 아그니는 '마', 이 둘이 합해져야 '사마', 사마 베다의 찬양이 된다.

238

역주

• 제화(祭火)를 피울 때 그 제화의 기반이 되는 것은 땅이다. 이 땅과 제화가 따로 있는 것이 제화를 피울 때 아무런 문제가 되지 않음에 비유하여 리그 베다와 사마 베다가 그러한 관계임을 말하고 있다. 다음 구절들도 마찬가지로 이 두 베다의 관계를 다양한 자연의 모습에 비유하여 설명하고 있다.

[2]

하늘과 땅 사이의 이 공간이 리그 베다의 구절이요, 바람은 사마 베다이니, 이 바람이라고 하는 사마는 하늘과 땅 사이의 공간인 리그 베다 구절에 근거한다. 그러므로 사마는 리그 베다인 대공(大空)에 근거하여 불린다. 하늘과 땅 사이의 공간이 '사', 바람은 '마', 이 둘이 합해져야 '사마'가 된다.

[3]

천상(天上)이 리그 베다의 구절이요, 태양이 사마이니, 그 태양이라고 하는 사마는 이 천상이라고 하는 리그 베다의 구절에 근거한다. 이와 같이 리그 베다에 근거한 사마의 찬양이 울려퍼지니, 천상이 '사', 태양은 '마'로, 이 둘이 합해져야 '사마'가 된다.

[4]

별들은 리그 베다의 구절이요, 달은 사마이니, 그 사마는 구절, 즉 별들에 근거하고 있는 것이다. 이와 같이 리그 베다에 근거한 사마가 울려퍼지니, 별들은 '사'요, 달은 '마'로서 이 둘이 합해져야 사마가 되는 것이다.

[5]

또한 태양의 흰빛은 리그 베다의 구절이요, 태양의 검푸른빛은

'사마'이다. 그 검푸른빛 사마는 이 흰빛에 근거한다. 그러므로 사마
는 리그 베다 구절에 근거하여 불리는 것이다 .

[6]
이렇게 태양의 흰빛은 '사' 그리고 검푸른빛은 '마'이다. 이 둘이
합해져야 '사마'가 되는데, 사마인 태양의 가운데에는 금과 같은 빛
의 수염을 가지고 금빛의 머리카락을 가진, 그리고 손톱까지 모든
것이 금빛으로 빛나는 뿌루샤가 보인다.

[7]
원숭이 엉덩이처럼 붉은색의 연꽃과 같이, 그의 눈은 총명하게 빛
나며, 태양의 가운데 머무는 그 뿌루샤의 또 다른 이름은 '우뜨'로서
그가 모든 죄들 위에 있기 때문이다. 이 모든 것을 아는 사람은 모든
죄에서 위로 뛰어오를 수 있다.

역주
• 뛰어오를 수 있다 : 어근 '우뜨'는 '위'(uditaḥ), '오르다'(udeti)의 의미
가 있으므로 이러한 의미들에 연관지어서 설명하고 있다.

[8]
리그 베다의 구절들과 사마는 항상 함께 있는 찬양하는 주체요,
그들이 찬양하는 신은 우드기타이다. 우드기타를 노래하는 자를 '우
드가따'라고 하니 그 '우뜨'의 노래를 하는 사람이라는 말이다. 그는
'우뜨'와 이 세상보다 높이 있는 세계들, 신들의 소원들, 이 모든 것
들의 주인이다. 이상 신성(神性)이 깃든 자연력의 찬양에 관하여 말
하였다.

## 제7편

### [1]

이제 '초월적인 우드기타의 경배'에 대해 말하노라.

목소리는 리그 베다요, 호흡은 사마이다. 이 목소리라는 리그 베다의 구절에 호흡이라는 사마가 의지하니, 사마는 리그 베다에 의지하여 찬양되는 것이다. 목소리는 '사', 호흡은 '마'로서 이 둘이 합해져서 사마가 된다.

### [2]

눈은 리그 베다의 구절이요, 육체에 머무는 아뜨만은 사마이다. 이렇게 리그 베다의 구절에 사마가 의지하니, 사마는 리그 베다에 의지하여 찬양되는 것이다. 눈은 '사', 육체에 머무는 아뜨만은 '마'로 이 둘이 합해져서 '사마'가 된다.

### [3]

귀는 리그 베다의 구절이요, 마음은 사마이다. 이 귀라고 하는 리그 베다의 구절에 마음이라는 사마가 의지한다. 그러므로 리그 베다의 구절에 마음이라는 사마가 의지한다. 그러므로 사마는 리그 베다에 의지하여 찬양되는 것이다. 귀는 '사', 마음은 '마'로 이 둘이 합해져서 '사마'가 된다.

### [4]

두 눈의 흰빛(흰자위)은 리그 베다의 구절이요, 검푸른빛(눈동자)은 사마이다. 이 리그 베다의 구절에 '사마'가 의지한다. 사마는 리그 베다에 의지하여 불리니 눈의 흰빛은 '사', 검푸른빛은 '마'로 이 둘이 합해져서 '사마'가 된다.

[ 5 ]

눈동자 가운데 보이는 뿌루샤가 리그 베다의 구절이요, 사마요, 찬양이요, 야쥬이며, 브라흐만이다. 태양의 가운데 있는 뿌루샤의 모습과 눈동자 가운데 있는 뿌루샤는 같고, 그 두 뿌루샤의 찬양이 같고, 이름도 같다.

역주

• 눈동자 가운데 있는 뿌루샤 : 뿌루샤는 '그 몸에 누운 자'라는 뜻이며, 이 말은 아뜨만을 지칭할 때도 쓰고, '사람'을 지칭할 때도 쓴다. 사람의 눈동자를 들여다보면 나의 모습이 비쳐져 나는 그 눈동자 안에 들은 사람이 된다.

• '야쥬'요 : '야쥬'는 야쥬르 베다의 구절을 말하며, 야쥬르 베다가 궁극적으로 목적하는 바도 뿌루샤, 즉 아뜨만이라는 의미이다.

[ 6 ]

눈동자 가운데 있는 이 뿌루샤는 이 세상보다 낮은 곳에 있는 세상들과 인간들과 관계된 모든 것을 통치한다. 그러므로 비나의 연주에 노래하는 사람들은 그 주인된 신을 노래한다. 그리하여 그들은 부(富)를 얻게 된다.

역주

• 비나(vīnā) : 인도의 전통적인 악기로, 신들이 사는 천상에는 '나라다'라는 이름의 성자가 있어, 그가 이 비나를 기막히게 연주하는 것으로 유명하다. 여기에서 비나는 정성을 다하는 아름다운 소리를 상징한다.

[ 7 ]

이 둘(눈동자 속의 뿌루샤와 태양 한가운데 있는 뿌루샤)의 하나됨을 알고 사마로써 찬양하는 현명한 사람은 이 둘을 찬양하는 셈이며, 태양을 통해, 그 아래 세계를 통해, 신의 세계를 통해 소원을 이루게 되리라.

[ 8 ]

눈동자 가운데 있는 뿌루샤를 통해서만이 세상보다 아래에 있는 세상들 그리고 인간들의 소원을 이룰 수 있다. 그러므로 이러한 것들을 잘 알고 찬양하는 우드가따(찬양을 담당하는 제례관)는 제주(祭主)에게 이렇게 말한다.

[ 9 ]

내 그대를 위해 어떤 소원을 비는 노래를 하리이까. 이 지혜를 아는 자만이 원하는 소원들을 위해 찬양을 할 수 있으니, 그대는 오로지 이것을 아는 자에게만 사마의 찬양을 하도록 하시오.

제8편

[ 1 ]

샬라와따의 아들 쉴라까, 찌끼따야나의 아들 달브야 그리고 지왈라의 아들 쁘라와하나, 이 세 명은 우드기타(사마 베다의 찬양)에 관해 통달해 있었다고 한다. 그들이 서로 이야기하기를,
"우리는 모두 우드기타에 관한 지식에 통달하니, 모두가 동의한다면 우드기타에 관해 서로 이야기해보도록 하세."

[ 2 ]

그래서 모두 "좋지" 하고 앉으니, 지왈라의 아들 쁘라와하나가 두 친구들에게 말하기를 "그대들은 사제이니 먼저 이야기해보시라. 나는 그대들의 이야기를 듣고 있겠네."

[ 3 ]

샬라와따의 아들 쉴라까가 찌끼따야나의 아들 달브야에게 말하기

를 "자네가 괜찮다면 몇 가지 질문을 해도 괜찮겠나?"

달브야는 "묻게나" 하고 대답하였다.

[4]

"사마의 근원은 무엇이라고 생각하나?"

"소리가 그 근원이지."

"그 소리의 근원은 무엇인가?"

"숨이지. 목소리는 숨을 통해 밖으로 나오니까."

"그 숨의 근원은 무엇인가?"

"음식이지."

"그럼 그 음식의 근원은 무엇인가?"

"물이지."

[5]

"물의 근원은 무엇인가?"

"세상이지. 이 세상 안에서 비가 오니까."

"그 세상의 근원은 무엇인가."

"천상(天上)을 넘보는 일을 해서는 안된다네. 사마가 천상으로 찬양되므로 우리는 사마를 천상에 세우는 것이네."

[6]

찌끼따야나의 아들 달브야에게 샬라와따의 아들 쉴라까가 말하기를 "달브야여! 자네의 사마에 대한 지식이 그리 허술하니, 만일 누가 와서 '사마 베다를 알지 못하는 자 머리가 땅에 떨어질지어다' 하고 저주를 내린다면 당장 그대 머리가 땅에 떨어질 지경일세."

[7]

그 말을 듣고 달브야가 말하기를, "그렇다면 그대에게 배우기를 청하네" 하니, 쉴라까는 "좋지, 잘 알아두게" 하였다.

달브야가 묻기를 "그럼 세상의 근원은 무엇인가."

"눈에 보이는 세상이지."

"이 세상의 근원은 무엇인가?"

"모든 생물의 조물주, 직접 눈에 보이는 이 땅의 세상을 절대 넘봐선 안된다네. 우리는 이 모든 것이 생겨난 이 세상에, 사마가 땅 위 우리에게 있음을 찬양해야 하네."

[8]

샬라와따의 아들 쉴라까에게 지왈라의 아들 쁘라와하나가 말하기를 "쉴라까여! 그대의 사마는 분명 완전하지 못하네. 그러므로 누가 와서 저주를 내린다면 그대의 머리가 제일 먼저 떨어질 것이네." 쉴라까가 이 말을 듣고 말하기를,

"그렇다면 나는 그대에게서 한 수 배우기를 청하네" 하였다.

쁘라와하나는 "잘 알아두게" 하면서 답변을 하기 시작하였다.

제9편

[1]

이 세상의 근본에 대해 쁘라와하나가 말했다.

"그것은 대공(大空)이네. 모든 것은 이 대공 안에서 생겨나고 그들이 죽으면 다시 이 대공으로 돌아가지 않는가. 이 대공보다 더 큰 것은 없다네. 그러니 대공이야말로 그 근본이라네.

[2]

이 우드기타는 가장 훌륭한 것일세. 또 그것은 끝이 없는 것이네. 이 모든 것을 알고, 그 최고 아뜨만을 영원한 우드기타로 경배하는

현자들의 삶은 훌륭한 것이 될 것이며, 그들은 브라흐만의 하늘까지 닿는 각각의 모든 세상을 얻을 것이네."

[ 3 ]

(우드기타를 알게 된) 쇼나까가 그 우드기타를 샨딜리야에게 설명하기를, "자네의 자손들이 이 우드기타로 경배하는 한 이 세상에서 그들의 삶은 갈수록 훨씬 훌륭한 것이 될 것일세.

[ 4 ]

그리고 저 세상에서도 그들은 가장 훌륭한 세상에 있게 될 것이네. 이 모든 것을 알고 경배하는 자의 삶은 틀림없이 이 세상에서 가장 훌륭한 것이며, 저승에서도 가장 훌륭한 세상에 살 것이네. 이렇게 점차 더욱 훌륭한 세상을 얻게 된다네."

## 제10편

[ 1 ]

모진 비바람에 많은 음식을 잃은 꾸루 국(國)의 코끼리 사육사가 사는 어떤 마을에, 가난한 브라만 우샤스띠 짜끄라야나가 아직 어린 티를 못 벗은 어린 아내와 함께 어렵게 살았다.

[ 2 ]

코끼리 사육사가 콩으로 식사를 하고 있을 때였는데 우샤스띠가 그에게 먹을 것을 좀 달라고 청했다. 그 코끼리의 주인이 말하기를, "지금 내가 먹는 콩말고는 더 이상 갖고 있는 것이 없습니다만, 그나마 있던 걸 모두 털어 그릇에 담아 먹고 있습니다" 하였다.

[ 3 ]

우샤스띠가 말했다.

"그럼 그 먹던 것이라도 좀 주시오."

그 코끼리 사육사는 콩을 주면서,

"이 물도 좀 마시지요" 하였다.

그랬더니 우샤스띠는,

"이 물을 마시는 것은 (다른 사람이 마시던 ) 불결한 물을 마시는 셈이 되니, 마시지 않겠소" 하는 것이었다.


[ 4 ]

코끼리 사육사가 말하였다.

"아니 지금 사제께서 드시는 콩도 제가 먹던 것인데, 그게 무슨 말씀입니까?"

우샤스띠는

"여보시오, 이 콩은 지금 내가 먹지 않으면 굶어죽을 테니 먹어야 할 것이지만, 물은 나의 의지에 따른 것이란 말이오."


[ 5 ]

우샤스띠는 그 콩을 먹고 남은 것을 아내에게 주려고 집에 가져갔는데, 아내는 남편이 오기 전에 먹을 것을 얻은지라 그가 가져온 콩은 그대로 집에 놔두었다.


[ 6 ]

우샤스띠는 다음날 아침 일찍 잠을 깨자마자 아내에게 말하였다. "이렇게 굶주려서야……. 먹을 것 좀 얻을 수 있다면, 그나마 먹고 일해 돈을 벌 수 있을 텐데 말이오. 왕이 제례를 치를 때 나와 같은 사제를 택해 제례관의 일을 맡길 수도 있을 것 아니오."

[ 7 ]

아내가 말하였다. "여보! 당신이 주셨던 콩이 아직 그대로 있어
요. 그걸 드세요." 우샤스띠가 그걸 먹고 왕의 제사장에 갔다.

[ 8 ]

제사장에 가서 제사의식의 찬송을 담당하는 제사장들 앞으로 가
앉으며 우샤스띠는 말했다.

[ 9 ]

"쁘라스또따여, 지금 그대가 찬송하려고 하는 그 신들에 대해 알
지 못하고 건성으로 찬양을 한다면, 당장 그대의 목이 떨어질 테니
조심하시오."

**역주**

• 사마 베다의 찬양을 담당하는 제례관 우드가따는 최대 세 명, 즉 쁘라
스또따, 우드가따(수브라마니), 쁘라띠하르따로 구분되어 있다. 이중 제일
먼저 쁘라스또따가 신에 대한 직접적인 찬양 이전에 서문을 여는 역할을
하며, 우드가따는 찬양의 본문인 신에 대한 찬양을, 그리고 마지막으로 쁘
라띠하르따가 찬양을 마무리하여 신을 기쁘게 하고 제례의 목적인 기원의
성취 쪽으로 향하게 한다.

[ 10 ]

그는 우드가따에게도 말했다.
"우드가따여, 그대가 바치는 찬양의 주인, 그 신을 알지 못하고 건
성으로 찬양한다면, 당장 그대의 목이 떨어질 것이오."

[ 11 ]

또 쁘라띠하르따에게도 말했다.
"쁘라띠하르따여, 그대가 바치는 찬양의 주인, 그 신을 알지 못하

고 건성으로 찬양한다면 당장 그대의 목이 떨어질 것이오."

그러자 모두들 정말 목이 떨어질까 하는 두려움에 입을 다물었다.

## 제11편

[1]

왕이 우샤스띠에게 "누구신지 알고 싶습니다만" 하자,

우샤스띠가 대답했다. "나는 성자 짜끄라의 아들 우샤스띠라고 하오."

[2]

그러자 왕은

"제가 이 제례의 수행을 위해 사제님 같은 사람을 찾았습니다만 찾을 수 없어 다른 사람들만 모셔왔습니다.

[3]

지금이라도 이 모든 제례를 수행하실 수 있는 그대가 계시니 다행입니다."

왕의 말을 듣고 우샤스띠가 말했다.

"좋소" 그리고 덧붙여 얘기하기를

"여기 있는 다른 제례관들도 모두 나의 말을 따라 제례를 수행하시길 바라오. 그리고 왕께서는 이들에게 각기 그 대가를 주고, 그들에게 주는 만큼 내게도 대가를 주시오."

왕은 "그렇게 하겠습니다" 하였다.

역주

• 제례 후 그 제례를 실제 올리고자 뜻한 사람, 제주(祭主)는 제례가 끝

나면 제례관 등 브라만들에게 감사의 뜻으로 보답을 하는 것이 관례이다.

[4]
우샤스띠에게 쁘라스또따가 겸손하게 가서 묻기를
"그 신을 알지 못하고 찬양하는 자는 그 목이 떨어질 것이라고 말씀하셨는데 그 신은 누구입니까?"

[5]
"그 신은 '숨'을 말하는 것이오. 왜냐하면 세상의 모든 생명체는 최종 순간에 숨 속으로 잠적하고 다시 숨에서 탄생하기 때문이지요. 그러므로 이 숨이, 그대의 신을 부르는 찬양의 대상이 되는 신이지요. 만일 그대가 그를 알지 못하고 찬양을 하면 내가 단언하건대 정녕 목이 떨어질 것이오."

[6]
다음에는 우드가따가 우샤스띠에게 가서 물었다.
"그 신을 알지 못하고 찬양하면 당장 목이 떨어질 것이라고 하셨는데 그 신은 누구입니까?"

[7]
우샤스띠는 대답했다.
"그 신이란 태양을 말하는 것이오. 왜냐하면 이 모든 생명체가 저 위에 빛나는 태양을 찬양하기 때문이오. 그 태양이 그대가 찬양하는 신이오. 만일 그를 알지 못하고 찬양한다면 내가 단언하건대 정녕 그대의 목이 떨어지고 말 것이오."

역주
• 태양 아디띠야는 위에 떠 있는 모습으로 찬양되므로, 우드가따가 찬양

250

하는 신은 마치 태양과 같다. 또 우드가따의 '우드'와 태양의 '위'(우뜨)에 뜬 모습이 글자로 통하므로 이런 비유를 한 것이다.

[8]
이제 쁘라띠하르따가 우샤스띠에게 가서 물었다.
"그 신을 알지 못하고 찬양하면 목이 떨어질 것이라 말씀하셨는데, 그 신은 누구입니까?"

[9]
우샤스띠가 대답했다.
"그 신이란 음식을 말하는 것이오. 왜냐하면 모든 생명체는 음식을 모아 먹음으로써 몸을 유지하며 살고 있기 때문이오. 이 음식이라는 신이 그대가 찬양하는 신이오. 만일 그 신을 알지 못하고 찬양한다면 내가 단언하건대 정녕 그대의 목은 떨어지고 말거요."

**역주**
• 쁘라띠하르따와 '음식을 모음'(쁘라띠하라남)은 그 글자에서 통하므로 이처럼 비유하였다.

## 제12편

[1]
이제 이 개들의 대화를 듣고 우드기타를 생각해보라.
오래 전에 달브와, 미뜨라의 아들인 바끄(글라바라고도 불림)가 공부를 하기 위해 길을 떠나 어떤 한적한 곳에 있는 연못에 다다랐다.

[2]
그의 학문에 정진하는 모습에 기뻐한 신(혹은 리시)이 흰 개의 모

습으로 나타났다. 그런데 그 곁에 다른 개들이 와서 말하기를,

"저희들에게 우드기타(찬양)를 하게 해주십시오. 모두들 배고파 죽을 지경이랍니다" 하였다.

[3]

그러자 흰 개가 그 조그만 개들에게 말하기를,

"너희들은 내일 아침 일찍 이곳으로 나를 찾아오라"

하는 것이었다. 그래서 그 말을 바끄가 듣고는 다음날 이른 아침 그 장소에서 흰 개를 기다렸다.

역주

• 아침 일찍 이곳으로 나를 찾아오라 : '아침 일찍'은 찬양을 하기 위한 적합한 때이며, 이때 시작해야 태양이 떠올라 중천에 있게 될 때에 이르러 찬양의 절정기에 다달아 기원(祈願)의 소리를 신이 들을 수 있다는 것이다.

[4]

그 개들은 마치 정말 제사의식에서 찬양의 제례관들이 서로 가까이 앉아 찬양하듯, 서로 바짝 붙어서 (입에 앞개의 꼬리를 물고) 그의 주위를 뱅글뱅글 돌더니 그 자리에 앉아서 찬양을 하기 시작했다.

[5]

오움― 우리가 먹을 수 있도록, 오움― 우리가 마실 수 있도록, 오움― 신이여, 바루나와 쁘라자빠띠의 능력을 가진 태양의 신이여, 우리를 위해 음식을 가져다주오. 음식의 신이여, 우리를 위해 여기에 음식을 가져다주오.

역주

• 바루나는 비를 내리는 신이므로 음식을 자라게 하고, 쁘라자빠띠는 세

상을 길러내는 신이며, 태양의 신 사비따는 세상을 환하게 비추어줌으로써 모두가 생명을 유지하고 움직일 수 있게 해준다.

이 이야기는 개들이 배고파 진정 '원하는 음식'(찬양의 목적인 기원)을 위해 진지하게 행하는 것(진지한 우드기타)을 통해 찬양 우드기타라는 것에 대한 진심과 정성을 강조하기 위한 것으로 보인다.

## 제13편

[1]

이 세상은 '하우', 바람은 '하이', 달은 '아타', 아뜨만은 '이하', 아그니는 '이이'이다.

역주

• 라탄따라 사마의 후렴과 같은 역할을 하는 이들 소리는 완벽한 찬양을 위해 반드시 필요하다. 그러므로 이 후렴에 나오는 소리들이 상징하는 바와 그 중요성을 알게 하기 위해 비유의 방법을 사용하고 있다.

이 세상은 라탄따라 사마의 기반이 되는 '하우'에 비유되므로 '하우'라 하였다. 바람은 물과 함께 바마데비야 사마를 이루며 이 사마에서 가장 중요한 소리 '하이'이다. 달은 음식에 비유되며 음식(annam)은 세상을 지탱(sthitam)하므로 음식의 '아' 소리와 지탱하는 '타'를 합해 '아타'라 하였으며, 아뜨만은 '여기 이것'(이하)과 같은 말이므로, 후렴 중에 '이하'이며, 아그니는 그 끝소리와 연관하여 '이이'라 하였다. 이와 같이 찬양의 모든 소리 하나하나에도 그와 연관된 신들을 기억하고 그에 명상함으로써 가장 완벽한 제례의 찬양을 추구하는 것이다.

[2]

태양은 '우우', 신을 부르는 찬양은 '에', 일체신(一切神) 비슈베데바는 '아우-호-이', 조물주 쁘라자빠띠는 '힘', 숨은 모음이요, 음식은 '야' 그리고 위대한 비라쯔(물질적 브라흐만)는 목소리이다.

**역주**

• 태양이 높이(ucchaḥ) 떠 있을 때 찬양하므로 그 소리에서 연상하여 '우우', 신을 부르는 찬양은 어서 오시오(ehī) 하는 '에', 일체신인 비슈베데바의 찬양에 늘 어울리는 소리는 '아우-호-이', 조물주 쁘라자빠띠는 셀 수 없이 많은 그 창조물을 만들므로 어느 소리로도 만들어질 수 있는 '힘', 숨은 모든 종류의 숨과 소리의 근원이며, 모음 또한 모든 소리의 근원이므로 이 둘은 서로 통하며, 음식을 먹고 움직여 다니므로(yāti), 후렴 '야'와 통하는 것이라 본 것이다. 또 비라뜨는 근원존재가 세상에 드러나는 첫 형태이며, 그 안에 이 세상의 모든 것이 태어날 가능성이 내재되어 있는 물질적 브라흐만이며, 목소리 역시 세상에 나올 모든 말과 베다를 낭독할 수 있게 하는 것이므로 무한한 가능성을 두고 세상에 보여지는 첫 모습이다.

[ 3 ]

(보이지 않기에) 설명할 수 없으나 모든 것을 움직이게 하는 그는 열세번째 찬양의 소리 '훔'이다.

**역주**

• 그것을 설명할 수는 없으나, 앞 구절에 나온 요소들과도 구별되며 모든 것을 움직이는 것이니, 이미 앞에 언급한 열두 후렴의 부분들에 이어 이제 열세번째로 최고의 근원인 브라흐만이라고 할 수 있겠다.

[ 4 ]

이러한 사마의 각개 요소들인 '소리'의 의미를 알면, 신성한 목소리는 이 비밀스런 사마의 지혜를 아는 자, 그에게 그 소리를 담은 우유를 주며 또한 그는 음식이 충만한, 충분한 음식을 먹는 유복한 자가 될 것이다. 그 비밀스런 사마의 지혜를 아는 자.

**역주**

• 제1장 3편 7절에서도 언급한 것처럼 우유는 풍요와 건강의 상징으로서 현자에게 주어진다. 또 이 우유는 마시는 사람에게 좋은 소리를 내게 하

므로 그 안에 소리를 갖고 있다고 말하는 것이다.


## 제2장

### 제1편

[ 1 ]

'오움', 모든 사마의 숭배는 말할 바 없이 훌륭한 것, 훌륭한 것이 바로 사마이며 훌륭하지 않은 것은 사마가 아니라고 사마를 아는 사람들이 말한다.

[ 2 ]

우리가 흔히 말할 때에도 '어떤 사람이 (왕이나 높은 사람에게) 사마로서 갔다'고 할 때는 '그 사람은 훌륭하게 갔다'는 뜻이고, '사마가 아닌 것으로 갔다'고 할 때에는 '훌륭하지 못하게 갔다'는 뜻으로 하는 말이다.

[ 3 ]

또한 '그것 참 사마로군' 하는 것은 정말 좋은 일이 일어났을 때 '아, 참 잘됐다' 하는 의미이며, '그것 참 아사마로군' 하는 것은 정말 좋지 않은 일이 일어났을 때 '그것 참 안됐다' 하는 의미로 말하는 것이다.

[ 4 ]

이처럼 사마가 훌륭한 것임을 알고 사마를 그렇게 숭배하는 사람에게는 훌륭한 덕목들이 스스로 찾아와 고개 숙일 것이다.

## 제2편

[ 1 ]

모든 세상을 사마로 숭배하되, 다음의 다섯 가지로 하라. 땅은 힘
까아라, 아그니는 쁘라스따바, 허공은 우드기타, 태양은 쁘라띠하
라, 천상은 니다나이다. 이것이 보다 높은 세계로 가는 사마의 숭배
이다.

**역주**

• 사마 베다의 찬양을 담당하는 제례관들이 찬양을 하는 과정은 그 내용
상 다섯 단계로 나누어볼 수 있다. 먼저 '힘까아라'는 '힘, 힘, 힘……' 소리
로 찬양을 할 목소리를 다듬는 것이요, 두번째로 '쁘라스따바'는 신을 찬양
하기 위한 준비로 세상과 그 근원 등에 대해 찬양하는 것이요, 세번째로
'우드기타'는 그 제례의 중심이 되는 신을 직접 찬양하는 것이요, 네번째로
'쁘라띠하라'는 찬양을 마무리하면서 찬양의 흐름을 제례를 하는 목적인 기
원(祈願)으로 향하게 하는 것이며, 다섯번째 '니다나'는 찬양을 마치는 것
이다.

[ 2 ]

높은 세상에서부터 차례로 사마에 비유하여 말하자면, 천상이 힘
까아라, 태양은 쁘라스따바, 대공(大空)이 우드기타, 아그니(불)는
쁘라띠하라, 땅은 니다나이다.

[ 3 ]

사마의 숭배에 관해 이처럼 잘 알고, 세상에서 이 두 가지 방법으
로, 다섯으로 이루어진 사마를 숭배하는 현명한 사람은 윗세상과 아
랫세상의 모든 것과 통하리라.

## 제3편

### [ 1 ]

비를 사마로 숭배하되, 다음의 다섯 가지로 하라. 먼저 비오기 전 부는 바람은 힘까아라요, 구름이 생기는 것은 쁘라스따바, 구름에서 비가 쏟아지는 것이 우드기타, 번개가 번쩍이는 것은 쁘라띠하라, 비가 끝나는 것이 니다나이다.

### [ 2 ]

이와 같음을 잘 알고, 다섯 가지로 이루어진 사마의 숭배를 하는 현명한 사람, 비는 그를 위해 내리며 그는 스스로 (가뭄에) 비를 내 리게 할 수 있게 된다.

## 제4편

### [ 1 ]

물을 사마로 숭배하되, 다음의 다섯 가지로 숭배하라. 짙은 먹구 름은 힘까아라, 비를 뿌리는 것이 쁘라스따바, 동쪽으로 흐르는 강 물은 우드기타요, 서쪽으로 흐르는 강물은 쁘라띠하라 그리고 바다 는 니다나이다.

**역주**

• 가장 훌륭한 갠지스 강은 동쪽으로 흐른다. 그러므로 동쪽으로 흐르는 강물은 우드기타, 서쪽(쁘라찌야)은 쁘라띠하라라와 그 소리가 통하므로 쁘 라띠하라라이다.

### [ 2 ]

이것을 알고 모든 물을 사마로 숭배하는 사람은 물로 인해 죽지 않으며, 물 속에서 죽지 않으며, 물로 인해 부유해지리라.


## 제5편

[ 1 ]

계절을 사마로 숭배하되, 다섯 가지로 하라. 봄은 힘까아라, 여름은 쁘라스따바, 우기(雨期)는 우드기타, 초겨울은 쁘라띠하라, 늦겨울은 니다나이다.

[ 2 ]

이것을 알고 다섯 가지 계절을 사마로 숭배하는 사람에게 각 계절들은 복을 내리고, 그는 그 복으로 인해 부유해진다.


## 제6편

[ 1 ]

짐승들과 사람으로서 다섯 가지로 된 사마 숭배를 하라. 염소는 힘까아라, 양은 쁘라스따바, 소들은 우드기타요, 말은 쁘라띠하라, 인간이 니다나이다.

[ 2 ]

이것을 알고 짐승과 사람으로 다섯 가지 사마의 숭배를 하는 사람은, 그에게로 짐승이 스스로 오리니 많은 짐승을 가진 자 되리라.

258

## 제7편

### [1]

다섯 가지 감각들로 사마의 숭배를 하라. 그중 냄새를 맡는 후각은 힘까아라, 목소리는 쁘라스따바, 눈은 우드기타, 귀는 쁘라띠하라, 마음이 니다나이다. 이들은 각기 그 전자보다 훌륭하다.

### [2]

이러함을 알고 다섯 가지 점차적으로 훌륭한 사마의 숭배를 하는 사람은, 일생 동안 점차로 큰 복을 받고 그의 세상을 정복하리라. 이것이 다섯 가지로 하는 사마 숭배의 결과이다.

## 제8편

### [1]

이제 일곱 가지로 나누어 하는 숭배에 대해 말하리니, 일곱 가지 소리로 사마의 숭배를 하라. '훔' 소리는 힘까아라, '쁘라' 소리는 쁘라스따바, '아' 소리는 찬양의 최초의 소리 '오움'과 같다.

### [2]

소리 중에 '우뜨' 소리는 우드기타요, '쁘라띠' 소리는 쁘라띠하라, '우쁘' 소리는 우쁘드라바, '니' 소리는 니다나이다.

**역주**
• 앞의 다섯 가지 과정에 오움과 '우쁘드라바'를 포함시켜 조금 더 상세한 과정으로 비유하고 있다. 오움은 본격적인 신에 대한 찬양에 들어가면서 최초로 내는 소리이므로 쁘라스따바와 우드기타 사이에 들어가고, '우쁘드라바'는 '끝으로 향하는 것'으로 쁘라띠하라와 니다나 사이에 들어간다.

[ 3 ]

이것을 알고 소리로 일곱 가지 사마의 숭배를 하는 사람은 소리의 핵심을 담고 있는 우유를 얻을 것이요, 풍족한 음식을 소유하고 그 것을 즐기는 자가 되리라.

## 제9편

[ 1 ]

이제 태양을 사마로 숭배하되, 일곱 가지로 숭배하라. 태양은 언 제나 같으므로 사마이다. 세상 모든 사람에게 '태양은 나를 정면으로 보고 있다'고 느끼게 하므로, 모두에게 똑같은 까닭에 사마이다.

> **역주**
>
> • 태양은 언제나 같으므로 사마이다 : '사마'(sama)의 동음이의 중 하나는 '같다'는 뜻이다. 그러므로 '태양은 곧 사마이다'라는 말은 태양의 의미가 사 마와 통한다는 의미와 '늘 같다'(변하지 않는다) 혹은 '누구에게나 똑같다' 는 의미로 이해할 수 있다.

[ 2 ]

그 태양에 모든 것이 속해 있음을 알라. 태양이 뜨기 전에 있는 것은 오로지 힘까아라. 동물들은 뜨기 전의 태양을 좇는 자이므로, 사마의 힘까아라를 숭배한다. 그러므로 동물들은 해가 뜨기 전 '힘' 소리를 낸다.

[ 3 ]

태양이 처음 솟아오를 때의 모습이 쁘라스따바이며, 그 모습의 태 양을 좇는 자는 인간이다. 인간은 이처럼 사마의 쁘라스따바를 숭배 하니, 찬양받기 원하며 칭송받기를 갈망한다.

[ 4 ]

태양이 떠오르는 시간, 그때의 모습을 '오움'이라 한다. 그 모습의 태양을 좇는 자는 새들이다. 그들은 사마의 오움을 숭배하므로 허공에 아무 데도 기대지 않은 채 마음대로 움직인다.

[ 5 ]

태양이 중천에 떠 있을 때, 이때의 모습은 우드기타, 즉 찬양으로 그 모습을 좇는 자는 신들이다. 신들은 사마의 우드기타를 숭배하므로 조물주의 자식들 중 특별하다.

[ 6 ]

태양이 중천에서 떨어지기 시작할 때 그 모습은 쁘라스따바이다. 그 모습을 좇는 자는 뱃속의 태아이다. 이처럼 태아는 사마의 쁘라스따바를 숭배하므로 아래로 떨어지지 않는다.

[ 7 ]

오후가 지나 해가 지기 전의 태양의 모습은 우쁘드라바, 그 모습을 좇는 자는 숲 속의 짐승이다. 그들은 사마의 우쁘드라바를 숭배하므로 사람을 보면 겁을 먹고 숲 속으로 혹은 동굴 속으로 도망쳐 버린다.

[ 8 ]

해가 지기 바로 직전의 태양의 모습은 니다나, 즉 끝으로서 그 모습을 좇는 자는 (죽은 자) 조상들이다. 조상 신들은 사마의 마지막인 니다나를 숭배하므로 그들 조상들을 위한 제사에서 (꾸샤 풀 더미 위에) 두어 모신다.

이와 같이 태양을 일곱 가지 사마로 숭배하라.

제10편

[1]

아뜨만과 통하는 일곱 가지로 된 사마 숭배를 하라. 그중 '힘' '까' '아' '라'도 세 글자요, '쁘라' '스따' '바'도 세 글자이므로 이 둘은 우선 글자수도 같다.

> **역주**
>
> • 이 글자 수도 산스끄리트 데바나가리 철자에 따른 것이다. 온음(자음 +모음) 하나를 글자수 하나로 하고, 반음(자음)이 있을 경우에는 그 다음에 나오는 온음에 붙여서 온음까지를 하나의 철자로 보았다.

[2]

'아' '디'는 두 글자로 되어 있으며 '쁘라' '띠' '하' '라'는 네 글자로 되어 있다. 이중에서 한 글자를 빼서 '아' '디'에 더해주면 이 둘도 글자수가 같게 된다.

> **역주**
>
> • 아디(ādi) : 사마의 찬양을 할 때 '오움' 소리를 가장 먼저 내므로 오움을 '아디'(처음)라고 부른다.

[3]

'우드' '기' '타'는 세 글자이고 '우' '쁘' '드라' '바'는 네 글자이니 이 둘은 글자수가 같으면서 한 글자가 남는데, 글자를 뜻하는 '악' '샤' '라'라는 말이 세 글자로 되어 있으므로 이 둘도 역시 글자수가 같은 셈이다.

[4]

'니' '다' '나'도 세 글자이므로 이것도 역시 같다. 이렇게 해서 모두 스물두 글자이다.

[5]

(이 스물두 글자 중) 스물하나의 글자로 된 길로 태양의 세계로 다가갈 수 있다. 이 세상에서 시작해서 태양은 스물한번째 단계에 있다. 태양보다 높이 있는 스물두번째 단계로 가는 자는 승리하리니, 그가 얻는 것은 영원히 고통이 없는 축복 그 자체이다.

> **역주**
>
> • 스물하나의 단계란 열두 달(12), 다섯 계절(5), 세 세상(3) 그리고 태양(1)이다. 이 다음인 스물두번째의 초월의 단계에 달하면 그 사람은 아뜨만과 하나가 되고, 그로써 죽음의 세계를 넘어 슬픔, 고통이 없는 세상을 얻는다는 것이다.

[6]

이러함을 알고 아뜨만과 통하는 일곱으로 된 사마에 집중하고 죽음을 초월하려는 사람은, 태양에 승리할 것이오, 그의 승리는 태양에 대한 승리 자체보다 높은 것이다. 그 사마를 숭배하라.

제11편

[1]

마음은 힘까아라, 목소리는 쁘라스따바, 눈은 우드기타, 귀는 쁘라띠하라 그리고 숨은 니다나이다. 가이뜨라 사마는 바로 이 숨 속에 자리잡고 있다.

> **역주**
>
> • 가이뜨라 사마 : 지금까지는 다섯 가지 혹은 일곱 가지 사마의 과정을

그와 연관된 세상의 모든 것으로 이해하면서 숭배하라는 내용이었다. 이제 여기에서는 가이뜨라, 라탄따라 등 특정 사마의 숭배에 따라 그 결과가 다르게 맺어지므로 각 사마의 의미를 알고 숭배하라고 말하고 있다. 가이뜨라는 모든 제례에서 가장 먼저 불리는 사마의 형식이며, 다른 모든 사마의 기반이 되므로 모든 감각의 기반인 숨에 기반한다고 하였다.

[2]

가이뜨라 사마가 숨에 기반함을 아는 사람은 자신의 모든 감각의 주인이 되며, 장수할 것이요, 일생을 빛나게 살 것이며, 자손과 짐승들이 넘칠 것이며, 명예 또한 얻을 것이다. 그러므로 그는 마음을 넓게 가질지어다. 이것은 반드시 지켜야 할 일이다.


## 제12편

[1]

장작의 마찰, 그 부딪침은 힘까아라. 그 마찰에서 불이 생겨나는 것은 쁘라스따바, 그리고 불꽃이 타오르는 것은 우드기타. 숯이 되는 것은 쁘라띠하라이다. 불꽃이 가라앉는 것이 니다나, 완전히 꺼지는 것 또한 니다나, 즉 끝이다. 이것이 라탄따라 사마요, 이 라탄따라 사마는 아그니에 자리잡고 있다.

역주

• 라탄따라 사마 : 제례에 필요한 제화(祭火)를 피울 때 찬양으로 쓰이는 사마 베다의 만뜨라이다.

[2]

이처럼 라탄따라 사마가 아그니에 기반함을 아는 자는 브라흐만의 신성한 지혜가 넘치고, 음식을 즐기는 자 되며, 장수할 것이요,

일생을 빛나게 살 것이며, 자손과 짐승들이 넘칠 것이며, 명예 또한 얻을 것이다. 그러므로 아그니 쪽을 보면서는 식사하지 말며 가래를 뱉지 말라. 이것은 반드시 지켜야 할 일이다.


## 제13편

[1]

(남자가 여자에게) 손짓하는 것이 힘까아라, (이유를) 알게 하는 것이 쁘라스따바, 여자와 함께 자러가는 것은 우드기타, 여자를 맞대고 보는 것이 쁘라띠하라, 육체적인 결합으로 저 끝을 넘어서는 것은 니다나이다. 이 바마데바 사마는 바람과 물 사이에 기반하고 있다.

**역주**

• 바마데바는 바람과 물로 이루어진 신이다. 이 신의 이름을 빌려 남자와 여자가 한 쌍이 되는 것을 상징하는 사마의 이름을 붙인 것이다. 바마데바는 한 성자의 이름이기도 하다.


[2]

바마데바 사마가 성 행위에 들어 있음을 아는 사람은 절대 그 아내를 일찍 여의지 않으며, 아내와의 결합으로 많은 자손을 얻을 것이다. 또한 그는 장수할 것이요, 일생을 빛나게 살 것이며, 자손과 짐승들이 넘칠 것이며, 명예 또한 얻을 것이다. 그러므로 함께 살아온 여자를 버리지 말라. 이것은 반드시 지켜야 할 일이다.

## 제14편

[ 1 ]

떠오르는 태양은 힘까아라, 하늘에 높이 떠 있는 태양은 쁘라스따바, 중천에 있는 태양은 가장 훌륭하므로 우드기타, 오후의 해는 쁘라띠하라, 지는 해는 니다나, 즉 끝이다. 이 브리하뜨 사마는 태양에 기반한다.

[ 2 ]

브리하뜨 사마가 태양에 들어 있다는 것을 아는 사람은 현명하고, 음식을 즐기는 자 되리라. 그는 장수할 것이요, 일생을 빛나게 살 것이며, 자손과 짐승들이 넘칠 것이며, 명예 또한 얻을 것이다.

## 제15편

[ 1 ]

물방울들이 모이는 것이 힘까아라, 구름이 만들어지는 것이 쁘라스따바, 비가 내리는 것은 우드기타, 번개치는 것은 쁘라띠하라, 그리고 비가 그치는 것은 니다나, 즉 끝이다. 이것이 바이루빠 사마이며 비 구름 속에 자리잡고 있다.

역주

• 바이루빠(vairupa) 사마 : 바이루빠는 '여러 모습'이란 뜻으로, 구름의 모습과 형태가 수시로 변하여 여러 모습을 띠게 되므로 구름을 지칭하는 말이다. 사마 중에 '바이루빠 사마'는 이 구름의 다양한 형태를 말하는 '바이루빠'와 통하는 것이라고 설명하고 있는 것이다.

266

[ 2 ]

이처럼 바이루빠 사마가 구름 속에 자리잡고 있음을 아는 자는 여러 가지 그리고 보기 좋은 짐승들을 얻으리니 그는 장수할 것이요, 일생을 빛나게 살 것이며, 자손과 짐승들이 넘칠 것이며, 명예 또한 얻을 것이다. 그러므로 비 뿌리는 구름을 욕하지 말라. 이것은 반드시 지켜야 할 일이다.


第16편

[ 1 ]

가장 먼저 찾아오는 까닭에 봄은 힘까아라, 여름은 쁘라스따바, 우기는 우드기타, 가을은 쁘라띠하라, 겨울은 니다나, 즉 끝이다. 이것이 바이라자 사마이며 계절들 속에 자리잡고 있다.

[ 2 ]

이 바이라자 사마가 계절들 속에 자리잡고 있음을 아는 사람은 장수할 것이요, 일생을 빛나게 살 것이며, 자손과 짐승들이 넘칠 것이며, 명예 또한 얻을 것이다. 그러므로 계절들을 비난하지 말라. 이것은 반드시 지켜야 할 일이다.


第17편

[ 1 ]

땅은 힘까아라요, 허공은 쁘라스따바, 천상은 우드기타, 동서남북의 방향들은 쁘라띠하라 그리고 바다는 니다나이다. 이들이 샤끄와리 사마이며 세상 속에 충만하다.

[2]

이처럼 샤끄와리 사마가 세상에 기반함을 아는 자는 그 세상을 얻고 장수할 것이요, 일생을 빛나게 살 것이며, 자손과 짐승들이 넘칠 것이며, 명예 또한 얻을 것이다. 그러므로 세상을 비난하지 말라. 이것은 반드시 지켜야 할 일이다.


## 제18편

[1]

염소는 힘까아라, 양은 쁘라스따바, 소들은 우드기타, 말은 쁘라띠하라, 인간은 니다나이다. 이 레와띠 사마는 짐승들 속에 들어 있다.


[2]

이와 같은 레와띠 사마가 짐승들 속에 자리잡고 있음을 아는 사람은 짐승들의 주인이 되며, 장수할 것이요, 일생을 빛나게 살 것이며, 자손과 짐승들이 넘칠 것이며, 명예 또한 얻을 것이다. 그러므로 짐승들을 비난하지 말라. 이것은 반드시 지켜야 할 일이다.


## 제19편

[1]

몸에 난 털은 힘까아라, 피부는 쁘라스따바, 살은 우드기타, 뼈는 쁘라띠하라, 골수는 니다나, 즉 끝이다. 이것은 신체에 깃든 야쟈야지 사마이다.

## [ 2 ]

이렇게 야쟈야지 사마가 신체에 깃들어 있음을 아는 사람은 신체가 온전하며, 그의 신체에는 어떠한 결함도 생기지 않는다. 그는 장수할 것이며, 일생을 빛나게 살 것이며, 자손과 짐승들이 넘칠 것이며, 명예 또한 얻을 것이다. 그러므로 그는 일 년 동안 생선을 포함한 육식을 하지 말고 평생 동안 고기를 먹지 말아야 한다.


## 제20편

### [ 1 ]

불의 신 아그니는 가장 먼저이므로 힘까아라, 바람의 신 와유는 쁘라스따바, 아디띠야 태양의 신은 우드기타, 별의 신 낙샤뜨라는 쁘라띠하라, 그리고 달의 신 짠드라마는 니다나이다. 이것은 신들 속에 들은 라자나 사마이다.

> **역주**
> • 가장 먼저이므로 : 모든 베다의 제사의식에서는 가장 먼저 아그니 신을 찬양하여 부르며 아그니는 그 제사가 어느 신을 위한 것이든지 제사에 바쳐진 공물들을 각 신에게 가져다준다고 한다.

### [ 2 ]

이와 같이 신들 속에 사마가 기반함을 아는 사람은 신들과 같은 영화로운 세상에 살며, 신들과 같은 힘을 가지며, 완전히 신들과 하나가 되는 경험을 하리라. 그는 장수할 것이요, 일생을 빛나게 살 것이며, 자손과 짐승들이 넘칠 것이며, 명예 또한 얻을 것이다. 그러므로 신들을 비난하지 말라. 이것은 반드시 지켜야 할 일이다.

# 제21편

[1]
세 가지 베다의 지식이 힘까아라요, 세 세상은 쁘라스따바요, 아
그니, 와유, 아디띠야는 우드기타요, 별, 새, 햇살은 쁘라띠하라요,
뱀과 간다르바, 조상 신은 니다나이다. 이것은 모든 것에 깃들은 사
마의 찬양이다.

**역주**

• 세 가지 베다(리그, 사마, 야쥬)를 가장 먼저 놓고 힘까아라로 비유하
였고, 세 세상은 땅 속 세계, 하늘 위 세계, 그리고 그 사이의 세계이다. 아
그니, 와유, 아디띠야는 각각 불, 바람, 태양을 상징하므로 가장 중요한 자
연력들으로서 우드기타이다. 별, 새, 햇살은 위(하늘)에 있는 것들이므로
쁘라띠하라이다. 뱀, 간다르바, 조상 신은 모두 눈에 보이기 힘든 것들이므
로 니다나이다. 뱀의 이름은 비샤다라, 파나다라 등으로 니다나와 '다'(dha)
가 같고, 간다르바도 '다'가 있으며, 조상에 드리는 공물은 스와다로 역시 '다'
가 같다.

[2]
이처럼 사마가 모든 것에 깃들어 있음을 아는 사람은 '모든 것' 그
자체가 된다.

[3]
그러므로 예부터 현인들이
'중요한 것은 셋씩 묶은 다섯 가지 각기 다른 이름이며,
이것들보다 중요한 것은 아무것도 없다'고 한 것이다.

[4]
이것을 아는 사람은 모든 것을 알게 되며 사방의 방향들이 그에게

복을 내리리니, 그는 '내가 바로 모든 것이다' 하면서 '이것을 항상 잊지 말라. 이것은 지켜야 할 규칙이다' 하였다.


## 제22편

### [1]

비나르디 사마는 짐승들을 이롭게 하는 것이며, 아그니 신의 사마이다. 쁘라자빠띠(조물주)가 그 주 신이 되는 찬양은 특별히 특징지어 설명할 수가 없으나, 소마 신이 그 주 신이 되는 찬양은 그 음조가 분명하다. 바람의 신 와유가 그 주 신이 되는 찬양은 부드럽고 편하다. 인드라 신이 그 주 신이 되는 찬양은 힘차다. 브리하스빠띠 신이 그 주 신이 되는 찬양은 왜가리 새 소리와 같고, 바다의 신 바루나가 그 주 신이 되는 찬양은 찢어지는 놋쇠 소리와 같다. 이 모든 음조로 찬양을 하되, 바루나가 그 주 신이 되는 음조만은 피하라.

**역주**
• 비나르디 사마 : 소의 울음소리와도 비슷한, 매우 높은 음조를 사용하는 찬양이다.


### [2]

'나는 불멸의 신들을 위해 찬양을 하리라' 하는 생각으로 찬양을 하라. 조상들에게 공물을 위해서, 인간들에게 그들이 바라는 소망을 위해서, 짐승들에게는 물과 풀을 위해서, 제주(祭主)에게 천상을 위해서 그리고 스스로를 위해서는 음식이 생기기를 노래하라. 이렇게 마음으로 생각하면서 신중하게 찬양해야 한다.

[ 3 ]

모든 모음은 인드라 신의 아뜨만이며 모든 마찰 모음은 쁘라자빠
띠 조물주의 아뜨만이고 모든 자음은 므르뜨유(죽음)의 아뜨만이다.
그러므로 찬양하는 사람에게 누구든 모음의 발음에 시비를 하면 그
에게 답하라. "나는 인드라를 의지하여 찬양하였으니 인드라가 답해
줄 거요."

[ 4 ]

또한 누구든 마찰음에 대해 비판하거든 그에게 말하라. '나는 쁘
라자빠띠에 의지하여 찬양하였으니 쁘라자빠띠가 그대의 의문을 부
술 것이오.' 또 누구든 자음에 대해 시비하거든 말하라. '나는 죽음에
의지하여 찬양하였으니, 죽음이 그대를 태워줄 것이오.'

[ 5 ]

모든 모음은 힘차고 강하게 '내가 인드라에게 힘을 준다' 하는 마
음으로 발음해야 한다. 마찬가지로 모든 마찰음은 숨을 안으로 들이
마시지도 밖으로 내뱉지도 않는 채로 '내가 쁘라자빠띠에게 나를 바
치리라' 하는 마음으로 발음해야 한다. 모든 자음은 '나를 죽음으로
부터 구한다'는 마음으로 서로 조금이라도 섞이지 않게 발음해야 한
다.


제23편

[ 1 ]

(불멸로 가는 길의) 버팀목은 세 가지로 되어 있다. '제례의식'과
'베다 등의 공부' 그리고 '시주'가 그 첫번째요, '고행'이 그 두번째요,
'스승의 거처에 함께 기거하며 그 자신을 바쳐 헌신하고 독신을 지키

는 것'이 그 세번째이다. 이 과정을 통해 복받는 세상에 갈 것이며, 이렇게 하여 브라흐만의 한가운데 온전히 선 자는 불멸을 얻으리라.

**역주**

• 버팀목은 세 가지 : 이 세 개의 버팀목은 각기 다른 방법의 고행이라고 볼 수 있다. 이것은 인간의 고행이며 그 목적은 불멸을 얻는 것이다.

• 브라흐만 한가운데 온전히 선 자(brahmasansthā) : 대개의 주석은 '빠리브라뜨', 즉 모든 행위를 포기하고 순수한 브라흐만에 몰입하기 위하여 숲에서 홀로 수행하는 자라고 하였다. 모든 것을 포기하고 숲에서 혼자 고행하는 수도승, 즉 산야신을 말하는 것이다. 그러나 반드시 그러한 산야신이 아니더라도 정신적으로 준비를 한다면 실생활을 하면서도 불멸성을 얻을 수 있으므로 물리적인 산야신을 직접적으로 지칭하지는 않는다고 보는 학자들도 있다.

[ 2 ]

조물주 쁘라자빠띠가 세상을 창조하고자 정신을 집중하는 고행을 했다. 그리하여 세상이 생겨났으며, 이 세상에 다시 정신을 집중하여 그 핵심인 세 가지 베다가 생겨났고 또 거기에 다시 정신을 집중하는 고행으로 부후, 부워허, 스워허 이 세 가지 글자가 생겨났다.

**역주**

• 부후(bhūḥ), 부워허(buvaḥ), 스워허(svaḥ) : 이들은 각각 땅, 대공(大空), 하늘을 의미한다.

[ 3 ]

그가 그 세 글자에 다시 정신을 집중하는 고행을 하여 오움이 생겨났다. 마치 나뭇잎의 수관(水管)을 통해 나뭇잎 전체가 물을 먹듯, 모든 소리는 이 최고 아뜨만의 상징인 '오움'으로 통한다. 그러므로 이 오움은 모든 것이다. 이 오움은 모든 것이다.

제24편

[1]

브라흐만을 아는 지혜로운 사람들이 말하기를, 새벽 제례는 바수데바, 오후의 제례는 루드라, 세번째 제례는 태양 신 아디띠야와 비슈베데바에게 바치는 것이라고 하였다.

역주

• 소마 제례는 소마즙을 짜내는 의식과 함께 이루어지는데, 먼저 아그니에게 그 즙을 붓고 나머지는 제례관 등 사제들과 제주(祭主) 등이 마신다. 이 의식을 시간적으로 세 부분으로 나누어 설명하고 있다. 소마는 정확히 어떤 식물을 말하는지 알 수 없으나, 리그 베다에는 이것의 즙이 인드라가 가장 좋아하는 음료였으며, 힘과 용기를 주는 것이라고 하였다. 이 제례를 수행하는 목적은 소마즙이 상징하는 힘과 용기를 부여받아, 장수를 기원하거나 훌륭한 천상에 도달하고자 하는 것이다.

[2]

제례의식을 치르는 당사자, 제주의 세계는 어느 곳인가? 그것을 알지 못한다면 그 제례를 치르는 의미는 무엇인가? 그러하니 그 내용을 아는 자만이 제례를 치를지어다.

[3]

먼저 새벽에 만뜨라를 낭송하기 전에 가르하빠뜨야 아그니를 피워 뒤로 하고, 그리고 북쪽을 향해 앉아 바수데바를 위한 사마를 찬양하도록 한다.

역주

• 가르하빠뜨야 아그니 : 베다에 보면 제례의식에 아하바니아 아그니(초청의 불), 닥쉬나 아그니(남향의 불), 가르하빠뜨야 아그니(가장의 불) 등 세 가지 아그니에 관해 나오는데 이들은 각각 하늘, 대공, 땅과 통하기 위

한 것이며, 각각 땅에 머무는 신, 조상 신 그리고 훌륭한 성인에게 경외스런 마음으로 공물을 바칠 때 쓰인다.

[ 4 ]
그대는 그 문을 열어주오.
우리가 이 땅 세계를 얻을 수 있도록
그리고 그것을 통해 그대를 볼 수 있도록.

[ 5 ]
그 다음, 다음의 만뜨라와 함께 아그니에 공물을 넣어 바친다.

땅에 사는, 이 세상에 머무는 불의 신 아그니에게 고개 숙입니다.
제주인 나를 당신의 세계로 이끌어주오.
그것은 제주의 세계요,
내가 그 세계로 가리다.

**역주**

• 공물을 넣어 바친다 : 베다의 모든 제례의식에는 제화를 피워놓고 그 아그니에 여러 가지 성스럽고 순수한 물건들을 넣어주는데, 이 의식은 '하완'이라 불린다. 하완이 모든 제례의식에 필요한 이유는 바치는 재물들을 각 신에게 전해주는 역할을 아그니 신이 한다고 보기 때문이다.

[ 6 ]
제주는 명(命)을 다한 뒤 그대의 세상으로 돌아가리.
그대는 그 세상의 빗장을 치워주오.

이 만뜨라를 암송하면서, 아그니에게 공물을 넣어 바치고 일어선다. 그러고 나면 바수들이 그대에게 새벽의 제례가 목적한 것들을 내리리라.

[ 7 ]

오후의 제례의식을 시작하기 전에 닥쉬나 아그니를 피워 뒤로 하고, 북쪽을 향해 앉아서 그 세계를 얻기 위하여 루드라 신을 위한 사마의 찬양을 한다.

역주

• 루드라 : 베다의 신들 중에 노여움의 상징이며 따라서 인간에게 두려움을 주는 신. 루드라는 그러한 노여움에서 인간을 보호하는 수호신이기도 하다. 베다 시대 이후 쉬바 신에 그 이미지가 흡수되어 비슈누 신과 함께 신애(信愛)의 대표적인 대상이 되는 신이 되었다.

[ 8 ]

그대는 허공세계의 문을 열어주오. 그리하여 그 문을 통해 우리가 그 세상을 얻을 수 있도록 그리고 그를 통해 그대를 볼 수 있도록.

[ 9 ]

대공(大空)에 머무는, 세상에 머무는 바람의 신에게 고개 숙이오, 나 제례장이 그 세계를 얻을 수 있도록 해주오. 그 대공의 세계는 바로 제주의 세계요, 나는 그 세계를 얻을 제주요.

[ 10 ]

제주가 죽으면 그 대공세계로 가리니
그대의 세상의 빗장을 치워주오.

이 만뜨라와 함께 하완하면서 일어난다. 그러면 그때 루드라들이 그 제주에게 오후 제례가 목적한 세상을 내릴 것이다.

[ 11 ]

세번째 제례를 시작하기 전에 제례장은 아하바니아 아그니를 피위 뒤로 하고, 북쪽을 향해 앉아서 태양 신 아디띠야와 비슈베데바에게 바치는 사마의 찬양을 한다.

역주

• 비슈베데바(viśvedeva) : 세상의 모든 신들을 통틀어 말하는 일체신(一體神)이다. 베다에 따르면 아홉 신들의 집합적인 이름이다. 아그니 뿌라나에도 끄라뚜(창조자), 닥샤(능력자), 바수(물의 신), 사뜨야(진리), 까마(욕망), 까알라(시간), 드와니(목소리), 로짜까(기쁘게 하는 자), 아르드라바(무한히 채울 수 있는 자), 뿌르르바(천상에 머무는 자)를 비슈베데바로 부른다고 하였다.

[12]
먼저 비슈베데바에게 바치는 찬양을 한다.

그대는 세상의 문을 열어주오. 우리가 그 세계를 얻을 수 있도록 그리고 그것을 통해 그대를 볼 수 있도록.

[13]
그리고 태양 신 아디띠야 사마를 찬양한다.

그대는 세상의 문을 열어주오. 우리가 그 세계를 얻을 수 있도록 그리고 그것을 통해 그대를 볼 수 있도록.

# 제3장

## 제1편

[1]
오움ㅡ, 그 태양이 신들에게는 꿀이요, 천상은 신들을 비스듬히 받치는 받침대, 대공은 벌집, 그리고 햇살들은 어린 아들들이다.

**역주**

· 벌이 꿀을 만들어내는 과정에 비유하여 리그 베다에 정한 제례의무 등을 통해 귀한 결과(불멸)를 얻을 수 있음을 설명하고 있다. 벌이 꽃에서 즙을 빨아먹고 꿀을 만들어놓듯, 리그 베다의 만뜨라들이 리그 베다를 꽃으로 하여 그 안의 즙을 빨아먹고 꿀과 같은 결과물, 불멸성을 만든다는 것이다.

· 비스듬히 : 하늘을 올려다보면 자신이 선 위치의 하늘은 높아 보이지만 저쪽 지평선이나 수평선으로는 마치 비스듬한 것처럼 보인다.

[2]
그 태양의 동쪽으로 뻗은 햇살들은 이 대공의 동쪽으로 뻗은 벌집이다. 리그 베다의 구절들은 벌들이요, 리그 베다는 곧 꽃이요, 베다의 제례를 통해 나온 결과, 즙은 감로수이다.

[3]
이 리그 베다의 구절들인 벌들이 리그 베다라는 꽃을 뜨겁게 달구어서, 그 달구어진 리그 베다로부터 명예, 지혜, 광휘, 능력, 감각, 힘 그리고 음식 등의 단물이 나왔다.

[4]
그 단물은 태양 쪽으로 날아가, 태양의 동쪽 안으로 들어갔다. 태양의 붉은 부분이 바로 이것이다.

## 제2편

### [1]

남쪽으로 뻗은 햇살들은 이 태양이라는 꿀의 남쪽으로 뻗은 벌집이로다. 야쥬르 베다는 꽃이며 야쥬르 베다의 만뜨라, 즉 벌들이 만들어낸 단물은 감로수이다.

### [2]

그들 야쥬르 베다의 구절들이 야쥬르 베다를 뜨겁게 달구어서 그 달구어진 야쥬르 베다에서 명예, 지혜, 감각, 용맹, 음식 등의 단물이 생겨났다.

### [3]

그 단물은 태양 쪽으로 날아가 태양의 남쪽으로 들어갔다. 태양의 흰 부분은 바로 이것이다.


## 제3편

### [1]

태양의 서쪽으로 뻗은 햇살들은 태양의 서쪽으로 있는 벌집이다. 사마 베다의 구절들은 벌이요, 사마 베다에 나오는 의무들은 꽃이요, 그 벌들이 만든 꿀은 감로수이다.

### [2]

그 사마의 구절들이 그 사마 베다에 속한 의무들을 뜨겁게 달구어서, 그 달구어진 사마 베다로부터 명예, 지혜, 감각, 용맹 그리고 음식 등의 단물이 생겨났다.

[3]

그 단물은 태양 쪽으로 날아가 태양의 서쪽으로 들어갔다. 태양의 검은 부분은 바로 이것이다.

## 제4편

[1]

태양의 북쪽으로 뻗은 햇살들은 태양의 북쪽으로 뻗은 벌집이다. 성자 아타르바와 앙기라사가 적은 구절들은 벌이요, 이띠하사와 뿌라나는 꽃이다. 그리고 거기에서 나온 즙은 감로수이다.

역주

• 이띠하사와 뿌라나는 각각 설화와 신화를 담은 것으로, 후기 베다문학의 중요한 범위이다.

[2]

성자 아타르바와 앙기라사가 영감을 받아 적은 구절들이 이띠하사와 뿌라나를 뜨겁게 달구어서, 그 달구어진 이띠하사와 뿌라나에서 명예, 지혜, 감각, 용맹 그리고 음식 등의 단물이 나왔다.

[3]

그 단물이 태양 쪽으로 날아가 그 북쪽으로 들어갔으니, 태양의 매우 검은 부분이 이것이다.

## 제5편

[ 1 ]

태양의 위쪽으로 뻗은 햇살들은 태양의 위로 뻗은 벌집이다. 은밀한 가르침이 벌이요, 만물의 근원인 브라흐만은 꽃이다. 거기에서 나온 즙은 감로수이다.

**역주**

• 은밀한 가르침(guhyā ādeśa) : 세속에 갇힌 문을 열게 하여 우주의 진리를 깨닫게 하는 비밀스런 가르침, 곧 우파니샤드(스승에게서 제자가 은밀하게 전수받는 지혜)와 같은 영적인 지혜를 말하는 것이다.

[ 2 ]

그 은밀한 가르침들은 만물의 근원인 브라흐만을 뜨겁게 달구어 그 달구어진 브라흐만에서 명예, 지혜, 감각, 용맹 그리고 음식 등의 단물이 생겨났다.

[ 3 ]

그 단물이 태양 쪽으로 날아가 태양의 위쪽으로 들어갔으니 태양의 중앙에 빛나는 듯 보이는 것이 바로 이것이다.

[ 4 ]

태양 속에 든 이것이 단것 중에서도 단것이다. 베다는 단즙이며 이것은 그보다도 단 꿀이다. 이것이 단즙 중에 단즙이다. 베다가 불멸의 감로수이지만 이것은 그보다도 단 감로수이다.

제6편

[1]

이중 붉은빛의 첫번째 감로수 안에 깃든 바수 신들이 아그니 신을 통해 활기를 띠고 있다. 신들은 정녕 먹지도 마시지도 않으니 이 감로수를 보는 것만으로 만족을 얻는다.

> **역주**
> • 바수 : 공기와 물을 의인화한 신들의 무리.

[2]

신들은 감로수 안으로 사라지고, 감로수에서 다시 나타난다.

[3]

누구든 이 감로수를 아는 자는 바수들 중에 속하게 되어, 아그니를 통해 감로수를 보고 만족을 얻게 되느니, 그도 이 감로수 안으로 사라지고 감로수에서 다시 나타난다.

[4]

태양이 동쪽에서 떠올라 서쪽으로 지는 시간 동안 그는 세상을 다스릴 것이며, 바수들이 갖는 힘을 그도 가질지어다.

제7편

[1]

두번째 감로수에 깃든 루드라 신이 인드라 신을 통하여 활기를 띠고 있다. 신들은 정녕 먹지도 마시지도 않으니 그들은 이 감로수를 보는 것만으로 만족을 얻느니라.

[2]

이 루드라 신들은 감로수 안으로 사라지고, 감로수에서 다시 나타
난다.

[3]

누구든 이 감로수를 아는 자는 루드라들 중에 속하게 되어, 인드
라 신의 감로수를 보고 만족을 얻게 되느니, 그도 이 감로수 안으로
사라지고 감로수에서 다시 나타난다.

[4]

태양이 동쪽에서 떠올라 서쪽으로 지는 시간의 두 배 동안 그는
세상을 다스릴 것이며, 그도 루드라와 갖은 숭배를 받고 그 위치를
얻으리로다.


제8편

[1]

이제 세번째의 감로수에 깃든 태양의 신 아디띠야들이 바루나를
통하여 활기를 띠고 있다. 신들은 정녕 마시지도 먹지도 않으니 그
들은 이 감로수를 보는 것만으로도 만족을 얻느니라.

역주

• 바루나 : '덮고 에워싸는 힘'의 신이다. 그는 모든 세상을 보는 자
(viśvatacakṣu), 도덕을 지탱하는 자(dhṛtavrata), 선이 이루어지게
하는 자(sukratu), 모든 곳을 환히 비추는 통치자(samrāta) 등으로 불
린다.

[2]

그들은 감로수 안으로 사라지고 감로수에서 다시 나타난다.

[3]

누구든 이 감로수를 아는 자는 아디띠야 중에 속하게 되어, 바루나를 통해 감로수를 보고 만족을 얻게 되느니, 그도 이 감로수 안으로 사라지고 감로수에서 다시 나타난다.

[4]

태양이 남쪽에서 떠올라 북쪽으로 지는 시간의 두 배 동안 그는 세상을 다스릴 것이며, 그도 태양 신 아디띠야와 같은 숭배를 받고 아디띠야가 갖는 힘을 가질지어다.


## 제9편

[1]

네번째의 감로수 안에 깃든 마루뜨들이 소마를 통하여 활기를 띠고 있다. 신들은 정녕 마시지도 먹지도 않으니 그들은 이 감로수를 본 것만으로도 만족을 얻느니라.

역주
· 마루뜨(marut) : 바람의 신의 일종.

[2]

그들은 감로수 안으로 사라지고, 감로수에서 다시 나타난다.

[3]

누구든 이 감로수를 아는 자는 마루뜨들 중에 속하게 되어, 소마
를 통해 감로수를 보고 만족을 얻게 되느니, 그도 이 감로수 안으로
사라지고 감로수에서 다시 나타난다.

[4]

태양이 서쪽에서 떠올라 동쪽으로 지는 시간의 두 배 동안 그는
세상을 다스릴 것이며, 그도 마루뜨 신과 같은 숭배를 받고 마루뜨
들이 갖는 힘을 가질지어다.


## 제10편

[1]

이제 다섯번째의 감로수 안에 깃든 사드야들이 브라흐만을 통하
여 활기를 띠고 있다. 신들은 정녕 마시지도 먹지도 않으니 그들은
이 감로수를 본 것만으로도 만족을 얻느니라.

**역주**

• 사드야 : 신의 부류에 속하며 '다르마'의 아들이라고 상징되는 존재이다.

[2]

그들은 감로수 안으로 사라지고 감로수에서 다시 나타난다.

[3]

누구든 이 감로수를 아는 자는 사드야들 중에 속하게 되어, 브라
흐만을 통해 감로수를 보고 만족을 얻게 되느니, 그도 이 감로수 안
으로 사라지고 감로수에서 다시 나타난다.

[ 4 ]

태양이 북쪽에서 떠올라 남쪽으로 지는 시간의 두 배 동안 그는 세상을 다스릴 것이며, 사드야들이 갖는 힘을 그도 가질지어다.


## 제11편

[ 1 ]

해가 뜨고 지고, 뜨고 지고 있지만 그 일이 다하면 그는 다시는 서지도 앉지도 않을 것이다. 다만 그는 그 자신의 유일한 모습으로 스스로 서리니, 다음의 구절을 보라.

역주

• 해가 뜨고 짐으로써 만물이 그 생명을 유지하여 즐기는 것은 '진리'에 속하는 법칙이다. 그 유지할 생명이 각기 업보에 따른 결과로 인해서 즐겁거나 괴로운 대가를 다 치르고 난 후에 모두가 유일한 생명의 구원으로 돌아가는 것도 '진리'에 속하는 법칙이다. 그리고 나면 태양은 더 이상 만물의 생명을 유지할 필요가 없게 되고 그러므로 그 스스로의 모습으로 그대로 남는 것이다.


[ 2 ]

그곳엔 태양이 떠오르지 않으며 또한 지지 않는다. 오, 신들이여, 그 진리를 통해 내가 브라흐만을 적(敵)으로 생각지 않게 해주오.

[ 3 ]

이 브라흐만에 관한 우파니샤드를 아는 사람에게 태양은 더 이상 떠오르거나 지는 것이 아니리라. 그에게는 오직 대낮만이 있으리라.

[4]

그 브라흐만이 조물주 쁘라자빠띠에게 이 지혜를 물려주었으며,
쁘라자빠띠는 마누에게, 마누는 (이슈와꾸 등의) 자손들에게 가르쳤
으니, 웃달라까 아루니에게도 그의 아버지가 들려주었도다.

[5]

그러므로 모든 지혜로운 자들이여, 이 귀중한 브라흐만의 진리를
아버지가 그 장손에게 혹은 자격을 갖춘 제자들에게만 가르칠지어다.

[6]

그 이외의 다른 어떤 이에게도 가르침을 주지 말라. 바다로 둘러
싸인 모든 땅을 그 재화와 함께 준다고 해도 주지 말지어다. 그 진리
는 이 모든 재화들보다 값진 것이니. 이 모든 재화를 보다 훨씬 값진
것이니.

## 第12편

[1]

이 세상의 모든 숨쉬는 생물은 가이뜨리이다. '소리'는 곧 가이뜨
리이며, 이 소리가 곧 모든 생물체이다. 이 소리로서 가이뜨리는 생
물을 보호한다.

> **역주**
>
> • 이 편에서는 형용할 수 없는 브라흐만을 이해할 수 있도록 하기 위해
> 상징(symbol)을 사용하고 있다. 무어라 형용할 수 없다고 하여 '……아니
> 다. ……아니다'만을 되풀이하다보면 무엇인지 감조차 잡을 수가 없기 때문
> 이다.
> '가이뜨리'는 본래 베다에서 쓰인 운율의 기본형식으로서 6개씩의 네 줄,

즉 24개의 글자를 사용하는 것인데 다른 운율형식에도 이것이 기본형식으로 사용되므로, 제례에 어떤 만뜨라가 사용되든 상관없이 가이뜨리 형식은 늘 제례에 사용된다. 이것의 편재성의 특성에 초점을 맞추어 브라흐만을 '아니다, 아니다'가 아닌 '······와 같다'의 긍정적인 방법으로 설명하기 위한 상징적인 비유를 하고 있는 것이다.

· 가이뜨리 : 가이뜨리의 글자를 풀어보면 gāyantaṁ trāyate, 즉 '찬양하는 자를 보호해준다'는 뜻이다. 이러한 작용이 의인화된 가이뜨리 여신에 대한 찬양이기도 하다. '소리'를 이 가이뜨리와 연결시킨 것은 소리의 역할 때문이다. 모든 생물체에는 이름이 있고 그 이름은 소리로 불려야 알려진다. 또한 위험이 닥쳤을 때 소리를 지름으로써 구원을 받기도 하고 다른 사람의 '두려워하지 말라' '걱정하지 말라'는 말에서 도움을 받기도 한다.

[2]

그 가이뜨리는 곧 땅이기도 하다. 이 땅 위에 모든 생물이 거하니 그 거하는 동안 그들은 이 땅을 절대 넘어설 수 없다.

역주

· 땅이기도 하다 : 앞에서 브라흐만을 가이뜨리 형식에 비유했던 것처럼 다시 가이뜨리를 땅에 비유하고 있다. 이들이 가진 공통점은 모든 생물이 여기에 기반하고 있다는 것과 생물들은 어찌해도 그 틀을 벗어날 수 없다는 것이다.

[3]

그 땅인 가이뜨리는 (흙, 물, 불 등의 기본요소들과 감각으로 이루어진) 사람의 육신과도 같으니, 그것은 여기에 숨이 기반하기 때문이다. 숨은 이 결합체를 절대 넘어설 수 없다.

역주

· 사람의 육신과도 같으니 : 사람에게서 육신은 그 안에 살과 피, 감각, 숨까지 담고 있다. 세상에서 땅도 역시 그러한 육신과 같다.

[ 4 ]

육신인 가이뜨리는 사람 몸의 한가운데 있는 심장과 같다. 이 심장에 숨이 담겨져 있으며 숨은 이 세상을 절대 넘어설 수 없다.

> 역주
>
> · 심장과 같다 : 이번에는 사람의 심장에 비유하고 있다. 이것은 생물학적 의미의 심장이라기보다는 사람의 신체 부위 중 가장 중요한 핵심이 담긴 곳이라는 의미이다.

[ 5 ]

가이뜨리의 이 네 줄에는 각각 여섯 개씩의 글자가 있으며, 그러함은 리그 베다의 구절에도 언급되어 있다.

> 역주
>
> · 가이뜨리는 베다에서 쓰인 네 줄로 된 만뜨라를 짓는 형식의 하나로서, 앞에서 언급했듯 이것을 브라흐만의 징표로 삼아 설명하고 있다. 우파니샤드에서는 브라흐만을 '어떤 존재'라고 한마디로 말할 수 없으므로 때론 태양으로, 때론 가이뜨리로 여러 비유를 통해 설명하고 있다. 여기서 '여섯 글자'에 다시 의미를 부여하는 샹까라는 앞에서 언급된 '소리, 생물, 땅, 육체, 가슴, 숨'이라고 주석을 달고 있다.

[ 6 ]

그 (가이뜨리의) 범위는 이처럼 광대하다. 그러나 뿌루샤의 범위는 그보다 더 광대하다. 생명체들은 그 브라흐만의 사분의 일 안에 들어오며, 나머지 사분의 삼 안에 불멸의 천계(天界)가 들어온다.

> 역주
>
> · 이 구절은 리그 베다 제10장 90절의 뿌루샤 편에 나오는 그대로이다.
> · 뿌루샤 : '모든 것을 채우고 그 채워진 몸에 스스로 누워 있는 자(puruṣaḥ sarvapurṇāt puri śayanācca—샹까라)라는 뜻이다. 결국 이 뿌루샤도 브라흐만을 말하는 것이다.

[7]

브라흐만 그 존재는 사람의 육신 이외의 공간이다.

[8]

또한 그 육신 이외의 공간은 사람의 육신 안에 있는 공간이다.

[9]

사람의 육신 안에 든 것은 심장 안에 든 공간이다. 또한 이 심장 안에 든 공간은 모든 곳에 존재하며 움직임이 없는 것이다.

이와 같음을 아는 사람은 그 완전하고 결코 파멸하지 않는 영광을 누릴 것이다.


## 第13편

[1]

심장에는 문처럼 난 신과 관계된 구멍이 다섯 개 있도다. 동쪽으로 난 구멍에는 내쉬는 숨이 있으니, 그는 눈이요, 태양이로다. 그러니 이와 같음을 숭배하라. 이처럼 숭배하는 사람은 태양처럼 밝아 지혜롭고 늘 음식이 풍부한 자가 될 것이다.

역주

• 문처럼 난 신과 관계된 구멍 : 모두 브라흐만의 세계로 이끄는 문이다. 그 중 동쪽으로 난 구멍은 내쉬는 숨이 있는 구멍인데, 흔히들 공기는 '동쪽'으로 돌아서 나간다고 한다. 그래서 이 숨이 동쪽으로 난 문의 문지기이며 곧 브라흐만의 세계로 갈 존재라고 말한 것이다. 또한 숨과 가장 가까운 감각 기관은 눈이다. 눈이 없으면 혼자 움직일 수 없기 때문이다. 다시 눈과 가장 가까운 것은 태양이다. 태양 없이 눈도 볼 수 없기 때문이다.

• 이러한 숭배의 주 목적은 브라흐만 세계에 도달하는 것이다. 그러나

승배를 하다 보면 부수적으로 나타나는 성과들이 있다. 그것은 지혜롭고 음식이 풍부한 자가 된다는 것 등이다.

[ 2 ]

남쪽에 있는 구멍에는 브야나 숨이 있으니 그는 청각이요, 달이요, 그가 바로 부와 명예이다. 부와 명예의 브야나 숨을 숭배하라. 브야나 숨의 이러함을 숭배하는 자는 부와 명예를 가진 자가 될 것이다.

> **역주**
> • 남쪽으로 난 구멍에 있는 숨은 들어오고 나오는 숨을 적당히 저지하여 균형이 이루어지게 하는 등 여러 가지로 일을 하므로 브야나라고 한다. 이 숨과 가까운 감각기관은 귀이고, 외부에서는 달이다.

[ 3 ]

서쪽으로 난 구멍에는 들이쉬는 숨(아빠나)이 있으니 그는 목소리요, 아그니이다. 이러한 들이쉬는 숨을 빛, 베다의 학습, 먹을 음식 등으로 숭배하라. 이 지혜를 아는 자는 음식 등을 가진 자가 되리라.

> **역주**
> • 아빠나 숨은 들이쉬는 숨으로 몸 안으로 들어와 몸의 분비물을 아래로 내보내는 힘이 되는 숨이다. 아빠나 숨이 목소리와 가깝고 아그니와 가깝다고 한 것은 아빠나 숨처럼 목소리도 '나가는' 소리이며, 아빠나 숨처럼 아그니도 '태우는' 힘이기 때문이다. 아그니는 그 속성이 뜨거운 열기로서, 무지를 태워 지혜를 깨우치게 하며, 몸 안에서는 먹은 음식을 소화하고 그 나머지를 배설하게 한다. 그러므로 아그니는 태우는 자이며 그 아빠나 숨의 숭배는 그 결과가 그처럼 지혜로운 자가 되는 것이다.

[ 4 ]

북쪽의 구멍에는 평숨(사마나)이 있으니 그는 마음이며 구름이

다. 이러한 평숨을 명예와 아름다움으로 숭배하라. 이 지혜를 아는
자는 명예롭고 아름다운 자가 될지어다.

역주

• 평숨 사마나는 먹고 마신 것을 골고루 나누며, 감각기관 중 마음과 가
장 가깝다. 마음은 곧 지혜요, 모두에게 지혜를 나누어주어 얻는 명예와 직
결되기 때문이다. 이렇게 골고루 하는 공통점을 같고 있기는 구름도 마찬
가지이다. 구름도 골고루 증기를 모아 물로 뿌려주기 때문이다. 이것은 브
라흐만의 골고루 하는 특성을 나타내는 것이니, 이것을 알면 그 특성인 나
눔의 결과를 가지게 되는 것이다.

[5]

그 위쪽으로 뚫린 구멍에는 우다나 숨이 있으니, 그는 공기요, 대
공이다. 이 우다나 숨을 용맹과 위내함으로 숭배하라. 이 지혜를 알
고 숭배하면 힘 세고 지혜있는 자가 될지어다.

역주

• 우다나 숨은 발바닥에서부터 위로 올라가는 숨으로, 이 우다나 숨이
순조로워야 다른 숨도 순조롭게 느껴진다. 그러므로 가장 가까운 것은 공
기, 대공이라 하였다.

[6]

이 다섯 구멍에 머무는 자는 천상의 문지기이니, 누구든지 천상의
문지기인 이들을 알고 숭배하면 그 집안에 용감한 아들이 날 것이
다. 누구든 이 천상의 문지기들을 알고 숭배하면 천상을 얻으리라.

역주

• 다섯 구멍에 머무는 자는 천상의 문지기이니, 누구든지 천상의 문지기인 이들
을 알고 숭배하면 : 샹까라는 문지기들을 자기편으로 만들어야 그 안에 들은
왕위를 차지할 수 있듯이, 브라흐만의 세계에 도달하기 위해서 눈, 귀, 소
리, 마음, 숨을 숭배하여 이들을 넘어서야 한다고 해석한다.

·그 집안에 용감한 아들이 날 것이다 : 용감한 아들을 얻는 것은 브라흐만
에 대한 숭배에 점점 정도를 더하는 결과를 가져오는 것이다.

[ 7 ]

그리고 저 영원한 빛의 등불은 이 천상을 넘어 모든 세상의 저편
에, 모든 것 위에, 가장 높고 훌륭한 세상에서 빛을 내고 있도다. 그
것이 바로 우리 안에서도 볼 수 있는 뿌루샤의 불빛이다. 그것이 사
람의 안에 머물고 있는 빛이다.

[ 8 ]

이렇게 그 심장 속에 든 뿌루샤를 볼 수 있는 것은 사람이 육신에
손을 대어 따뜻한 기운을 느낄 수 있는 동안이다. 또 귀를 막았을 때
수레가 내는 소리, 황소가 내는 소리 그리고 타오르는 불이 타닥거
리는 소리를 듣는다면 그것이 뿌루샤의 소리이니, 이것은 귀로 들음
으로써 알 수 있는 방법이다. 이것이 느낄 수 있는, 혹은 들을 수 있
는 그 훌륭한 빛의 모습인 것이다. 최고의 불빛이 이와 같음을 숭배
하라. 이처럼 숭배하는 사람은 다른 이가 보기에 아름답고, 듣기에
그 훌륭함이 들리는 그런 자가 되리라.

역주

·육신에 손을 대어 따뜻한 기운을 느낄 수 있는 동안 : 체온이 있는 동안이므
로 살아 있는 동안이라는 의미이다.

·귀를 막았을 때 수레가 내는 소리, 황소가 내는 소리 그리고 타오르는 불이 타
닥거리는 소리를 듣는다면 : 이러한 소리는 청력에 이상이 없는 한 건강한 사
람이라면 누구나 자신의 귀를 막으면 들리는 소리이다. 그러므로 감각에
이상이 없을 때 그 뿌루샤가 있음을 확인할 수 있다는 의미이다.

## 제14편

〔1〕

이 모든 세상은 분명 브라흐만이요, 세상은 브라흐만에서부터 생겨나고 다시 그 브라흐만으로 돌아가며, 그 안에서 움직이노라. 그러므로 평안한 마음으로 이 브라흐만을 숭배하라. 이 세상에서 그대가 행하는 바대로 육신이 죽은 뒤에 이루어지리라. 그러므로 자신이 이룰 일을 스스로 만들지어다.

> 역주
> • 자신이 이룰 일을 스스로 만들지어다(kratuṁ kurvīta) : 이룰 일이란 상응하는 결과를 초래하는 행위, 곧 업(karma)을 말한다.

〔2〕

그 브라흐만은 마음으로 만들어진 것이며, 그 몸은 숨으로 되었고, 그의 모습은 빛의식, 그의 머릿속은 진리로다. 또한 그 안에 행위를 가지고, 욕망을 가지고, 모든 향기, 모든 맛을 가졌도다. 대공(大空)이며 온 세상을 사방천지에서 둘러 에워싸는 자, 그는 우리가 할 수 있는 말이나 숭배의 대상이 아니로다.

> 역주
> • 마음으로 만들어진(manomayaḥ) : 우리가 어떤 대상을 생각할 수 있는 것은 마음이 있기 때문이며, 어떤 일에 나아가거나 나아가지 않거나 하는 것도 마음이 정하기 나름이다. 브라흐만이 이러한 마음으로 이루어진 존재라는 것은 역시 형용해낼 수 없는 브라흐만을 우리의 머릿속에 긍정적으로 인식시키고자 사용한 상징적인 방법의 표현이다.
> • 몸(śarīra) : 샹까라는 여기에서 말하는 몸이 영혼의 몸(sūkṣama śarīra)이라고 한다. 따잇띠리야 우파니샤드에서는 그 빛의 존재는 인간의 모습을 취하고 있을 때 세 가지 몸을 가지고 있다고 하였다. 그것은 물질의 몸, 영혼의 몸 그리고 근원의 몸인데, 물질의 몸보다 영혼의 몸이 더 우위

294

이고 변화가 없는 것이며 그보다는 근원의 몸이 더욱 우위에 있어 절대 변하거나 움직이는 일이 없는 그 빛의 존재 자체라는 것이다. 그중에 마음으로 만들어진 이 영혼의 몸은 앎(vijñāna)과 행함(kriyā)이라는 두 가지의 힘을 가지고 있다. 그러므로 엄격히 말하면 앎과 행함은 어느 물질적 몸(sthūla śarīra)에 국한되는 특성이 아니라 영혼의 몸이 가진 특성이다. 영혼의 몸은 그 물질의 몸을 바꾸고 다녀도 이 두 가지 힘은 늘 가지고 있는 것이다.

[3]

나의 중심 속에 있는 이 아뜨만은 쌀알보다도, 보리알보다도, 작은 겨자씨보다도, 조보다도, 껍질을 깐 좁쌀 한 알보다도 더 작도다. 또 나의 중심 속에 있는 이 아뜨만은 땅보다, 대공보다, 천상보다 혹은 이 모든 것들을 합한 것보다 더 크도다.

[4]

그는 모든 일이며, 모든 욕망이며, 모든 맛이며, 모든 세상을 사방천지에서 둘러 에워싸고 있고 말이나 숭앙의 범주를 초월하는 것이다. 그 존재가 바로 나의 아뜨만, 내 중심에 머무는 자 바로 브라흐만이로다.

'이 육신이 죽고 나면 나는 다시 브라흐만에게로 돌아가리라.'

이와 같이 다짐을 하고 이에 아무런 의심도 두지 않는 사람은 결국 그러한 세계로 나아갈 수 있다. 이것은 성자 샨딜리야가 가르친 지혜로다.

**역주**

• 성자 샨딜리야의 이러한 가르침은 우파니샤드 철학에서 손꼽히는 것 중 하나이다. 이 찬도기야 우파니샤드 제3장에 나오는 샨딜리야의 지혜는 이 구절에 언급된 대로 첫째, 절대진리라는 것은 그것으로부터 세상만물이 나오고 그 창조물들이 그에 의지하며 살아갈 수 있는 그런 것, 둘째, 내생

은 현생에서 우리가 이루는 업보에 따라 결정된다는 것, 셋째, 아뜨만은 초
월적이지만 동시에 가장 현실적이라는 것, 넷째, 그 육신들이 죽고 나면 궁
극적으로 그 자신인 아뜨만과 하나가 된다는 것으로 정리할 수 있다.


## 제15편

[1]
대공(大空)은 곧 (모든 것을 그 안에 담는) 배(腹)요,
땅을 그의 밑바닥으로 삼는 쌈지이다.
그것은 절대 닳아 없어지지 않는다.
사방은 그 몸의 구석구석,
천상은 그의 뚫린 윗부분이다.
이 쌈지는 그 안에 업보를 가지고 있다.
그리고 그 업보에 이 모든 세상이 의지하고 있다.

[2]
그의 동쪽의 이름은 주후, 남쪽의 이름은 사하마나, 서쪽의 이름
은 라지, 북쪽의 이름은 수부따이다. 바람의 신 와유는 이 방향들에
서 태어난 아들이니, 이 와유가 그 방향들의 아들임을 아는 사람은
아들을 잃어 우는 일이 없다.
나는 방향들의 아들이 와유임을 알고 있으니 내가 아들을 잃어 우
는 일이 없게 하오.

역주
· 주후(juhū) : 동쪽은 신들에게 아그니를 통하여 공물을 바치는(juhū-
rnāma) 방향이기 때문이다.
· 사하마나(sahamānā) : 육신이 죽어 업에 따라 죄값이 무거운 사람은
남쪽, 즉 아래로 떨어져 고통을 당하기(sahamāna) 때문이다.

• 라지(rajñi) : 서쪽의 지배자는 바루나로 그는 서쪽의 통치자(rajnā)로 불리며 그가 가진 색이 석양의 붉은빛(raga)이다.

• 수부따(subhūtā) : 천상은 신들의 광휘(vibhūti)가 있는 곳이다.

[ 3 ]

나는 아들의 건강과 장수를 위해

아들과 함께, 아들과 함께, 아들과 함께 파멸하지 않는 그 쌈지인 대공의 존재에 의지합니다.

나는 아들과 함께, 아들과 함께, 아들과 함께, 호흡에 의지합니다.

나는 아들과 함께, 아들과 함께, 아들과 함께, 땅(부후)에 의지합니다.

나는 아들과 함께, 아들과 함께, 아들과 함께, 대공(부워허)에 의지합니다.

나는 아들과 함께, 아들과 함께, 아들과 함께, 천상(스워허)에 의지합니다.

**역주**

• '아들과 함께'에 '아들 아무개와 함께'와 같이 아들의 이름을 넣어서 이 만뜨라를 낭송한다.

[ 4 ]

내가 호흡에 의지한다고 말할 때는 그 호흡은 진정 이 모든 것, 존재하는 모든 것을 말하는 것이오, 바로 그러한 모든 것인 호흡에 의지한다고 말하는 것이다.

[ 5 ]

내가 땅에 의지한다고 말하는 것은, 곧 그와 동시에 대공(大空)에 도 의지하며 천상에도 의지한다고 말하는 것이다.

• 땅에 의지한다고 말하는 것은 그 땅을 밑바닥으로 하는 그 위의 세계들, 대공과 천상에까지 귀의한다고 말하는 것이다.

[ 6 ]

내가 대공에 의지한다고 말하는 것은, 곧 내가 불의 신 아그니에 의지하고, 바람의 신 와유에 의지하고, 태양의 신 아디띠야에도 의지한다는 의미이다.

• 아그니는 땅에 그 기반을 두는 신이요, 와유는 대공에, 그리고 아디띠야는 천상에 그 기반을 두는 신이다.

[ 7 ]

내가 천상에 의지한다고 말하는 것은 곧 내가 리그 베다에 의지하고 야쥬르 베다에 의지하며 사마 베다에도 의지한다고 말하는 것이다.


제16편

[ 1 ]

사람이 곧 제례이다. 사람이 태어난 후 첫 24년은 아침의 제례와 같으며, 가이뜨리는 24개의 글자로 된 찬양이니, 이 가이뜨리는 아침의 제례에 사용되는 찬양이다. 또한 바수들이 이 사람의 아침 제례를 좇는 신이다. 바수는 호흡들을 말하는 것이요, 이 호흡들이 모든 생물을 건강히 살게 하기 때문이다.

[ 2 ]

그러므로 이 24년 동안 어떤 질병이 그를 괴롭히면, 다음의 만뜨라를 암송한다.

바수여, 호흡이여, 나의 이 아침 제례를 중천의 제례와 이어주오. 제례 그 자체인 내가 바수인 호흡들 사이에서 더 이상 살지 못하게 되지 않도록.

이렇게 하면 그는 그 고통을 넘어설 것이요, 반드시 치료될 것이다.

[ 3 ]

그 다음의 44년 동안은 중천의 제례요, 뜨리슈뚭 찬양은 마흔네 개의 글자를 가진 찬양의 형식이니, 뜨리슈뚭 찬가는 중천의 제례에 사용되는 찬양이다. 그 사람의 이 제례를 좇는 신은 루드라이다. 루드라는 곧 호흡들이요, 호흡들을 울게 하는 자이기 때문이다.

> **역주**
> • 루드라의 글자 그대로의 뜻은 '울게 하는 자'이다.

[ 4 ]

44년 동안 어떤 질병이 그를 괴롭게 하면 다음의 만뜨라를 낭송한다.

호흡이여, 루드라여, 나의 이 중천제례를 저녁의 제례와 연결시켜주오. 제례 그 자체인 내가 루드라인 호흡들 사이에서 더 이상 살지 못하게 되지 않도록.

이렇게 하면 그는 그 고통을 넘어설 것이요, 반드시 치료될 것이다.

[5]

그 다음 그 이후 48년 동안은 마지막 저녁의 제례이다. 자가띠 사마 찬양은 48개의 글자로 된 것이니, 자가띠 사마 찬가가 이 마지막 제례에 쓰이는 찬양이다.

태양이 이 제례를 좇는 자이니, 호흡들이 곧 아디띠야요, 이들이 모든 것을 먹기 때문이다.

[6]

이 48년 동안 어떤 질병이 그를 괴롭히면 다음의 만뜨라를 낭송한다.

태양이여, 호흡이여, 나의 이 저녁 제례를 끝까지 이어주오. 제례 그 자체인 내가 태양인 호흡들 사이에서 더 이상 살지 못하게 되지 않도록.

이렇게 하면 그는 그 고통을 넘어설 것이요, 반드시 치료될 것이다.

[7]

이 지혜를 얻은 자 있었다. 그는 이따레야의 아들 마히다사였다. 그는 '질병이여, 어찌하여 그대는 나에게 고통을 겪게 하고자 하는가? 나는 결코 그대로 인하여 죽지 않을 것이다' 하고 선언하였으니, 그 지혜로 그는 116년을 살았다.

누구든 이 지혜를 아는 사람은 훌륭하고 건강하게 116년을 살 것이다.

역주
• 지금까지 언급한 대로 사람의 나이를 가지고 제례의 과정을 설명한 바에 따르면 건강한 사람의 수명은 모두 116년이다(24+44+48=116).

300

• 마히다사 : 수드라 여인 이따레야를 어머니로, 브라만 성자를 아버지로 해서 태어났다고 한다. 그런데 그가 그 아버지의 다른 자식들과는 다르게 대우를 받자 그 어머니 이따레야가 신에게 기원하여 그 아들이 장수를 누리면서 현명한 학자로 존경받으며 살 수 있게 하였다고 한다.


## 제17편

[ 1 ]

그 사람이 배고픔을 느끼는 것, 그 사람이 목마름을 느끼는 것, 그 사람이 기분이 좋지 않은 것, 이런 느낌들은 제례의 준비단계와 같다.

[ 2 ]

그리고 그 사람이 먹고, 마시고, 기분 좋게 느끼는 것, 이것은 우빠사다와 같다.

역주

• 우빠사다(upasada) : 3일간 금식하며 제화에 버터기름을 바치면서 소원성취를 기원하는 제사의식으로 일종의 고행이다. 먼저 이틀 동안은 하루 두 번, 점차 양을 줄이며 우유만을 마시고, 셋째날에는 제화에 붓고 남은 버터기름을 입에 적시기만 한다. 이 과정을 통해 맑고 깨끗한 느낌과 희열에 가까운 느낌을 갖게 된다고 한다. 그러므로 이 구절에서는 사람이 음식을 먹거나 마시거나 할 때 느끼는 좋은 기분과 우빠사다를 비유한 것이다.

[ 3 ]

그 사람이 웃고, 먹고, 성적인 결합을 할 때, 그것은 찬양이요, 그것은 찬양을 글로 적은 성전(聖典)과 같다.

역주

• 사람이 웃거나 먹음으로써 갖는 매우 높은 만족감, 성적인 결합을 통해 갖는 매우 높은 희열은 절정에 달한 기쁨이요, 제례의 절정인 찬양(udgītha)과 비견되는 것이다.

[ 4 ]

고행, 시주, 예배, 불살생, 진리(참)를 말하는 것, 이런 것들은 그 사람의 헌금(獻金)이다.

역주

• 헌금(dakṣiṇa) : 제례가 끝나고 나서 제주(祭主)가 제례관을 비롯한 사제들에게 헌금하는 것이 의례이며 이것을 닥쉬나라고 부른다. 닥쉬나와 고행들은 선업을 쌓는 데에 공통점이 있다.

[ 5 ]

그러므로 사람들은 제례에서처럼 '그(아기)가 태어날 것이다' 그리고 '그(아기)가 태어났다'고 말한다. 이것이 삶의 시작이다. 또 그의 죽음은 제례를 끝낼 때 하는 목욕제례이다.

역주

• 어머니가 아이를 낳는 것은 '사와나'(savana), 소마 제례에서 소마 즙을 짜내는 것도 '사와나'이다. 제례에서 '이제 소마 사와나가 있을 것이다' '소마 사와나가 끝났다'고 말하는 것처럼 산모가 아이를 낳을 때에도 똑같은 '사와나'라는 말을 써서 '아이를 낳을 것이다' '아이를 낳았다'고 말한다.

[ 6 ]

고라 앙기라사가 데바끼의 아들 끄리슈나에게 이 지혜를 알려주며, "사람이 죽음을 맞을 때에는 다음의 만뜨라를 낭독해주는 것입니다"라고 말했다.

그대는 스러지지 않는다. 그대는 변화하지 않는다. 그대는 완전히 훌륭하게 만들어진 숨이다.

끄리슈나는 이 지혜로 갈증에서 영원히 초월하였다.

[ 7 ]

가장 오래되었으며 온 세상의 근원인 브라흐만 안에서, 지혜로운 자들은 온 사방을 대낮처럼 비추는 지고의 빛을 어디서나 본다.

[ 8 ]

무지를 내쫓는 빛, 우리의 중심 안에 든 빛과 다르지 않은 그 빛, 다른 어떤 빛보다도 훌륭한 그 빛을 알고 나면, 우리는 빛 중에 가장 밝고 모든 빛 중에 가장 훌륭한 태양, 가장 훌륭한 태양을 얻는 것이다.

## 제18편

[ 1 ]

개개인의 정신을 곧 브라흐만으로 숭배해야 한다. 이것은 개개인의 브라흐만이다. 또 신과 관련된 비유로 말하자면 대공(大空)을 브라흐만으로 숭배해야 한다. 이들 정신, 대공은 사실 일치하는 것이다.

[ 2 ]

그 브라흐만은 네 부분으로 이루어져 있다. 소리가 그 하나요, 숨, 눈, 귀가 각각 한 부분씩이다. 이들은 개개인의 것이요, 신들의 브라흐만도 네 부분으로 이루어져 있는데 그것은 불, 바람, 태양, 방향이다. 이들이 사실은 일치하는 것이다.

[ 3 ]
소리는 브라흐만의 (네 부분으로 나눈 중에) 한 부분이요, 그것은 불빛을 통해 빛을 내고 열을 내뿜는다. 이 지혜를 아는 자는 브라흐만의 지혜의 빛과 명예를 통해 빛나고 열기를 내뿜는 자가 되리라.

[ 4 ]
숨은 브라흐만의 다른 한 부분이요, 그것은 바람을 통해 빛을 내고 열을 내뿜는다. 이 지혜를 아는 자는 브라흐만의 지혜의 빛과 명예로 빛나고 열기를 내뿜는 자가 되리라.

[ 5 ]
눈이 브라흐만의 한 부분이요, 그것은 태양을 통해 빛을 내고 열을 내뿜는다. 이 지혜를 아는 자는 브라흐만의 지혜의 빛과 명예로 빛나고 열기를 내뿜는 자가 되리라.

[ 6 ]
귀가 브라흐만의 한 부분이요, 그것은 사방을 통해 빛을 내고 열을 내뿜는다. 이 지혜를 아는 자는 브라흐만의 지혜의 빛과 명예로 빛나고 열기를 내뿜는 자가 되리라.


제19편

[ 1 ]
태양이 곧 브라흐만이다. 이것은 초월적인 지혜의 가르침이니, 이에 대해 설명하겠다. 처음에 이 모든 것은 드러나지 않은 실체로 있

었다. 그런데 그것이 드러났으며, 밖으로 나타나 알과 같은 모습이 되었고, 그 상태로 한 해 동안 있었다. 그리고 드디어 그것이 갈라져 반은 은, 반은 금이 되었다.

[2]

그 은이란 곧 땅이요, 금은 하늘이었다. 또 알의 겉으로 보이는 태(胎)의 모습은 산, 안으로 보이는 태(胎)의 모습은 구름과 안개 그리고 신경, 핏줄 등은 강, 나머지 물은 바다였다.

[3]

그렇게 해서 태어난 것은 태양이었다. 그 태양이 태어나면서 사방 멀리까지 닿는 '소리' 또한 생겨났으며, 그와 함께 모든 생물과 생물들에게 필요한 모든 것도 생겨났다. 그러므로 매번 태양이 뜨고 질 때 소리 또한 멀리로 퍼져나가고 들어와 생물들이 일어나고 다시 잠을 잔다.

[4]

이와 같은 태양이 곧 브라흐만이라는 믿음으로 숭배하는 현자에게는 좋은 (복된) 소리가 빠르게 닿을 것이요, 그 기쁨도 빠르게 닿을 것이다.

## 제4장

### 제1편

[1]

오움, 자나슈르띠 왕의 후손인 자나슈르따 왕이 있었는데 그는 많은 사람들에게 공손히, 그가 가진 많은 것을 베풀고, 음식도 많이 요리하여 베풀었다. 또 그는 사람들이 여러 곳에서 음식을 먹을 수 있게 하고자 많은 곳에 휴식처를 만들기도 했다.

[2]

그런데 어느 날 밤 백조 두 마리가 왕의 거처로 날아들었다. 한 백조가 다른 백조에게 말했다.

"이봐, 근시(近視)! 자나슈르따 왕의 선행으로 이루어진 엄청나게 강한 빛이 천상에서 내려온 빛처럼 모든 곳에 닿아 있으니, 자네 행여 그 빛에 가까이 가 건드리지 말게. 자네가 그 빛에 타버릴지 모르니 말야."

[3]

그러자 다른 백조가 말했다.

"그 왕이 누군데 그러나. 그 왕이 '수레 곁에 앉은 라이끄와' 정도라도 되는 인물이란 말인가?"

"아니, 그 '수레 곁에 앉은 라이끄와'란 또 누군가?"

[4]

"(주사위 게임에서) 끄리따 패가 나오면, 그보다 낮은 패는 다 그 안으로 들어가지 않나. 그처럼 사람들이 행하는 모든 선행들은 그 라이끄와의 것이라네. 그러니 이제 라이끄와가 어떤 인물인지 말하지 않아도 알지 않겠나."

[ 5 ]

자나슈르따 왕은 그들의 대화를 들었다. 그는 다음날 아침 일어나 신하에게 물었다.

"여봐라, 내가 '수레 곁에 앉은 라이끄와'를 닮았는가?"

"수레 곁에 앉은 라이끄와라니 어떤 사람을 말씀하시는 것입니까?"

"마치 주사위 게임에서 끄리따 패가 나오면, 그보다 낮은 패는 다 그 안으로 들어가지 않나. 그처럼 사람들이 행하는 모든 선행들은 그 라이끄와의 것이라네. 그러니 이제 라이끄와가 어떤 인물인지 말하지 않아도 알지 않겠나."

[ 6 ]

그래서 그 신하는 온 마을을 찾아다녔는데 결국 찾지 못했노라면서 되돌아왔다. 그랬더니 왕이 말하기를,

"아니 여봐라, 저 사제들이 계실 만한 곳으로 가 찾아봐야 하지 않나" 하였다.

**역주**

• 사제들이 계실 만한 곳 : 마을이 아니라 사제들이 수행하고 있을 만한 한적한 곳을 찾아가보라는 뜻이다.

[ 7 ]

그래서 신하는 수레 곁에 앉아 가려운 곳을 긁고 있는 한 사람을 발견하고 가까이 다가가서 물었다.

"선생님께서 혹시 '수레 곁에 앉은 라이끄와'이십니까?"

그는 간단히 대답했다.

"그렇소만."
신하는 이제야 찾아냈다고 기뻐하면서 돌아왔다.


## 제2편

[ 1 ]
신하가 와서 찾아냈다고 말하자, 왕은 육백 마리의 소와 귀한 장
신구들과 암말들이 끄는 마차까지 몰고 그 라이끄와를 만나러 갔다.

[ 2 ]
"라이끄와여, 여기 육백 마리의 소와 장신구, 암말들이 끄는 마차
를 바칩니다. 저에게 당신께서 명상하시는 그 신에 대해 가르침을
주십시오."

[ 3 ]
그러자 그 사람이 대답하기를,
"슈드라여, 그 마차와 장신구 그리고 가축들 모두 그대나 가지게"
하는 것이었다.
그러자 왕 자나슈르따는 다시 돌아가 천 마리 소와 귀한 장신구,
암말들이 끄는 마차, 그리고 왕의 딸까지 데리고 다시 왔다.

역주
• 슈드라 : 슈드라는 왕을 낮추어 부르는 말이다. 혹은 슈드라를 글자 그
대로 풀어서 '슬퍼하는 자, 즉 그동안 자신이 상당한 덕을 베푸는 사람이라
고 생각해왔는데 백조들의 대화를 듣고 자신이 그리 대단하지 못한 인물임
을 알고 슬퍼하는 자'라고 보기도 한다.

[ 4 ]

그에게 왕이 말했다.

"라이끄와여, 여기 천 마리 소와 귀한 장신구와 암말들이 끄는 마
차를 바칩니다. 저의 딸을 아내로 맞아주십시오. 그리고 스승께서
계시는 이 지역을 스승님께 바칩니다. 이제 제게 가르침을 주십시
오."

[ 5 ]

라이끄와는 가르침을 받을 준비가 된 것을 보고 말했다.

"슈드라여, 이들을 또 데리고 다시 왔구나. 기어이 그대는 내가 입
을 열도록 하는구나."

그래서 그 마을을 마하브리샤에 있는 라이끄와 빠르나 마을이라
부르게 되었다. 라이끄와 성자는 왕에게 가르침을 주었다.

## 제3편

[ 1 ]

바람은 (모든 것이 그 안으로 빨려 들어가는) '함몰장'(samvarga)
이니, 불이 꺼지는 것은 불이 바람 속으로 빨려들어가는 것이고, 태
양이 지는 것은 태양이 바람 속으로 빨려들어가는 것이고, 달이 지
는 것도 달이 바람 속으로 빨려들어가는 것이다.

[ 2 ]

물이 마르는 것도 물이 바람 속으로 빨려들어가는 것이다. 그 물
을 바람이 모두 마셔버리기 때문이다. 이것은 자연의 이치이다.

[ 3 ]

감각의 이치에 대해 말하노니, 숨이 그 함몰장이요, 사람이 잠을 잘 때 그의 목소리는 숨 속으로 빨려들어간다. 눈도 숨 속으로 빨려들어가고, 귀도 숨 속으로 빨려들어간다. 마음도 숨 속으로 빨려들어간다. 이들을 빨아들이는 것이 숨이기 때문이다.

[ 4 ]

이처럼 바람과 숨은 함몰장이니, 바람은 (자연)신들 중의 함몰장이요, 숨은 감각들 중의 함몰장이다.

[ 5 ]

한번은 사제인 까뻬야와 아비쁘라따리 깍샤세니가 막 식사를 하려고 하는데 한 브라흐마짜리가 그들에게 와서 보시를 청했다. 그들은 (그가 옳게 수학하고 있는가를 알아보려고) 보시를 하지 않았다.

> **역주**
> • 브라흐마짜리 : 브라흐만의 지혜를 터득하기 위하여, 결혼하지 않은 독신으로 모든 감각적 유혹을 누르고 수학하는 사람.

[ 6 ]

그 브라흐마짜리가 말하기를,

"(조물주로 불리는) 유일한 신이 있습니다. 그는 모든 우주의 보호자이시며, 네 명의 위대한 자들을 모두 마신 신입니다. 까뻬야여, 아비쁘라따리여, 언젠가 죽을 인간들은 여러 모습으로 존재하는 그를 알아보지 못합니다. 음식이란 그 신이 먹기 위해 있는데도 당신들은 그 음식의 주인된 자에게 음식을 주지 않으시는군요."

> **역주**
> • 네 명의 위대한 자들을 모두 마신 신 : 앞에 나온 구절에서 설명한 것처럼

그 신은 바람으로서 불, 태양, 달, 물 등을 마셨으며, 숨으로서 소리, 눈, 귀, 마음을 마셨다.

[7]

쇼나까가 이 말을 듣고, 잠시 생각해보고는 대답하였다.

"그렇소. 그대가 말하는 그 존재는 (자연)신들의 아뜨만이오. 그는 모든 존재를 태어나게 한 자이며, 그 이(齒)가 금으로 된, '먹는 자'이며, 진정으로 현명한 자요. 사람들은 그의 권능이 매우 훌륭하다고 한다오. 그것은 그가 스스로는 누구에게도 먹히지 않으면서도, 음식이 아닌 것을 음식으로 먹기 때문이지요. 그러므로 브라흐마짜리여, 그대가 말하는 그 신은 우리가 명상하고 있는 바로 그 존재요."

그리고 하인에게 말했다. "음식을 드려라."

[8]

그러자 하인이 그에게 음식을 주었다.

이 다섯과 또 다른 다섯은 열을 이루고, 그것은 주사위 게임에서도 가장 높은 패를 이루는 수이다. 그러므로 사방에 있는 이 열(十)이 음식이오, 가장 높은 패이다. 또 창조자 비라뜨가 바로 그 음식을 먹는 자이다. 이 존재를 통하여 이 모든 세상을 볼 수 있다. 이것을 아는 자는 이 모든 것을 보고, 음식을 먹는 자가 되리라. 이것을 아는 자는 이 모든 것을 보고 음식을 먹는 자가 되리라.

역주
· 이 다섯 : 바람, 불, 태양, 달, 물.
· 또 다른 다섯 : 숨, 소리, 눈, 귀, 마음.

## 제4편

[1]

소년 사뜨야까마 자발라가 어머니에게 물었다.

"어머니, 저도 브라흐마짜리가 되고 싶습니다. 저는 어느 가문에 속하나요?"

[2]

어머니가 말했다.

"애야, 나는 네가 어느 가문에 속하는지 알지 못한단다. 내가 젊었을 때 여기저기를 하녀로 떠돌면서 너를 가졌으니, 나는 네가 어느 가문에 속하는지 알지 못한단다. 그렇지만 내 이름이 자발라이니 나의 이름을 너의 성으로 써서 사뜨야까마 자발라라고 한 것이다. 그러니 너는 사뜨야까마 자발라라고 부른다고 알면 된단다."

[3]

사뜨야까마는 이름이 높은 스승 하리드루마따 가우따마에게 찾아가 말했다.

"저는 브라흐마짜리가 되고 싶습니다. 저를 제자로 받아주십시오."

[4]

가우따마가 물었다.

"너는 어느 가문에 속하느냐?"

사뜨야까마가 대답했다.

"저는 제가 어느 가문에 속하는지 알지 못합니다. 제가 어머님에게 여쭈었더니 어머니는 '내가 젊었을 때 여기저기를 하녀로 떠돌면서 너를 가졌으니 나는 네가 어느 가문에 속하는지 알지 못한단다. 그렇지만 내가 자발라이니 나의 이름을 너의 성으로 써서 너를 사뜨

312

아까마 자발라라고 한 것이다'라고 하셨습니다. 그러니 저는 그저 사뜨야까마 자발라입니다."

[5]

그러자 가우따마가 그에게 말했다.

"오로지 훌륭한 사제만이 그처럼 (진실을) 말할 수 있단다. 그러니 장작을 가져오너라. 내가 너를 제자로 받겠다. 그대는 진실을 감추지 않았도다."

이렇게 해서 가우따마는 그를 제자로 받았다. 그리고 어느 날 사뜨야까마에게 사백 마리의 늙고 여윈 소들을 맡기며 말했다.

"이 소들을 몰고 나가보거라. 잘 돌보아야 한다."

소들을 몰고 가면서 사뜨야까마는 말했다.

"(스승님이 맡기신 일이니 무언가 이 일을 통해 익히라는 말씀일 것입니다) 저는 이 소들을 천 마리로 불리기 전에는 돌아오지 않겠습니다."

그리고 그는 소들의 수가 천 마리가 될 때까지 여러 해를 그렇게 (스승에게 돌아가지 않고) 살았다.

역주
• 장작을 가져오너라 : 제자가 스승에게 장작을 가져오는 것은 스승의 문하로 들어가는 입문식을 치르는 준비에 대한 상징적 의미가 있다. 그러므로 분명 훌륭한 가문의 피를 받았을 사뜨야까마에게 장작을 가져오라는 것은 그를 제자로 받겠다는 의미이다.


제5편

[1]

황소가 말했다.

"사뜨야까마여."

그가 대답했다.

"예, 존경하는 분이시여."

"우리의 수가 모두 천에 이르렀으니, 이제 스승님의 거처로 돌아가야 할 때이다.

**역주**

• 사뜨야까마가 맹세한 대로 소가 사백 마리에서 천 마리로 늘었다. 이렇게 되기까지 소년 사뜨야까마는 스승님이 주신 이 과제를 훌륭히 마침으로써 이것을 통해 주시려는 가르침을 기다리고 있었던 것이다. 이렇게 스승을 믿고 헌신하는 자세는 브라흐만의 지혜를 스승으로부터 받고자 하는 제자가 갖추어야 할 첫번째 자세이다. 그러므로 황소가 내는 소리를 통해 그 가르침을 받을 수 있게 된 것이다.


[2]

이제 때가 되었으니 내가 브라흐만의 네 부분 중의 첫부분에 대해 알려주겠다."

"말씀해주십시오."

황소가 사뜨야까마에게 말하기를

"총명한 소년아, 동쪽이 그 네 부분 중의 첫번째요, 서쪽이 또 네 부분 중의 첫번째요, 남쪽이 또 그 네 부분 중의 첫번째요, 북쪽이 또 그 네 부분 중의 첫번째이다. 이들이 브라흐만의 빛나는 모습의 이름이다.


[3]

이것을 알고 이 브라흐만의 빛나는 이름인 '첫번째 부분'을 명상하는 자는 이 세상에서 빛날 것이요, 죽어서도 빛의 세계를 얻을 것이다. 브라흐만의 네 부분에 대해, 빛나는 그 브라흐만에 대해 명상하는 현명한 자는 빛나는 세상을 얻을 것이다.

제6편

[1]

불, 아그니가 너에게 브라흐만의 두번째 부분에 대해 가르침을 줄 것이다."

황소는 여기까지 말하고 더 이상 말하지 않았다.

다음날, 사뜨야까마는 소들을 몰고 스승님의 거처로 향했다. 하루를 걷고 저녁때가 되자 그는 소들을 한곳에 모으고, 그곳에 불을 피워 좋은 장작을 불에 넣은 뒤 서쪽 방향을 향해 앉았다.

[2]

불의 신 아그니가 소년을 불렀다.

"사뜨야까마여."

사뜨야까마가 대답했다.

"예, 존경하는 분이시여."

[3]

"내가 브라흐만의 네 부분 중 두번째 부분에 대한 지혜를 주겠다."

"말씀해주십시오."

아그니가 사뜨야까마에게 말하기를

"총명한 소년아, 땅, 대공, 하늘 그리고 바다가 그 두번째 부분이다. 이들은 브라흐만의 끝이 없는 모습의 이름이다."

[4]

누구든 이 끝이 없는 모습의 존재 브라흐만을 알고 브라흐만의 두번째 부분인 끝 없는 존재를 명상하는 자는 이 세상에서 끝이 없는 덕을 가진 자가 될 것이다. 끝 없는 존재를 명상하는 자는 이 세상에서 끝이 없는 덕을 가진 자가 될 것이다.

## 제7편

[1]

백조가 그대에게 브라흐만의 네 부분 중의 세번째 부분에 대한 가르침을 줄 것이다."

여기까지 말하고 불의 신 아그니는 더 이상 말하지 않았다.

다음날, 사뜨야까마는 또 소들을 몰고 스승의 거처로 향했다. 하루를 걷고 저녁때가 되자, 그는 소들을 한곳에 모으고, 그곳에 불을 피워 좋은 장작을 불에 넣은 뒤 서쪽 방향을 향해 앉았다.

[2]

백조가 사뜨야까마에게 날아와 그를 불렀다.

"사뜨야까마여."

사뜨야까마가 대답했다.

"예, 존경하는 분이시여."

[3]

"내가 브라흐만의 세번째 부분들을 알려주겠다."

"말씀해주십시오."

백조가 사뜨야까마에게 말하기를

"총명한 소년아, 불, 태양, 달 그리고 번개가 그 세번째 부분이다. 이들은 브라흐만의 환히 비추어주는 모습의 이름이다.

[4]

누구든 이 환히 비추어주는 모습의 존재 브라흐만을 알고 브라흐만의 이 세번째 부분인 환히 비추어주는 존재를 명상하는 자는 이 세상에서 환한 지혜를 가진 자가 될 것이다. 환히 비추어주는 존재를 명상하는 자는 이 세상에서 환한 지혜를 가진 자가 될 것이다.

제8편

[1]

물새가 그대에게 브라흐만의 네 부분 중의 네번째 부분에 대한 가르침을 줄 것이다."

여기까지 말하고 백조는 더 이상 말하지 않았다.

다음날, 사뜨야까마는 또 소들을 몰고 스승의 거처로 향했다. 하루를 걷고 저녁때가 되자 소들을 한곳에 모으고, 그곳에 불을 피워 좋은 장작을 불에 넣은 뒤 서쪽 방향을 향해 앉았다.

[2]

물새가 사뜨야까마에게 날아와 그를 불렀다.

"사뜨야까마여."

사뜨야까마가 대답했다.

"예, 존경하는 분이시여."

[3]

"내가 브라흐만의 네번째 부분들을 알려주겠다."

"말씀해주십시오."

물새가 사뜨야까마에게 말하기를

"총명한 소년아, 숨, 눈, 귀 그리고 마음이 그 네번째 부분이다. 이들은 브라흐만의 머무는 자리의 이름이다.

[4]

누구든 이 브라흐만의 머무는 자리의 이름을 알고 브라흐만의 네번째 부분인 머무는 자리에 대해 명상하는 자는 이 세상에서 다른 사람들이 의지가 되며, 죽어서도 넓은 자리를 얻을 것이다. 브라흐만의 이 네번째 부분인 머무는 자리에 대해 명상하는 자는 이 세상에서 다른 사람들이 의지가 되며 죽어서도 넓은 자리를 얻을 것이다."


## 제9편

[1]

(이렇게 해서 브라흐만의 지혜를 얻어) 사뜨야까마는 스승에게로 돌아왔다. 스승은 그를 불렀다.

"사뜨야까마여."

사뜨야까마가 대답했다.

"예, 존경하는 분이시여."


[2]

"애야, 너의 얼굴이 마치 브라흐만의 지혜를 얻은 사람처럼 빛나 보이는구나. 누가 너에게 지혜를 주었느냐?"

사뜨야까마가 대답했다.

"스승님, 어떤 사람이 아니라 자연의 신들이 저에게 지혜를 주었습니다. 그러나 저의 소망은 변함없이 스승님을 통해서 가르침을 얻고 싶은 것입니다. 저에게 가르침을 주십시오.


[3]

스승님과 여러 훌륭한 분들의 말씀이, 스승에게서 배운 지혜만이 의심할 바 없이 훌륭한 것이라 하시지 않았습니까."

이 말에 흡족한 스승은 다시 제자에게 가르침을 주었다. 그리하여 사뜨야까마가 가진 브라흐만의 지혜는 조금의 모자람도 없게, 조금의 모자람도 없게 되었다.

## 제10편

[1]

까말라의 아들 우빠까우살라가 뛰어난 스승이 된 사뜨야까마 자발라의 문하에 들어가 브라흐만의 지혜를 얻고자 독신으로 성실히 살았다. 그는 12년 동안 스승의 제화(祭火)를 성심으로 지키며 지냈지만, 스승은 다른 제자들을 하나하나 지혜를 익히게 하고 문하를 떠나보내면서 그에게만은 가르침을 줄 생각을 하지 않는 것이었다.

[2]

그것을 보고 스승의 부인이 말했다.

"저 제자는 오랫동안 충분한 고행을 거쳤지 않습니까. 당신의 아그니를 그렇게도 성심성의껏 지켜왔어요. 그런데도 당신은 저 제자를 거들떠보지 않으시니 너무 하시는군요. 그 아그니 신이 당신을 원망하지 않을까 싶을 정도예요. 그러니 이제 저 제자에게도 가르침을 베풀어주시지요."

부인이 이렇게 말하는데도 스승은 그 제자에게 가르침을 주지 않고 다른 일이 있다면서 그냥 나가버렸다.

[3]

우빠까우살라는 괴로워하면서 단식을 하기로 결심했다. 그가 단식을 하고 꼼짝없이 제화만을 지키며 앉아 있자, 스승의 부인이 말했다.

"브라흐마짜리여, 식사를 해야지 왜 그렇게 식사도 하지 않고 앉아 있는가?"

그러자 제자가 답했다.

"세상 사람들 속에는 수많은 소망이 있으며, 그 소망들은 모두 각기 그 원하는 곳으로 내달리고 있습니다. 저 역시 그러한 괴로움에

시달리고 있습니다. 식사는 하지 않겠습니다."

[4]

이것을 보고 아그니들이 서로 의논을 하였다.

"이봐, 저 브라흐마짜리는 고행으로 우리를 훌륭히 섬기어왔지 않은가. 그러니 우리가 그가 원하는 가르침을 주는 것이 어떻겠나."

이렇게 해서 아그니들이 그에게 가르침을 주었다.

"총명한 자여, 들어라. 숨이 곧 브라흐만이요, 까(희열)가 브라흐만이요, 카(大空)가 브라흐만이다."

역주

• 아그니들 : 가르하빠뜨야(gārhapatya), 닥쉬나(dakṣiṇā), 아하바니야(āhavanīya)가 세 제화(祭火)의 아그니 신들이다.

[5]

우빠까우살라가 말했다.

"숨이 브라흐만인 것은 알겠습니다만 말씀하시는 '까'와 '카'에 대해서는 모르겠습니다."

아그니들이 말했다.

"까인 그것이 카요, 카인 그것이 까이다."

이렇게 그들은 우빠까우살라에게 숨과 숨의 거처가 되는 대공에 대해 가르침을 주었다.

역주

• 우빠까우살라가 일반적인 의미의 '희열'이나 '대공'을 모르는 것은 아니지만 이것들이 브라흐만이라고 하는 말은 이해하지 못한다고 말하자, 아그니들은 대공과 통하는 희열, 희열과 통하는 대공은 초월적인 것이며 이들도 브라흐만의 비유로 사용될 수 있다고 말하고 있다.

## 제11편

[ 1 ]

가르하빠뜨야 아그니가 말했다.

"땅, 불, 음식 그리고 태양, 이것이 나를 이루는 부분들이다. 태양 속에 들은 뿌루샤, 그가 바로 나요, 내가 바로 그 존재이다."

**역주**

 • 땅과 음식은 불과 태양에게 각각 '먹히는 자'이다. 또 불과 태양은 '먹는 자'이며, '뜨거운 열기로 익히는 자' '빛을 내는 자'이다. 이들은 같은 목적을 가지는 '서로 연관된 것'들이다.

[ 2 ]

이러함을 알고 (그 뿌루샤를) 숭배하는 자는 악업을 사하고 세상에 훌륭히 사는 자이다. 그는 장수할 것이요, 사는 동안 그 삶이 빛날 것이며, 그의 후손들은 절대 끊어지지 않는다. 우리는 이 지혜를 가지고 명상하는 자를 이 세상에서 보호하듯 저 세상에서도 보호한다.

## 제12편

[ 1 ]

다음엔 닥쉬나 아그니가 말했다.

"물, 사방, 별 그리고 달이 나를 이루는 부분들이니, 달 속에 들은 뿌루샤는 나요, 내가 곧 그 존재이다."

**역주**

 • 위에서 아래(南)로 흐르는 물과 별은 사방(四方)과 달에게 '먹히는 자'

들이며, 사방과 달은 이들을 '먹는 자'이며, 남쪽을 그 기반으로 하는 자들
이다.

[2]

이러함을 알고 (뿌루샤를) 숭배하는 자는 악업을 사하고 세상에
훌륭히 사는 자이다. 그는 장수할 것이요, 사는 동안 그 삶이 빛날
것이며, 그의 후손들은 절대 끊어지지 않는다. 우리는 이 지혜를 가
지고 명상하는 자를 이 세상에서 보호하듯 저 세상에서도 보호한다.

## 제13편

[1]

그 다음 아하바니야 아그니가 말했다.
"호흡, 대공, 천상, 번개, 이것들이 나를 이루는 부분들이요, 번개
속에 든 뿌루샤가 곧 나요, 내가 곧 그 존재이다."

[2]

이러함을 알고 (뿌루샤를) 숭배하는 자는 악업을 사하고 세상에
훌륭히 사는 자이다. 그는 장수할 것이요, 사는 동안 그 삶이 빛날
것이며, 그의 후손들은 절대 끊어지지 않는다. 우리는 이 지혜를 가
지고 명상하는 자를 이 세상에서 보호하듯 저 세상에서도 보호한다.

## 제14편

[1]

그들이 말했다.

"총명한 우빠까우살라여, 그대에게 우리 아그니에 대해서 아뜨만
에 대해서 가르침을 주었다. 그러나 그 다음은 스승이 그대에게 가
르쳐줄 것이다."

스승이 와서 그를 불렀다.

"우빠까우살라여."

[2]

그가 대답했다.

"예, 존경하는 분이시여."

"너의 얼굴은 마치 브라흐만의 지혜를 가진 사람처럼 빛나는구나.
누가 너에게 가르침을 주었느냐?"

우빠까우살라는 "스승님, 어느 누가 저에게 가르침을 줄 수 있겠
습니까" 하며 있었던 일에 대해서 말하지 않았다. 그리고 계속해서
"아그니 신들은 사실은 각기 다른 모습이었습니다."

이렇게 그가 아그니에 대해 이야기하자 스승이 물었다.

"총명한 제자여, 그들이 무어라 했느냐?"

[3]

우빠까우살라가 말했다.

"그들이 그렇게 말했습니다" 하고,

"총명한 소년이여, 그들이 말한 것은 이 세상에 관한 것이구나. 그
렇지만 내가 너에게 가르칠 것은, 그것을 아는 자에게 마치 물이 연
꽃 잎에 닿지 않듯 악업이 절대 닿지 않는 그런 것에 관한 것이다."

"존경하는 스승님, 그것을 가르쳐주십시오" 하고 우빠까우살라가
말했다.

제15편

[ 1 ]

스승이 말했다.

"눈 속에 보이는 뿌루샤 그가 곧 아뜨만이다. 그는 죽음도 두려움
도 없는 것이니, 바로 그것이 브라흐만이다. 누구든 버터기름이나
물을 여기(눈)에 부으면 그것은 그 속눈썹에만 흘러들어간다.

역주

• 그 속눈썹에만 흘러들어간다 : 직접 그 존재에 닿을 수 없다.

[ 2 ]

사람들은 그를 '모든 아름다운 것들의 원천'이라고 말한다. 왜냐하
면 그 모든 것들이 그의 뒤를 좇기 때문이다. 누구든 이 지혜를 아는
자, 모든 것들이 그의 뒤를 좇는다.

[ 3 ]

그 존재는 진정 '모든 아름다운 것들을 주는 자'라고 불린다. 그가
아름다운 것을 주는 자이기 때문이다. 이것을 아는 자에게는 이 모
든 아름다운 것들이 주어진다.

[ 4 ]

그 존재는 '빛을 주는 자'라고 불린다. 그는 진정 모든 세상을 빛내
고 있는 자이기 때문이다. 이것을 아는 자는 모든 세상에서 빛난다.

[ 5 ]

그래서 장례를 치르든 치르지 않든, 그러한 사람들은 빛 속으로
들어간다. 그 빛 속에서 그들은 낮으로 들어가고, 그 낮에서 다시 밝

은 보름으로 들어가고, 밝은 보름에서, 태양이 북반구를 도는 6개월로 들어가고, 이 6개월에서 다시 태양으로 들어가고, 태양에서 달로, 달에서 번개로 들어간다. 특별한 사람들이 브라흐만에게 데려간다. 거기 도달하고 나면 그들은 이 인간들의 바퀴로 다시 돌아오지 않는다. 다시 돌아오지 않는다.

## 제16편

[ 1 ]

여기 부는 바람이 그에게는 제례이다. 바람이 불어 이 모든 것들을 성스럽게 하기 때문이다. 이렇게 모든 것을 성스럽게 하는 자이니, 제례라고 하는 것이다. 소리와 마음이 그의 두 길이다.

[ 2 ]

제례관 브라흐마가 '소리'를 마음으로 정화하고, '호따, 아드와르유, 우드가따'는 소리로서 '마음'을 정화한다. 그런데 만일 제례의 찬양이 시작될 때, 브라흐마가 나서서 입을 열면,

[ 3 ]

그것은 두 가지 중 한 가지만이 정화되는 것이며 다른 한 가지는 그대로 비게 되는 것이다. 다리 한 쪽만 가지고 걷는 사람이나 바퀴하나만 가지고 구르는 수레가 결국 쓰러지게 되는 것처럼 이러한 제례는 쓰러지게 된다. 제례가 쓰러진다면 제주(祭主)도 뜻을 이루지 못하는 것이요, 결국 이런 제례를 치르는 것으로는 더욱 큰 죄를 범하는 자가 될 뿐이다.

[4]

제례관 브라흐마가 중요한 예비 찬양이 시작될 때부터 찬양이 시
작될 때까지 입을 열지 않고 있어야 그것은 두 가지를 모두 정화하
는 결과를 것을 것이요, 그 두 가지 중 어느 것도 멸하게 하지 않는
것이다.

[5]

사람이 두 발로 걷고 수레가 두 바퀴로 굴러야 튼튼하듯, 이 두
가지로 제례를 치러야 제례가 튼튼하고 훌륭히 치러진 것이 되며,
제례의 제주(祭主)도 그와 같이 훌륭한 것이다. 이러한 제례를 치르
는 제주는 훌륭한 자이다.


제17편

[1]

조물주 쁘라자빠띠가 세상을 놓고 뜨겁게 달구는 고행을 했다. 그
달구어진 세상 속에서 감로수가 나왔다. 땅에서 아그니가 감로수로
나왔고, 대공에서 바람이 감로수로 나왔으며, 천상에서 태양이 감로
수로 나왔다.

[2]

조물주 쁘라자빠띠가 이 세 신들을 놓고 다시 달구는 고행을 했
다. 그 달구어진 신들에게서 감로수가 나왔다. 불의 신 아그니에게
서 리그 베다 구절이, 바람의 신 와유에게서 야쥬르 베다가, 태양의
신 아디띠야에서 사마 베다가 감로수로 나왔다.

[3]

그 다음 쁘라자빠띠는 이 세 베다를 놓고 달구는 고행을 했다. 그 달구어진 베다들에서 감로수가 나왔다. 리그 베다에서 부후, 야쥬르 베다에서 부워허, 그리고 사마 베다에서 스워허, 이 세 감로수가 나왔다.

[4]

제례에서 만일 리그 베다에 관한 무엇이 부족하면 '부후, 스와하' 라고 하여 가르하빠뜨야 아그니에게 봉헌한다. 이렇게 제주는 리그 베다의 감로수, 리그 베다 구절들의 빛을 통해 제례의 리그 베다와 관계된 부족함을 채울 수 있는 것이다.

[5]

제례에서 만일 야쥬르 베다에 관한 무엇이 부족하면 '부워허 스와하'라고 하여 닥쉬나 아그니에게 봉헌한다. 이렇게 제주는 야쥬르 베다의 감로수, 야쥬르 베다 구절들의 빛을 통해 제례의 야쥬르 베다와 관계된 부족함을 채울 수 있다.

[6]

제례에서 만일 사마 베다에 관한 무엇이 부족하면 '스워허 스와하' 라고 하여 아하바니아 아그니에게 봉헌한다. 이렇게 제주는 사마 베다의 감로수, 사마 베다 구절들의 빛을 통해 제례의 사마 베다와 관계된 부족함을 채울 수 있다.

[7]

그것은 붕사(硼砂)로 금을 묶고, 금으로 은, 은으로 주석, 주석으로 납, 납으로 철, 철이나 가죽 끈으로 목재를 붙잡아매는 것과 같은 것이다.

[ 8 ]

그처럼 이 세상들, 신, 세 베다의 빛으로 제례의 부족함을 추스려 묶는 것이다. 이러함을 아는 현명한 사제가 있는 곳에서 치러지는 제례는 훌륭한 약초들을 바치는 것과 같이 훌륭하게 된다.

[ 9 ]

그러한 현명한 사제가 있는 곳에서 치러지는 제례는 태양의 길, 북반구의 길로 접어든다. 이와 같음을 아는 대표 제례관에 대하여 이러한 말도 있다.

"어디든 (훌륭한) 까르마가 있는 곳에 그가 있다."

역주

• 북반구의 길 : 태양이 북반구를 도는 6개월 동안의 길이며, 이것은 신의 길(devayāna)로서 제례의 결과가 훌륭히 이루어질 것을 예고한다.

[ 10 ]

이처럼 (때에 따라) 입을 다물 줄 아는 제례관이 바로 진정으로 알 것을 아는 제례관이다. 전쟁에서 대 장군을 (호위병들이) 사방에서 보호하듯, 이와 같은 지혜를 가진 제례관을 제례, 제주 그리고 모든 리그 베다를 아는 사제들이 보호한다. 이와 같음을 아는 자를 총제례관으로 정하라. 알지 못하는 자를 제례관으로 정하지 말지어다.

## 제5장

## 제1편

[ 1 ]

오옴, '가장 오래되고 가장 훌륭한 자'를 아는 사람은 오래 장수
하며 가장 훌륭한 사람이 된다. 숨이 가장 오래되고 가장 훌륭한
자이다.

역주

• 가장 오래되고 가장 훌륭한 자 : 숨은 모든 감각의 기반이 되는 것으로 모
든 감각들 중 가장 먼저 생겨났으므로 '가장 오래된 자'이며, 그 역할에 따
라 들이쉬는 숨, 내쉬는 숨, 브야나 숨, 평숨, 우다나 숨 등 다섯 가지로 불
리면서 다른 감각기관들이 각각의 기능을 다할 수 있게 하므로 가장 훌륭
한 자이다.

[ 2 ]

'가장 훌륭히 덮는 자'를 아는 사람은 지기(知己)들 중에 가장 훌
륭히 덮는 자가 된다. 소리가 가장 훌륭히 덮는 자이다.

역주

• 가장 훌륭히 덮는 자 : 소리(말)로 다른 사람을 압도하는 사람이 그 관계
속에서 다른 사람들을 '덮는 자'이다.

[ 3 ]

'가장 훌륭히 자리잡는 자'를 아는 사람은 이 세상과 저 세상 모두
에서 가장 훌륭히 자리를 잡는다. 눈이 가장 훌륭히 자리를 잡는 자
이다.

• 눈이 가장 훌륭히 자리를 잡는 자 : 눈으로 보아야 험하지 않은 편편한 곳을 골라 훌륭히 자리잡을 수 있기 때문이다.

[ 4 ]

'가장 훌륭하고 귀한 것'을 아는 사람은 신과 인간이 누릴 수 있는 훌륭하고 귀한 것을 가지리라. 귀가 가장 훌륭하고 귀한 것을 가진 자이다.

• 귀가 가장 훌륭하고 귀한 것을 가진 자 : 귀로 들어 옳고 그른 행동을 가려 한다. 또 귀로 전해지는 경전을 잘 듣고 가려서 제례를 올릴 수 있으므로, 그 결과로 가장 훌륭하고 귀한 것(제례의 목적, 해탈)을 가지게 되기 때문이다.

[ 5 ]

'가장 훌륭한 거처'를 아는 사람은 그를 아는 사람들 가운데 가장 훌륭한 거처가 된다. 마음이 가장 훌륭한 거처이다.

• 마음이 가장 훌륭한 거처 : 모든 감각들이 마음에 거처하며 활동하기 때문이다.

[ 6 ]

한 번은 감각들이 서로 '내가 가장 훌륭하다. 내가 가장 오래된 자이다' 하며 다투기 시작했다.

[ 7 ]

그래서 감각들은 문제를 해결하기 위해 아버지 창조주 쁘라자빠띠에게 갔다.

"존경하는 아버지, 저희들 중에 누가 가장 훌륭합니까?"

쁘라자빠띠는 그들에게 말했다.

"너희들 중에 누구든 떠날 때 그로 인해 몸이 가장 곤란하게 되게 하는 자가 가장 훌륭한 자이다."

[ 8 ]

목소리가 몸을 빠져나가 일 년 동안 밖에서 다니다가 돌아와 물었다.

"내가 없는 동안 어떻게 지냈소?"

다른 감각들이 말했다.

"벙어리가 말을 못하듯, 말을 하지 않고 지냈소. 그러나 숨으로 숨을 쉬고, 눈으로 보고, 귀로 들으며, 마음으로 생각하며 지냈소."

그래서 목소리는 다시 들어왔다.

[ 9 ]

눈이 몸을 빠져나가 일 년 동안 밖에서 다니다가 돌아와 물었다.

"내가 없는 동안 어떻게 지냈소?"

다른 감각들이 말했다.

"장님이 보지 못하듯, 보지 않고 지냈소. 그러나 숨으로 숨을 쉬고, 목소리로 말을 하고, 귀로 들으며, 마음으로 생각하며 지냈소."

그래서 눈은 다시 들어왔다.

[ 10 ]

귀가 몸을 빠져나가 일 년 동안 밖에서 다니다가 돌아와 물었다.

"내가 없는 동안 어떻게 지냈소?"

다른 감각들이 말했다.

"귀머거리가 듣지 못하듯, 말을 하지 않고 지냈소. 그러나 숨으로 숨을 쉬고, 목소리로 말을 하며, 눈으로 보고, 마음으로 생각하며 지 냈소."

그래서 귀는 다시 들어왔다.

[ 11 ]

마음이 몸을 빠져나가 일 년 동안 밖에서 다니다가 돌아와 물었다. "내가 없는 동안 어떻게 지냈소?"

다른 감각들이 말했다.

"어린아이들이 생각을 할 줄 모르듯, 생각을 하지 않고 지냈소. 그 러나 숨으로 숨을 쉬고, 목소리로 말을 하며, 눈으로 보고, 귀로 들 으며 지냈소."

그래서 마음도 다시 들어왔다.

[ 12 ]

이제 숨이 몸을 빠져나가려고 했다. 훌륭한 말이 (채찍을 맞고) 발 묶은 줄을 맨 못을 땅에서 뽑아버리듯, 숨이 다른 감각들을 몸에 서 뽑아버렸다. 그러자 모든 감각들이 숨에게로 와서 말했다.

"숨이여! 그대는 우리들의 주인입니다. 우리들 중 그대가 가장 훌 륭합니다. 떠나지 말아주십시오!"

[ 13 ]

그래서 소리가 숨에게 말했다.

"나는 '가장 훌륭히 덮는 자'이니, 바로 그대가 그것을 가능하게 하 였소."

눈이 말했다.

"나는 '가장 훌륭히 자리잡는 자'이니, 바로 그대가 그것을 가능하 게 하였소."

[ 14 ]

또 귀가 숨에게 말했다.

"나는 '가장 훌륭하고 귀한 것을 가진 자'이니, 바로 그대가 그것을 가능하게 하였소."

마음도 말했다.

"나는 '가장 훌륭한 거처'이니, 바로 그대가 그것을 가능하게 하였소."

[ 15 ]

그러므로 그 누구도 소리, 눈, 귀, 마음 어느 한 가지만 감각이라 말하지는 않는다. 그러나 숨은 감각이라고 말한다. 그것은 모든 감각들이 결국 숨이기 때문이다.

제2편

[ 1 ]

그 숨이 말했다.

"나의 음식은 무엇인가?"

감각들이 말했다.

"개와 새들로부터 모든 생물체들이 먹는 음식이 그대의 음식입니다." 숨의 음식이 되는 그 모든 것은 '아나'의 것이며 '아나'는 숨의 이름이다. 이 지혜를 아는 자는 세상에 먹지 못할 것이 없게 된다.

**역주**

• 아나(ana) : 쁘라나(prāṇa), 아빠나(apāna), 사마나(samāna), 우다나(udāna), 브야나(vyāna) 등 모든 숨은 '아나'이다.

[2]

이 지혜를 아는 자는 세상에 먹지 못할 것이 없게 된다. 숨은 모든 생물이 먹는 것을 먹는 자이므로, 그러한 숨을 이해한 자는 그 숨과 동일화되어 모든 것을 먹는 자가 된다.

또 숨이 말했다.

"내가 입을 것은 무엇인가?"

그들이 말했다.

"물입니다."

그러므로 사람들은 먹을 때 처음과 나중에 물을 마신다. 그러한 사람은 입을 것을 가지는 자이니, 절대 헐벗지 않으리라.

[3]

사뜨야까마 자발라가 이 지혜를 브야그라빠다의 아들 고슈루띠에게 주면서 말했다.

"숨을 아는 자라면 그가 메마른 나무에 대고 말을 하더라도 그 나무에서는 가지들이 새로 솟고, 나뭇잎들이 나와 돋을 것이오."

[4]

누구든 위대함을 얻고자 하거든 (이렇게 하라)

우선 그믐날 배움의 입문식을 치르고 보름날 밤에 모든 약초들을 가져다가 빻고 응유(凝乳)와 꿀을 여기에 한데 섞은 것(만타)을 만들어, 그것을 국자로 떠서 아그니에 부으며

'가장 오래되고 가장 훌륭한 자에게 스와하(바칩니다)'라고 하고, 국자에 남은 것을 '만타'에 대어 받는다.

> **역주**
>
> • 입문식(dikṣā) : 배움을 얻기 위하여 믿음, 고행, 성실, 금욕 등을 갖출 것을 맹세하는 의식이다. 누구든 입문식을 치르고 나야 학생이 될 수 있다.

334

[5]

이렇게 '가장 훌륭히 덮는 자에게 스와하(바칩니다)'라고 하면서 아그니에 붓고 국자에 남은 것을 그릇에 대고 받는다.

'가장 훌륭히 자리잡는 자에게 스와하(바칩니다)'라고 하면서 아그니에 붓고 국자에 남은 것을 그릇에 대고 받는다.

'가장 가진 자에게 스와하(바칩니다)'라고 하면서 아그니에 붓고 국자에 남은 것을 그릇에 대고 받는다.

'가장 훌륭한 거처에게 스와하(바칩니다)'라고 하면서 아그니에 붓고 국자에 남은 것을 그릇에 대고 받는다.

[6]

이제 아그니에서 조금 떨어져 나와 그 그릇을 들고 이 만뜨라를 낭송한다.

'그대의 이름은 숨 아마이니, 모두가 그대와 함께 존재하기 때문이다.'

'그대는 가장 오래되고, 가장 훌륭하고, 가장 빛나는 모두의 왕이다. 그러므로 내가 가장 오래되고 훌륭한 나의 왕국과 왕위를 가질 수 있게 해주오. 그리하여 나 또한 그대와 같이 모든 세상 그 자체가 될 수 있도록.'

**역주**

• 아마(ama) : 숨(息).

[7]

그리고 만뜨라 한 줄씩을 낭송하며 그 그릇 안에 든 것을 한 모금씩 마신다.

'모든 세상을 낳은 태양의 음식에 경배합니다.'
하고 한 모금 마시고,

'우리는 그 태양신의 음식이요'
하고 한 모금 마시고,
'그는 가장 훌륭한 모든 세상을 떠받치고 있는 자이니'
하고 한 모금 마시고,
'우리는 그 태양신을 기억합니다.'
여기에서 그릇에 남은 모든 것을 깨끗이 비워 마신다.

그 다음 그 아그니 뒤쪽에 가죽을 깔거나 혹은 맨땅에 눕는다. 말소리를 내지 말며 비뚤어지지 않게 똑바로 누워 잠을 잔다. 꿈에 여자를 보면 그의 의례가 잘 이루어졌음을 증명하는 것이다.

[ 8 ]
소원을 비는 의례의 꿈에 여자를 보면 그 의례는 성취될 것이다. 꿈에 여자를 보면 성취할 것이다. 꿈에 여자를 보면 성취할 것이다.


제3편

[ 1 ]
아루나의 아들 슈베따께뚜가 빤짤라 국 왕의 궁정에 갔다. 쁘라바하나 자이발리 왕이 그에게 말했다.
"젊은이여, 그대의 아버지가 그대에게 가르침을 주었다고 했는가?"
"예, 존경하는 왕이시여, 그렇습니다."

[ 2 ]
"그대는 사람들이 이 세상을 떠나 어느 곳으로 가는지 아는가?"
슈베따께뚜가 대답했다.
"존경하는 왕이시여, 그것은 알지 못합니다."

"그대는 사람들이 어떻게 다시 이 세상으로 돌아오는지 아는가?"

"존경하는 왕이시여, 그것은 알지 못합니다."

"그대는 신의 길과 조상의 길, 이 두 길이 어떻게 갈라지는지 아는가?"

"존경하는 왕이시여, 알지 못합니다."

[ 3 ]

"그대는 왜 저 세상이 꽉 차지 않는지 아는가?"

"존경하는 왕이시여, 알지 못합니다."

"그대는 다섯 번의 아그니에 대한 봉헌 끝에 마지막 물(水)이 어떻게 사람(人)으로 불리게 되는지 아는가?"

"존경하는 왕이시여, 저는 알지 못합니다."

[ 4 ]

"그렇다면 그대는 어찌 가르침을 받았노라고 말하는가? 이 질문들에 대해 답하지 못하는 자가 어찌 가르침을 받은 자가 된다는 말인가?"

슈베따께뚜는 풀이 죽어 아버지에게 와서 말했다.

"아버지, 어찌 아버지는 저에게 가르침을 주지 않으시고 가르침을 다 주셨노라고 하셨습니까.

[ 5 ]

아버지, 그 무사(武士) 왕이 제게 다섯 가지 질문을 했습니다. 그런데 저는 그중 한 가지에 대해서도 답하지 못했습니다."

아버지가 말했다.

"네가 와서 말한 그 다섯 가지 질문들 중 단 하나도 내가 아는 것이 없구나. 내가 알고 있다면 너에게 왜 가르치지 않았겠느냐."

[ 6 ]

아버지 가우따마가 성자의 지혜를 가진 왕 쁘라바하나 자이발리에게로 갔다. 왕은 손님을 지극히 대접했다. 다음날 아침이 되자 궁정에 있는 왕 앞에 나아갔다.

왕이 말했다.

"존경하는 가우따마여, 재물이나 명예 등 무엇이든 원하시는 것이 있으면 소원을 말해보십시오."

그가 대답했다.

"그러한 재물은 모두 왕께서 가지시지요. 제가 원하는 것은 왕께서 제 아들에게 물었던 그 다섯 가지 질문들에 대한 답입니다." 그러자 왕은 걱정에 빠졌다.

[ 7 ]

왕은 가우따마에게 말했다.

"이곳에 여러 날을 머무르셔야겠군요. 그대가 내게 말한 것으로 보니 아마도 그대 이전의 그 어떤 사제에게도 이 다섯 아그니에 대한 지혜는 없었던 모양입니다. 그러니까 이 지혜는 무인들에게만 전해진 것입니다.

제4편

[ 1 ]

가우따마여, 저 (사람이 죽어서 가는) 천상이 바로 아그니라오. 태양은 그 아그니의 장작이요, 태양의 광선들은 연기요, 해는 불꽃이요, 달은 숯입니다. 또 별들은 불똥입니다.

338

• 아그니의 본질을 이해시키기 위해 천상을 그 아그니에 비유하여 다섯 아그니를 설명하고 있다.

[ 2 ]

이 아그니에 신들이 믿음을 공물로 바칩니다. 이 공물로부터 소마, 즉 왕이 생겨난 것입니다.


## 제5편

[ 1 ]

가우따마여, 저 구름이 바로 아그니라오. 공기는 그 아그니의 장작이요, 구름은 연기요, 번개는 불꽃이요, 천둥은 숯입니다. 또 구름의 구르는 소리는 불똥입니다.

[ 2 ]

이 아그니에 신들이 소마를 공물로 바칩니다. 이 공물로부터 비가 생겨난 것입니다.


## 제6편

[ 1 ]

가우따마여, 저 땅이 바로 아그니라오. 한 해가 그 아그니의 장작이요, 대공은 연기요, 밤은 불꽃이요, 사방은 숯입니다. 또 그 사이사이의 각 방향들은 불똥입니다.

[2]

이 아그니에 신들이 비를 공물로 바칩니다. 이 공물로부터 음식이 생겨난 것입니다.

## 第7편

[1]

가우따마여, 저 뿌루샤(사람)가 바로 아그니라오. 목소리는 그 아그니의 장작이요, 숨은 연기요, 혀는 불꽃이요, 눈은 숯입니다. 또 귀는 불똥입니다.

역주

• 아그니의 본질을 이해시키기 위해 천상을 그 아그니에 비유하여 다섯 아그니를 설명하고 있다.

[2]

이 아그니에 신들이 음식을 공물로 바칩니다. 이 공물로부터 정자(精子)가 생겨난 것입니다.

## 第8편

[1]

가우따마여, 여자가 아그니라오. 성기는 장작이요, 부르는 것은 연기요, 자궁은 불꽃이요, 그 안에 넣는 것은 숯이요, 환희는 불꽃입니다.

[2]

이 아그니에 신들이 정자를 공물로 바쳐 이 공물로부터 태아가 생겨난 것입니다.


## 제9편

[1]

그러므로 이 다섯번째 공물에서 이제 물은 사람으로 불리게 되는 것입니다. 이제 이 외피로 덮여 뱃속에 아홉 달이나 열 달 혹은 완전히 만들어질 때까지 있다가 세상에 나오게 되는 것입니다.

[2]

그가 태어나면 그의 수명이 다할 때까지 세상을 살게 됩니다. 그가 세상을 떠나면 사람들은 그가 그곳에서 왔으며 그곳에서 생겨난 것처럼 그를 이미 정해진 그의 자리인 불로 가져갑니다.


## 제10편

[1]

이 (다섯 아그니에 관한) 지혜를 아는 자, 숲에서 신념과 고행으로 수행하는 자들은 (죽어서 불에 태워진 다음) 빛으로 가서 빛에서 낮으로, 낮에서 또 밝은 보름, 밝은 보름에서 태양이 북반구를 도는 여섯 달로 갑니다.

역주

• 같은 우파니샤드 제4장 15편에도 죽은 후 이러한 과정을 거쳐 다음

세상으로 가거나 다시 세상으로 오는 원리를 설명하였다.

[2]

그 여섯 달에서 일 년으로, 일 년에서 태양으로, 태양에서 달로, 달에서 번개로 갑니다. 그곳에서 인간이 아닌 초인이 그들을 브라흐 만에게로 데려가니, 이것이 신의 길(devayana)입니다.

[3]

그리고 속세에서 살면서 희생제례를 행하고 보시하며 사는 사람 들은 (죽어서 불에 태워진 다음) 연기로 가서 연기에서 밤으로, 밤 에서 어두운 보름으로, 어두운 보름에서 태양이 남반구를 도는 여섯 달로 갑니다. 이들은 일 년의 시간 끝까지 도달하지 못합니다.

[4]

그 여섯 달에서 조상들의 세계로, 조상들의 세계에서 대공(大空) 으로, 대공에서 달로 가지요. 이것은 왕, 즉 소마의 세계입니다. 이 들은 신들의 음식이니, 신들이 이 소마를 먹습니다.

[5]

그곳에서 그들의 업으로 생겨난 업보(業報)를 다한 끝에 그는 다 시 그가 갔던 길로 되돌아오게 됩니다. 그는 대공으로 와서, 대공에 서 공기로 그리고 스스로 공기가 되어 다시 연기로 가고, 스스로 연 기가 되어 흰 안개가 되는 것입니다.

[6]

그 영혼은 흰 안개가 되었다가 구름이 됩니다. 구름이 된 다음 비 가 되어 땅으로 내려오고, 이 세상에 다시 쌀, 보리, 약초, 나무, 깨, 검은 콩 등이 되어 태어납니다. 그가 이런 상태에서 벗어나는 것은

매우 어려운데 그것은 남자가 음식을 먹고, 정자로 배출해야 사람이
되기 때문이지요.

┌─────┐
│ 역주 │
└─────┘

• 그가 이런 상태에서 벗어나는 것은 매우 어렵다 : 이러한 음식은 동물이나
여자 혹은 어린아이나 성기능 장애자, 나이가 많은 사람들이 먹었을 때는
뱃속에 들어가 그대로 없어져버린다. 건장한 남자가 먹어야 하고 또 먹은
음식들 중에 든 많은 영혼들이 사람이 되는 것은 그중 어느 한두 영혼만이
누리는 혜택이므로 식물로 태어나 영혼들이 이 상태를 벗어나 사람이 되는
것은 매우 어렵다.

[ 7 ]

그들 중에 선업(善業)을 쌓은 자들은 좋은 탄생을 하는데 사제로
태어나거나, 무인으로 태어나거나, 바이샤로 태어나는 것이지요. 그
러나 악업(惡業)을 쌓은 자들은 당장 나쁜 탄생을 하게 됩니다. 개
로 태어나거나, 돼지로 태어나거나, 천민으로 태어납니다.

[ 8 ]

악업을 쌓은 자는 (연기나 빛의) 그 어느 길로도 가지 않습니다.
그들은 다만 자잘한 곤충 등으로 태어나 계속 세상을 왔다갔다 반복
할 뿐이지요. 이 세번째 길에는 '태어나고 죽는' 의무밖에 없습니다.
그러므로 저 세상은 절대 꽉 들어차지 않는 것입니다. 이 구절도 그
에 관한 것입니다.

[ 9 ]

금을 훔치는 자, 술을 마시는 자, 스승의 자리에 잠자는 자, 사제
를 상해하는 자
이 네 가지 죄악을 지은 자와
다섯번째, 이들과 내통한 자는 파멸을 맞는다.

[ 10 ]
또한 이 다섯 가지 아그니를 잘 알고 있는 자는
그 앞에 죄악이 몰려와 그를 혼란스럽게 하더라도
그 죄악에 말려들지 않는다.
그 누구든 이것을 아는 자는 순수하고, 성스럽게 되며
선한 세상에 살게 된다."


제11편


[ 1 ]
우빠만유의 아들 쁘라찌나샬라, 뿔루샤의 아들 사뜨야야자, 발라비의 아들 인드라듐나, 사르까락샤의 아들 자나, 아슈바따라슈바의 아들 부딜라, 이들은 모두 가족을 거느렸으며, 그럼에도 베다에 귀 기울이는 성실한 학자들이었다. 이들이 어느 날 모여 앉아 토론이 벌어졌다.
"우리들의 아뜨만은 무엇인가? 브라흐만은 누구인가?"


[ 2 ]
그들은 존경하는 아루나의 아들 웃달라까께서 바이슈바나라 아뜨만을 알고 계실 것이라고 생각하고, 그에게 가서 여쭙기로 했다. 그들은 웃달라까에게로 모두 갔다.

**역주**
• 바이슈바나라(vaiśvanara) 아뜨만 : 바이슈바나라는 아그니의 다른 이름이다. '세상을 가져가는 자'라는 뜻으로서, 아그니가 그에게 바친 공물들을 연기로 화하게 하여 천상에 가져가는 것에 빗대어, 세상의 모든 것이 아뜨만 혹은 브라흐만 그 자체이며 그러함을 깨달음으로써 브라흐만까지 도달할 수 있으므로 아뜨만을 '세상을 (브라흐만에게로) 가져가는 자 아뜨만'이

라고 한 것이다.

[ 3 ]

웃달라까는 그들, 가족을 거느렸으면서도 베다에 귀기울이는 훌륭한 자들이 묻는다면 훌륭히 답하지 못할 것임을 스스로 알았다. 그래서 다른 성자에게 가보자고 하는 것이 좋겠다고 생각했다.

[ 4 ]

웃달라까가 그들에게 말했다.

"존경하는 자들이여, 께까야의 아들 아슈바빠띠 왕이 그 바이슈바나라 아뜨만을 알고 있을 것이오. 그러니 우리 모두 그분을 찾아갑시다."

그리하여 그들 모두는 아슈바빠띠 왕에게 갔다.

[ 5 ]

그들이 도착하자, 왕은 모두를 환영하여 편히 머물 수 있게 하였다. 아침이 되자 왕 아슈바빠띠가 말했다.

"나의 왕국에는 도둑도, 구두쇠도, 술 주정뱅이도, 제례를 행하지 않는 자도 없고, 배움을 얻지 못한 자도, 간통하는 자도 없으니 행실이 나쁜 여자라고 있을 수 있겠습니까?

존경하는 분들이시여, 나 또한 제례를 행하니, 이번 제례에 제례관에게 드리는 답례만큼 여러분들에게도 답례를 드리겠습니다. 그러니 여러분들은 이곳에 머물며 저의 제례를 보아주십시오."

[ 6 ]

그들이 말했다.

"사람이 누군가를 만나고자 하는 데는 그 이유가 있지 않습니까. 저희가 왕을 뵈러 온 이유를 말씀드리지요. 왕께서는 바이슈바나라 아뜨만을 알고 계시지요. 그에 대해 말씀해주십시오."

[7]

아슈바빠띠가 그들에게 말했다.

"내일 아침 말씀드리지요."

왕의 의도를 알고 그들은 다음날 오후가 되기 전에, 손에는 (배움을 원한다는 표시로 입문식을 치르기 위해) 장작을 들고 왕에게 갔다. 왕은 그들의 입문식을 치르지 않고 바이슈바나라 아뜨만에 대해서 말하였다.

제12편

[1]

"우빠만유의 아들이여, 그대가 명상하는 아뜨만은 어떤 아뜨만입니까?"

그가 대답했다.

"존경하는 왕이여, 나는 천상에 대해 명상합니다."

왕이 말했다.

"그대가 명상하는 아뜨만은 진정 훌륭한 빛의 바이슈바나라 아뜨만입니다. 그러므로 그대의 가문에는 소마즙이 나오며, 그것도 아주 풍부한 소마즙이 오랫동안 이어질 것이 보이는군요.

[2]

그대는 음식을 먹고 (훌륭한 자손 등) 좋은 일을 봅니다. 누구든 천상을 바이슈바나라 아뜨만으로 숭배하는 자는 음식을 먹고 좋은 일을 보기 때문입니다. 그러한 자의 가문에는 브라흐만의 광휘가 이어집니다. 그러나 이것은 그 아뜨만의 머리에 불과합니다. 그대가 내게 오지 않았다면 그대의 머리가 땅에 떨어질 뻔하였습니다."


## 제13편

[1]

그 다음 왕은 뿔루샤의 아들 사뜨야야자에게 물었다.

"오랫동안 요가를 행해오신 분이여, 그대가 명상하는 아뜨만은 어떤 아뜨만입니까?"

그가 대답했다.

"존경하는 왕이여, 나는 태양에 대해 명상합니다."

왕이 말했다.

"그대가 명상하는 아뜨만은 진정 세상에 비슈바루빠(모든 세상의 모습)의 이름으로 알려진 그 바이슈바나라 아뜨만입니다. 그러므로 그대의 가문에는 많은 종류, 많은 형태의 복이 보이는군요.

[2]

그대는 두 마리 당나귀가 끄는 수레와 하녀들, 그리고 보석들을 가지게 됩니다. 또 그대는 음식을 먹고 (훌륭한 자손 등) 좋은 일을 봅니다. 누구든 비슈바루빠를 바이슈바나라 아뜨만으로 숭배하는 자는 음식을 먹고 좋은 일을 보기 때문입니다. 그러한 자의 가문에는 브라흐만의 광휘가 이어집니다. 그러나 이것은 그 아뜨만의 눈에 불과합니다. 그대가 내게 오지 않았다면 그대의 눈이 멀 뻔하였습니다."

## 제14편

### [1]

이번에는 왕이 발라비의 아들 인드라듐나에게 물었다.

"그대가 명상하는 아뜨만은 어떤 아뜨만입니까?"

그가 대답했다.

"존경하는 왕이여, 나는 바람에 대해 명상합니다."

왕이 말했다.

"그대가 명상하는 아뜨만은 진정 가지각색의 길로서 바이슈바나라 아뜨만입니다. 그러므로 그대에게는 가지각색의 선물이 항상 줄을 잇고, 그대 뒤를 가지각색의 마차들이 따르겠군요.

### [2]

그대는 음식을 먹고 (훌륭한 자손 등) 좋은 일을 봅니다. 누구든 바람을 바이슈바나라 아뜨만으로 숭배하는 자는 음식을 먹고 좋은 일을 보기 때문입니다. 그러한 자의 가문에는 브라흐만의 광휘가 이어집니다. 그러나 이것은 그 아뜨만의 숨에 불과합니다. 그대가 내게 오지 않았다면 그대의 숨이 빠져나갈 뻔하였습니다."

## 제15편

### [1]

왕이 사르까락샤의 아들 자나에게 물었다.

"그대가 명상하는 아뜨만은 어떤 아뜨만입니까?"

그가 대답했다.

"존경하는 왕이여, 나는 대공(大空)에 대해 명상합니다."

왕이 말했다.

"그대가 명상하는 아뜨만은 진정 광대한 바이슈바나라 아뜨만입니다. 그러므로 그대는 광대함의 정기를 받아 훌륭한 분이며, 광대한 자손들과 광대한 재산을 갖겠군요.

[2]
그대는 음식을 먹고 (훌륭한 자손 등) 좋은 일을 봅니다. 누구든 대공을 바이슈바나라 아뜨만으로 숭배하는 자는 음식을 먹고 좋은 일을 보기 때문입니다. 그러한 자의 가문에는 브라흐만의 광휘가 이어집니다. 그러나 이것은 그 아뜨만의 중간부분에 불과합니다. 그대가 내게 오지 않았다면 그대 몸의 중간부분이 달아날 뻔하였습니다."

## 제16편

[1]
왕이 아슈바따라슈바의 아들 부딜라에게 물었다.
"그대가 명상하는 아뜨만은 어떤 아뜨만입니까?"
그가 대답했다.
"존경하는 왕이여, 나는 물에 대해 명상합니다."
왕이 말했다.
"그대가 명상하는 아뜨만은 재물로 나타나는 바이슈바나라 아뜨만입니다. 그러므로 그대는 부유하고 건강하겠습니다.

[2]
그대는 음식을 먹고 (훌륭한 자손 등) 좋은 일을 봅니다. 누구든 물을 바이슈바나라 아뜨만으로 숭배하는 자는 음식을 먹고 좋은 일을 보기 때문입니다. 그러한 자의 가문에는 브라흐만의 광휘가 이어

집니다. 그러나 이것은 그 아뜨만의 오줌보에 불과합니다. 그대가 내게 오지 않았다면 그대의 오줌보가 터질 뻔하였습니다."


## 제17편

[1]
왕이 아루나의 아들 웃달라까에게 물었다.
"가우따마여, 그대가 명상하는 아뜨만은 어떤 아뜨만입니까?"
그가 대답했다.
"존경하는 왕이여, 나는 땅에 대해 명상합니다."
왕이 말했다.
"그대가 명상하는 아뜨만은 두 발인 바이슈바나라 아뜨만입니다. 그러니 그대는 두 발로 튼튼히 서고 자손과 가축들도 튼튼한 기반을 가진 자이겠군요.

[2]
그대는 음식을 먹고 (훌륭한 자손 등) 좋은 일을 봅니다. 누구든 땅을 바이슈바나라 아뜨만으로 숭배하는 자는 음식을 먹고 좋은 일을 보기 때문입니다. 그러한 자의 가문에는 브라흐만의 광휘가 이어집니다. 그러나 이것은 그 아뜨만의 두 발에 불과합니다. 그대가 내게 오지 않았다면 그대의 두 발이 약해질 뻔하였습니다."


## 제18편

[1]
그들 모두에게 왕은 말했다.

"그대들은 모두 바이슈바나라 아뜨만의 부분만 알고 음식을 먹었습니다. 그러나 누구든 그 스스로를 바이슈바나라 아뜨만의 일부로 알고 명상하는 자는 모든 세상에서 모든 생물들의 음식, 모든 아뜨만들의 음식을 먹습니다.

[2]

그러한 바이슈바나라 아뜨만의 천상은 머리요, 태양은 눈이요, 바람은 숨이요, 대공은 몸의 중간부분, 물은 오줌보, 땅은 두 발이요, 제단은 그의 가슴, 풀들은 그의 털, 가르하빠뜨야 아그니는 심장, 그 가르하빠뜨야 아그니에서 나오는 신을 부르는 아하바니아 아그니는 입입니다."

## 第19편

[1]

음식을 먹을 때 첫 입에 들어갈 음식은 공물로 바치십시오.
첫 입에 들어갈 음식을 아그니에 공물로 바칠 때는 다음의 만뜨라와 함께합니다.
'내쉬는 숨에게 바칩니다.'
이렇게 하면 내쉬는 숨은 흡족해합니다.

[2]

그렇게 (내쉬는) 숨이 흡족하면 눈도 흡족해합니다. 눈이 흡족하면 태양도 흡족해합니다. 태양이 흡족하면 천상이 흡족해합니다. 천상이 흡족하면 천상에 기반하는 모든 것들과 태양이 흡족해합니다. 그렇게 모두 흡족하면 음식을 먹는 사람도 그 자손, 짐승, 음식, 건강, 지혜로 흡족해합니다.

## 제20편

[1]

음식을 먹을 때 두번째 입에 들어갈 음식도 공물로 바칩니다.

두번째 입에 들어갈 음식을 아그니에 공물로 바칠 때는 다음의 만뜨라와 함께합니다.

'브야나 숨에게 바칩니다.'

이렇게 하면 브야나 숨이 흡족해합니다.

역주

• 브야나 숨 : 들이쉬는 숨과 내쉬는 숨 사이에서 숨이 끊어지지 않게 하는 숨.

[2]

그렇게 브야나 숨이 흡족하면 귀도 흡족해합니다. 귀가 흡족하면 달이 흡족해합니다. 달이 흡족하면 사방이 흡족해합니다. 사방이 흡족하면 사방에 기반하는 모든 것들과 달이 흡족해합니다. 그렇게 모두 흡족하면 음식을 먹는 사람도 그 자손, 짐승, 음식, 건강, 지혜로 흡족해합니다.

## 제21편

[1]

음식을 먹을 때 세번째 입에 들어갈 음식도 공물로 바칩니다.

세번째 입에 들어갈 음식을 아그니에 공물로 바칠 때는 다음의 만뜨라와 함께합니다.

'들이쉬는 숨에게 바칩니다.'

이렇게 하면 들이쉬는 숨이 흡족해합니다.

[2]

그렇게 (들이쉬는) 숨이 흡족하면 소리도 흡족해합니다. 소리가
흡족하면 불도 흡족해합니다. 불이 흡족하면 땅이 흡족해합니다. 땅
이 흡족하면 땅에 기반하는 모든 것들과 불이 흡족해합니다. 그렇게
모두 흡족하면 음식을 먹는 사람도 그 자손, 짐승, 음식, 건강, 지혜
로 흡족해합니다.

## 제22편

[1]

네번째 입에 들어갈 음식도 공물로 바칩니다.

네번째 입에 들어갈 음식을 아그니에 공물로 바칠 때는 다음의 만
뜨라와 함께하십시오.

'평숨에게 바칩니다.'

이렇게 하면 평숨이 흡족해합니다.

**역주**

• 평숨(samāna) : 온몸에 퍼져 있으며 피의 순환과 음식의 소화를 돕
는 숨.

[2]

그렇게 평숨이 흡족하면 마음도 흡족해합니다. 마음이 흡족하면
구름도 흡족해합니다. 구름이 흡족하면 번개도 흡족해합니다. 번개
가 흡족하면 구름에 기반하는 모든 것들과 번개가 흡족해합니다. 그
렇게 모두 흡족하면 음식을 먹는 사람도 그 자손, 짐승, 음식, 건강,

지혜로 흡족해합니다.


### 제23편

[ 1 ]

다섯번째 입에 들어갈 음식도 공물로 바치십시오.

다섯번째 입에 들어갈 음식을 아그니에 공물로 바칠 때 다음의 만뜨라와 함께합니다.

'우다나 숨에게 바칩니다.'

이렇게 하면 우다나 숨이 흡족해합니다.


[ 2 ]

그렇게 우다나 숨이 흡족하면 피부가 흡족해합니다. 피부가 흡족하면 공기도 흡족해합니다. 공기가 흡족하면 대공(大空)이 흡족해합니다. 대공이 흡족하면 공기에 기반하는 모든 것들과 대공이 흡족해합니다. 그렇게 모두 흡족하면 음식을 먹는 사람도 그 자손, 짐승, 음식, 건강, 지혜로 흡족해합니다.


### 제24편

[ 1 ]

누구든 이 지혜를 알지 못하고 아그니 제례를 행하는 자, 그가 아그니 제례를 올리는 것은, 불꽃이 올라오는 제자리에 봉헌하지 않고 엉뚱한 재에 봉헌하는 것과 같이 헛된 것이 될 것입니다.

[2]

그러나 이 바이슈바나라 아뜨만을 알고 제례를 행하는 자, 그는 모든 세계, 모든 생물, 모든 아뜨만에게 제례를 행하는 셈이 됩니다.

[3]

마치 수숫대를 불에 넣으면 그 끝부분부터 해서 불에 타버리듯, 이 지혜를 아는 자가 아그니 제례를 행하면 그의 모든 죄는 불에 타 버립니다.

[4]

그러므로 이것을 아는 자는 그가 먹는 음식을 천민에게도 주어야 합니다. 그것은 또한 이 바이슈바나라 아뜨만에게 공물을 바치는 결 과를 낳기 때문이지요. 다음 만뜨라도 이것에 관한 것입니다.

세상에 배고픈 어린아이가 그의 어머니를 기다리듯
모든 생물은 아그니 제례를 기다린다.
모두는 아그니 제례를 기다린다.


제6장

제1편

[1]

오움, 아루나의 아들 슈베따께뚜라는 아이가 있었다. 아버지가 아 이에게 말했다.

"슈베따께뚜야, 스승을 찾아서 그 문하에 들어가 공부를 하고 오너라. 총명한 아들아, 우리 가문에 난 어느 누구도 공부를 하지 않고 사제 노릇을 하는 자는 있을 수 없단다."

[2]

열두 살이었던 소년은 스승을 찾아가 스물네 살이 될 때까지 모든 베다를 공부하고 집으로 돌아왔다. 그는 자신감에 차 보였으며, 베다를 모두 익힌 자로서 당당해 보였다. 아버지가 그에게 물었다.

"슈베따께뚜야, 사랑하는 아들아, 지금 너는 자신감에 차고 베다를 익힌 자로 당당해 보이는구나. 그래, 이런 가르침에 대해 스승께 여쭈어보았느냐?

[3]

그것으로서 들리지 않는 것이 들리게 되고, 생각할 수 없는 것을 생각하게 되고, 알지 못하는 것을 알게 되는 그것에 대해 말이다. 슈베따께뚜야."

"존경하는 아버지, 그것은 무엇을 말씀하기 위함인가요?"

[4]

"아들아, 한줌의 흙 덩어리를 알면 그 흙으로 만든 모든 것을 알게 된단다. 모든 흙의 변형으로 만들어진 것들은 그것을 소리로 부르기 위하여 다른 이름들을 붙인 것에 불과하다. 그중에 오직 흙만이 바로 참 존재인 것이다.

[5]

아들아, 금 한 조각을 알면 그 금으로 만든 모든 것을 알게 된단다. 모든 금의 변형으로 만들어진 것들은 그것을 소리로 부르기 위하여 각기 다른 이름을 붙인 것에 불과하다. 그중에 오직 금만이 바로 참 존재인 것이다.

[6]

아들아, 손톱깎기 하나를 알면 그 쇠로 만든 모든 것을 알게 된단다. 모든 쇠의 변형으로 만들어진 것들은 그것을 소리로 부르기 위하여 각기 다른 이름을 붙인 것에 불과하다. 그중에 오직 쇠만이 바로 참 존재인 것이다.

[7]

아들아, 그 가르침이란 바로 이런 것을 알게 해주는 지혜이다."

"아버지, 저의 존경스러운 스승님들은 그런 가르침에 대해서는 알지 못하셨습니다. 그분들께서 알고 계셨다면 어찌 저에게 말씀해주시지 않으셨겠습니까? 존경하는 아버지, 아버지께서 말씀해주십시오."

아버지가 말했다.

"그렇게 하자, 아들아.

제2편

[1]

총명한 아들아, 처음에는 이 존재(sat)밖에 없었다. 바로 이 하나 이외에 다른 것은 없었다. 그런데 어떤 사람들은 '처음에 비존재(asat)만이 있었으며 그 외에는 다른 것이 없었다. 그 비존재에서 존재가 생겨났다'고 한다.

[2]

그러나 총명한 아들아, 비존재에서 존재가 어떻게 생겨날 수 있겠느냐? 틀림없이 존재하는 '이것'만이 최초에 있었고, 그 이외에는 다른 아무도 있지 않았던 것이다.

[3]

그 존재가 '내가 여럿이 될까, 내가 태어나 볼까' 하고 원했으니, 불로 태어난 것이었다. 그 불이 또 '내가 여럿이 될까, 내가 태어나 볼까' 하고 원했으니 거기에서 물이 생겨났다. 그러므로 언제든 어디서든 달구어지거나 땀을 흘리는 것은 불로 인한 것이며, 물은 바로 그 불에서 생겨나는 것이다.

[4]

그 물들이 '우리가 여럿이 될까, 우리가 크게 태어나 볼까' 하고 원했으니, 그들에게서 음식이 생겨났다. 그러므로 언제 어디서든 비가 오면 음식이 많아진다. 먹는 음식은 그 물에서 나온 것이기 때문이란다.

## 제3편

[1]

모든 생물들은 세 가지의 형태로 태어나니, 그것은 알에서 태어나거나, 모태에서 태어나거나, 식물의 씨에서 태어나는 이렇게 세 가지 형태이다.

**역주**

• 세 가지의 형태(Trīṇi eva bījāni) : 직역은 '세 가지 씨'이다. 여기서 세 가지 형태는 알에서 태어나거나(āṇḍaja), 모태에서 태어나거나(jīvaja), 식물의 씨에서 태어나는(udbhijja) 것을 말한다.

[2]

그 유일한 존재는 '내가 이들 존재가 될까' 하고 원하였으니 그가 각각의 생물들 안으로 들어가 하나하나의 아뜨만이 되었다. 그리고

358

그는 '내가 각각의 이름과 형태로서 밖으로 드러나야겠다' 하고 생각했다.

역주

• 드러나야겠다(vyākaravāṇi) : 만드는 것이 아니라 이미 있는 존재가 밖으로 모습을 드러내는 것이다.

[ 3 ]

그리고 '내가 삼태(三胎)에서 태어나는 생물들 속에 세 겹으로 하나하나 존재해야겠다' 하고는 그 유일한 존재가 각각의 생물체 안으로 들어가 각각의 아뜨만이 되었으며 각기 다른 이름과 형태로 밖으로 드러났다.

역주

• 내가 삼태(三胎)에서 태어나는 생물들 속에 세 겹으로 하나하나 존재해야겠다 : 삼태는 앞에서 말한 알에서 태어나거나 모태에서 태어나거나 식물의 씨에서 태어나는 것을 말한다. 세 겹(trivṛtam)이라는 말에서, 만물은 그 속에 든 이 세 가지 속성 중 하나가 대표로 두드러지게 나타나 보이는 것이며, 나머지 둘도 없어지는 것이 아니라 그 안에 내재하고 있다고 하는 상키야 학파의 강론을 떠올리게 된다. 상키야 학파에서는 이렇게 모든 사물과 생물 속에는 세 가지 속성(guṇa)이 있고, 그중에 그 속성들의 다양한 배합에 의해 대표가 되는 속성이 나타나 그 속성이 주가 되는 사물이나 생물의 속성이 밖으로 보이는 것이라고 한다.

[ 4 ]

그 유일한 존재가, 그 세 가지 태(胎)에서 태어나는 생물들을 이렇게 세 단계를 거쳐 세 가지 모습을 가지도록 만들었다. 그렇지만 총명한 아들아, 세 가지 다른 속성들이 어떻게 각기 '세 가지 모습으로 된 것'이 되었는지에 대해서 내가 하는 말을 잘 들어라.

• 세 단계 : 유일한 존재만 있던 상태에서 그 존재의 여럿이 되기를 원함
으로 인해 그 스스로가 불이 되었고, 불이 또 여럿이 되기를 원하여 물이
되었다.

## 제4편

[1]

저 불이 가진 붉은빛은 그 안에 든 빛의 모습이다. 또 흰빛은 그
안에 든 물의 모습이다. 또 검은빛은 그 안에 든 땅의 모습이다. 그
러니 모든 변형으로 만들어진 것들은 그것을 소리로 부르기 위하여
이름을 붙인 것에 불과하다. 그러므로 불 안에 든 세 모습의 색깔이
참 존재란다.

역주
• 불이 가진 모습 중 대표가 되는 것은 붉은빛의 모습이다. 나머지 흰빛
과 검은빛은 일부에 불과하지만 불 안에 내재한다.

[2]

태양이 가진 붉은빛은 불의 붉은 모습이다. 흰빛은 물의 흰 모습
이다. 검은빛은 땅의 모습이다. 그러므로 태양의 태양임을 나타내는
모습이란 없다. 모든 변형으로 만들어진 것들은, 그것에 소리를 그
바탕으로 하는 이름을 붙인 데 불과한 것이다. 태양 속에 든 세 모습
만이 참 존재이다.

[3]

달이 가진 붉은빛은 불의 붉은 모습이다. 흰빛은 물의 흰 모습이

다. 검은빛은 땅의 모습이다. 그러므로 달이 달임을 나타내는 모습이란 없다. 모든 변형으로 만들어진 것들은, 그것에 소리를 그 바탕으로 하는 이름을 붙인 데 불과한 것이다. 달 속에 든 세 모습만이 참 존재이다.

[ 4 ]

번개가 가진 붉은빛은 불의 붉은빛의 모습이다. 흰빛은 물의 흰 모습이다. 검은빛은 땅의 모습이다. 그러므로 번개의 번개임을 나타내는 모습이란 없다. 모든 변형으로 만들어진 것들은, 그것에 소리를 그 바탕으로 하는 이름을 붙인 데 불과한 것이다. 번개 속에 든 세 가지 모습만이 참 존재이다.

[ 5 ]

그래서 예부터 이러한 가르침에 대해서, 속세에서 가정을 꾸린 자 가운데 베다를 귀기울여 듣는 자들이 말하기를,
"우리의 가문에는 들을 수 없고, 생각할 수 없으며, 알 수 없는 그 존재를 가벼이 말하는 자가 없다. 왜냐하면 모두 이 세 모습들을 통해야 그 존재를 알기 때문이다"라고 했던 것이다.

[ 6 ]

그들이 알게 된 그 붉은빛으로 나타난 것은 불의 모습이었으며, 흰빛으로 나타난 것은 물의 모습이었고, 검은빛으로 나타난 것은 땅의 모습이었다.

[ 7 ]

또 그들이 알고 있는 그 '알 수 없는 존재'는 이들 세 모습들의 결합이니, 오 총명한 아들아, 이들 세 모습들이 사람의 몸 속에서 어떻게 세 겹을 그 안에 갖춘 것이 되었는지 내 말을 잘 들어라.

## 제5편

[1]

음식을 먹으면 그것은 세 갈래로 나누어진다. 가장 거친 부분은 배설물이 되고, 덜 거친 부분은 살이 되고, 가장 미세한 영양분은 마음이 된다.

[2]

물을 마시면 그것은 세 갈래로 나누어진다. 가장 거친 부분은 오줌이 되고, 덜 거친 부분은 피가 되고, 가장 미세한 영양분은 숨이 된다.

[3]

불을 먹으면 그것은 세 갈래로 나누어진다. 가장 거친 부분은 뼈가 되고, 덜 거친 부분은 뼛속의 골수가 되고, 가장 미세한 영양분은 목소리가 된다.

[4]

총명한 아들아, 마음은 이렇게 음식으로 된 것이다. 숨은 물로 된 것이며, 목소리는 불로 된 것이란다."

"아버지 다시 설명해주십시오."

"그래, 그렇게 하자.

## 제6편

[1]

총명한 아들아, 응유(凝乳)를 휘저으면 가장 미세한 부분이 위로 올라온다. 그것이 버터기름이 되지 않더냐.

[2]

총명한 아들아, 바로 그처럼 음식을 먹으면 가장 미세한 부분이 가장 위로 올라와 그것이 마음이 되는 것이다.

[3]

총명한 아들아, 물을 마시면 가장 미세한 부분이 가장 위로 올라와 그것이 숨이 되는 것이다.

[4]

총명한 아들아, 불을 먹으면 가장 미세한 부분이 가장 위로 올라와 그것이 목소리가 되는 것이다.

[5]

총명한 아들아, 이렇게 마음은 음식으로 된 것이오, 숨은 물로 된 것이오, 목소리는 불로 된 것이란다."

슈베따께뚜가 말했다.

"아버지, 다시 설명해주십시오."

아버지가 말했다.

"그렇게 하자.


## 제7편

[1]

총명한 아들아, 사람은 열여섯 부분으로 되어 있단다. 15일 간 음식을 먹지 않고 그리고 물만을 마시고 싶은 만큼 마셔보아라. 숨은 그 물로 이루어진 것이니, 네가 물을 마시지 않으면 숨은 그 몸을 버리고 떠날 것이다."

[ 2 ]

그래서 슈베따께뚜는 15일 간 음식을 먹지 않았다. 그리고 아버지에게 갔다.

"아버지, 제가 무엇을 해야 하나요?"

아버지가 말했다.

"아들아, 리그 베다와 사마 베다 그리고 야쥬르 베다를 낭송하여라."

그러자 슈베따께뚜가 말했다.

"아버지, 제 마음이 만뜨라들을 읽어내지 못합니다."

[ 3 ]

아버지가 그에게 말했다.

"총명한 아들아, 세상에서 보듯 많은 장작으로 크게 타오르는 불도, 다 타고 작은 반딧불만큼의 불씨만 남게 되면 그 이상의 불의 힘은 낼 수가 없단다. 마찬가지로 너의 열여섯 부분들 중에 단 한 부분만이 남았으니, 그 한 부분만 가지고 베다를 읽을 수 없는 것이다. 그러니 이제 식사를 해라. 그리고 나면 내 말이 이해가 될 것이다."

[ 4 ]

슈베따께뚜는 음식을 먹었다. 그리고 아버지에게 갔다. 아버지가 설명하는 것을 모두 이해할 수 있었다.

[ 5 ]

아버지가 아들에게 말했다.

"총명한 아들아, 너는 열여섯 부분들 중에 한 부분만이 남았는데 음식을 먹고 그 한 부분을 다시 늘려서 이제 베다와 그 의미를 알 수 있게 되었다. 그것은 마음이 음식의 변형이고, 숨이 물의 변형이며, 목소리는 열기의 변형이기 때문이다."

이렇게 아버지가 설명하자 아들 슈베따께뚜가 잘 이해하였다. 잘 이해하였다.


## 제8편

[1]

계속해서 그는 아들 슈베따께뚜에게 말했다.

"총명한 아들아, '깊은 숙면'에 대해 내가 하는 말을 잘 들어라. 사람이 깊은 잠을 잘 때, 그 순간 그 사람은 참 존재로 충만하게 되고 자기의 본 모습을 찾게 된다. 그러므로 '잠잔다'는 말은 '자신의 본 모습을 갖는다'는 의미이다. 바로 잠자는 동안 자신의 본 모습을 찾기 때문이다.

**역주**

· 잠잔다(svapiti) : 꿈을 꾸는 얕은 잠보다 더 깊은 숙면의 잠을 잔다.
· 자신의 본 모습을 갖는다(svaṁ pito bhavati) : 진정한 자기 자신 안에 있게 된다.


[2]

줄이 매어진 새가 이곳저곳을 날아다니다가 그 어느 곳에서도 그 쉴 터를 정하지 못하고 줄이 매어진 곳으로 들어오듯, 바로 그와 같이 총명한 아들아, 이 마음 또한 여러 곳을 다니다가, 아뜨만이 아닌 그 어느 곳에서도 쉴 터를 찾지 못하고 숨(息)으로 찾아들어온단다. 마음은 숨에 매여 있기 때문이다.

[ 3 ]

총명한 아들아, 배고픔과 목마름에 대해 내 말을 들어보아라. 사람이 먹지 못했을 때는, 몸 안에서 이미 먹은 음식을 물이 날라다준다. 일상에서 소를 몰고 가는 사람, 말을 몰고 가는 사람, 그리고 병사를 몰고 가는 왕이나 장군이 있는 것처럼, 물도 음식을 가져가는 자이다. 그 물에서부터 이 '몸'이라는 씨가 생겨 자라났다는 것을 알아라. 몸이 아무 뿌리없는 것일 수는 없기 때문이다.

[ 4 ]

몸의 뿌리가 음식 이외에 그 어떤 것이 될 수 있겠느냐. 총명한 아들아, 마찬가지로 음식은 그 뿌리를 물로 삼고 있다. 또 그 물은 그 뿌리를 불로 삼고 있으며, 불은 참 존재를 뿌리로 하고 있다. 이 모든 생물들은 그 참 존재를 그 뿌리로 하고 있으니, 그 참 존재는 그들이 머무는 거처요, 참 존재는 그들의 기반이다.

[ 5 ]

사람이 목마를 때, 그가 이미 마신 물을 가져다주는 것은 불이다. 그때 사람들은 이 불을 '물을 가져오는 자'라고 부르니, 일상에서도 가축을 몰아오는 자, 말을 몰아오는 자, 병사들을 몰고오는 자와 같이 부르는 것과 같은 것이다. 그러니 총명한 아들아, 몸은 물을 뿌리로 하여 돋아난 싹이다. 몸은 뿌리 없는 것일 수가 없기 때문이다.

[ 6 ]

총명한 아들아, 그 육신의 뿌리가 물 이외의 어떤 것이 될 수 있겠느냐. 마찬가지로 물은 불을 뿌리로 하고 있다. 불은 참 존재를 그 뿌리로 하고 있다. 이 모든 생물들이 그 참 존재를 뿌리로 하고 있다. 참 존재는 그들이 머무는 거처요, 참 존재는 그들의 기반이다.
세 속성들이 어떻게 하여 세 속성을 가진 몸에 들어가고 또 다시

각기 세 속성을 가진 자가 되는지 이미 말하였다. 그 사람이 세상을 떠나면 목소리는 마음에 가서 잠기고, 마음은 숨에 가서 잠기고, 숨은 불에, 불은 지고(至高)의 존재에 가서 잠기는 것이란다.

[7]
그 아주 미세한 존재, 그것을 세상 모든 것들은 아뜨만으로 삼고 있다. 그 존재가 곧 진리이다. 그 존재가 곧 아뜨만이다. 그것은 바로 너이다. 슈베따께뚜야."

슈베따께뚜가 말했다.
"아버지 좀더 설명해주십시오."
아버지가 말했다.
"그렇게 하자.


제9편

[1]
총명한 아들아, 벌들은 사방 여러 곳에 있는 여러 나무들에서 그 즙을 가져다가, 그 '여러 즙'들을 '하나의 꿀'로 만들지 않느냐.

[2]
꿀이 만들어지고 나면 그 꿀을 이룬 즙들에게는 각기 '나는 이 나무의 즙이오' '나는 이 나무의 즙이오' 하는 개별의식이 없다. 그처럼 모든 세상이 그 존재에 가 잠기고 나면 '우리가 그 존재 속에 잠겨 있다'는 의식은 없는 것이다.

[3]
세상에서 어떤 모습으로 살았든지, 호랑이, 사자, 이리, 돼지, 곤

충, 여치, 파리 혹은 모기 그 무엇이었든지, 모두 그 존재 자체가 된단다.

[4]

그 아주 미세한 존재, 그것을 세상 모든 것들은 아뜨만으로 삼고 있다. 그 존재가 곧 진리이다. 그 존재가 곧 아뜨만이다. 그것은 바로 너이다. 슈베따께뚜야."

슈베따께뚜가 말했다.

"아버지 제게 좀더 설명해주십시오."

아버지가 말했다.

"그렇게 하자.

## 제10편

[1]

총명한 아들아, 동쪽으로 흐르는 강들은 동쪽으로 가고, 서쪽으로 흐르는 강들은 서쪽으로 가니, 그들은 바다에서 나와서 바다 그 자체로 가는 것이다. 그들은 그렇게 다시 바다와 하나가 된다. 그러나 그들은 개별의식을 가지고 '나는 이 강' '나는 저 강'이라는 의식을 하지 않는다.

[2]

마찬가지로 그 존재로부터 나온 이 세상 모든 것도 '우리가 그 존재로부터 나왔다'고 깨닫지는 못한다. 다만 세상에서 어떤 모습으로 살았든 간에 호랑이, 사자, 이리, 돼지, 곤충, 여치, 파리 혹은 모기 그 무엇이었든 간에 모두 그 존재 자체가 되는 것이다.

[3]

그 아주 미세한 존재, 그것을 세상 모든 것들은 아뜨만으로 삼고 있다. 그 존재가 곧 진리이다. 그 존재가 곧 아뜨만이다. 그것은 바로 너이다. 슈베따께뚜야."

슈베따께뚜가 말했다.

"아버지 좀더 설명해주십시오."

아버지가 말했다.

"그렇게 하자.


## 제11편

[1]

총명한 아들아, 큰 나무의 뿌리를 내리치면 그 나무는 아직 살아서 즙을 밖으로 뿜어내지 않더냐. 중간 부분을 도끼로 내리쳐도 그래도 나무는 살아 있으면서 즙을 밖으로 뿜어내지. 또 윗부분을 내리쳐도 나무는 살아 있으면서 즙을 밖으로 내뿜는단다. 그것은 이 나무가 사실 아뜨만으로 되어 있기 때문이다. 그래도 나무는 단지 물을 마시면서, 자신의 뿌리로 땅의 즙들을 받아들이면서 기쁘게 거기 서 있기 때문이다.

[2]

만일 어느 나무 가지의 개체 아뜨만이 그 가지를 떠난다면 그 가지는 메말라갈 것이다. 또 아뜨만이 다른 가지를 버리면 그 가지도 메마를 것이다. 또 다른 가지를 버리면 그 가지도 메말라버릴 것이다. 아뜨만이 나무 전체를 버린다면 나무 전체가 메말라버릴 것이다.

[3]

총명한 아들아, 잘 알아두어라.

이 나무는 개체 아뜨만과 떨어지면 죽지만, 그 아뜨만 스스로는 죽지 않는다. 그 아주 미세한 존재, 그것을 세상 모든 만물은 아뜨만으로 알고 있다. 그 존재가 곧 진리이다. 그 존재가 곧 아뜨만이다. 그것은 바로 너이다. 슈베따께뚜야."

슈베따께뚜가 말했다.

"아버지 제게 좀더 설명해주십시오."

아버지가 말했다.

"그렇게 하자.

## 제12편

[1]

저 보리수 나무에서 열매 하나를 따와보아라."

"여기 따왔습니다."

"그것을 쪼개라."

"예, 쪼개겠습니다."

"그 안에 무엇이 보이느냐?"

"씨들이 있습니다."

"그중 하나를 쪼개보아라."

"쪼개겠습니다."

"그 안에 무엇이 보이느냐?"

"아무것도 보이지 않습니다."

[2]

그는 아들에게 계속해서 말했다.

"총명한 아들아, 네가 볼 수 없는 이 미세한 것, 그 미세함으로 이루어진 이 큰 나무가 서 있는 것을 보아라. 보이지 않는 것이지만 그것이 있음을 믿어라.

[ 3 ]
그 아주 미세한 존재, 그것을 세상 모든 것들은 아뜨만으로 삼고 있다. 그 존재가 곧 진리이다. 그 존재가 곧 아뜨만이다. 그것은 바로 너이다. 슈베따께뚜야."

슈베따께뚜가 말했다.
"아버지 제게 좀더 설명해주십시오."
아버지가 말했다.
"그렇게 하자.


## 제13편

[ 1 ]
이 소금을 물에 담그고, 내일 아침에 와보아라."
아들은 그대로 했다. 아침이 되자 아버지는 아들 슈베따께뚜에게 말했다. "네가 어젯밤에 담가두었던 소금을 꺼내라."
아들은 아무리 찾아보아도 소금을 찾을 수 없었다.

[ 2 ]
"총명한 아들아, 소금을 볼 수 없을 것이다. 그러나 소금은 그대로 그 안에 있다. 이제 맨 위 표면에 있는 물의 맛을 보거라. 맛이 어떻느냐."
"짭니다."
"그럼 물 속 중간쯤에 있는 물의 맛을 보아라."

"짭니다."

"자 그럼 이제 맨 밑바닥에 있는 물의 맛을 보아라."

"짭니다."

"그래, 그 물을 버리고 다시 내게 오너라."

아버지의 말씀에 따라 슈베따께뚜는 그대로 하면서 생각했다. '소금은 눈에 보이지 않았지만 계속 그 안에 있었구나.'

아버지가 말했다.

"네가 그 존재를 볼 수는 없었지만 그 존재는 여기 있는 것이다. 여기 있는 것이다.

[3]

그 아주 미세한 존재, 그것을 세상 모든 것들은 아뜨만으로 삼고 있다. 그 존재가 곧 진리이다. 그 존재가 곧 아뜨만이다. 그것은 바로 너이다. 슈베따께뚜야."

슈베따께뚜가 말했다.

"아버지 좀더 설명해주십시오."

아버지가 말했다.

"그렇게 하자.

제14편

[1]

총명한 아들아, 어떤 사람의 눈을 천으로 가려 묶고 간다라 국(國)에서 아주 먼, 인적이 드문 곳에 데려다놓으면, 그 사람은 방향을 잡을 수 없어 동, 북, 남 그리고 서쪽을 모두 향하여 소리를 지를 것이다.

'누군가 나를 간다라 국에서부터 눈을 가려 묶고 이곳까지 데려다

놓고는, 눈을 이렇게 가린 채로 내버렸소' 하고 말이다.

[2]

그런데 누군가 와서 그 삶의 눈을 가린 천을 벗겨주면서 '당신의 나라 간다라 국은 이쪽 방향에 있소. 이리로 걸어가보시오' 했다 하자. 그러면 그 사람이 현명한 사람이라면 거기에서부터 그 방향으로 걸으면서 마을마다 계속 물어물어, 결국 간다라 국을 찾아갈 것이 아니겠느냐. 이 세상에서 그러한 지혜를 줄 수 있는 사람이 스승이다. 스승을 만난 사람은 완전히 속박을 풀 때까지 걸리는 시간만큼 시간을 요하는 것뿐이다. 그리고 나면 결국 그 존재를 발견하게 된단다.

[3]

그 아주 미세한 존재, 그것을 세상 모든 것들은 아뜨만으로 삼고 있다. 그 존재가 곧 진리이다. 그 존재가 곧 아뜨만이다. 그것은 바로 너이다. 슈베따께뚜야."

슈베따께뚜가 말했다.

"아버지 좀더 설명해주십시오."

아버지가 말했다.

"그렇게 하자.

## 제15편

[1]

총명한 아들아, 사람이 죽어갈 때 그 주위에 둘러앉은 가까운 사람들이 서로 '나를 알아보시겠습니까?' '나를 알아보시겠습니까' 하고 묻지 않느냐. 그 죽어가는 사람은 그의 목소리가 마음에, 마음이 숨에, 숨이 열기에, 열기가 그 지고의 존재에 가 잠기기 전까지 사람들을 알아본단다.

[2]

그의 목소리가 마음에, 마음이 숨에, 숨이 열기에, 열기가 그 지고의 존재에 가 잠기면 드디어 그는 사람들을 알아보지 못하게 되는 것이란다.

[3]

그 아주 미세한 존재 그것을 세상 모든 것들은 아뜨만으로 삼고 있다. 그 존재가 곧 진리이다. 그 존재가 곧 아뜨만이다. 그것은 바로 너이다. 슈베따께뚜야."

슈베따께뚜가 말했다.

"아버지 좀더 설명해주십시오."

아버지가 말했다.

"그렇게 하자.

제16편

[1]

총명한 아들아, 재판장에 사람들이 (도둑질을 한 것으로 의심이 나는) 어떤 사람을 두 손을 묶은 채로 데려와서 '이 사람이 재물을 훔쳤소. 이 사람은 도둑질을 했소' 하였을 때, (만일 그 도둑이 끝까지 사실을 부인하면 재판장이) '도끼 자루를 달구어 그가 그 자루를 붙잡게 해보라' 한다. 그러면 겁을 먹은 그가 자신이 도둑임을 스스로 밝히든지, 그 뜨거운 도끼자루를 잡아 손이 데이고, 형벌을 받게 되는 판결이 나든지 할 것이다.

[2]

그러나 도둑질을 하지 않은 사람이라면, 이 시험에서 자신의 결백을 맹세한다. 그가 진정 결백하여 진실을 걸고 맹세하였다면 그 진실이 그의 몸을 감싸 그 뜨거운 도끼자루를 쥐어도 데이지 않고 (그의 결백함을 증명받아) 풀려나게 된다.

[3]

진실로 진실을 맹세한 사람이 이 시험에서 데이지 않는 것처럼 진실의 이 지혜를 가진 자는 죽은 후 다시 이 세상에 오지 않게 된다. 그러나 그렇지 않은 자는 다시 반복해서 오게 된다. 그 아주 미세한 존재, 그것을 세상 모든 것들은 아뜨만으로 삼고 있다. 그 존재가 곧 진리이다. 그 존재가 곧 아뜨만이다. 그것은 바로 너이다. 슈베따께뚜야."

이렇게 아버지에게 아홉 번을 듣고 슈베따께뚜는 브라흐만과 아뜨만을 알게 되었다. 알게 되었다.


## 제7장

### 제1편

[1]

오움, 나라다가 사나따꾸마라에게 말했다.

"존경하는 분이시여, 저에게 가르침을 주십시오."

그러자 사나따꾸마라가 말했다.

"그대가 이미 알고 있는 것을 말해보게. 그럼 내 그대에게 그대가 알고 있는 그것들 뒤에 있는 것에 대해 말해주겠네."

• 나라다의 이름은 '지고의 지혜를 가져다주는 사람'(nāraṁ dadāti iti naradaḥ)이라는 뜻이며, 사나따꾸마라의 이름은 '영원한 어린아이'라는 뜻으로 이 두 사람의 대화의 성격을 암시하고 있다.

[2]

그래서 나라다가 여쭈었다.

"존경하는 분이시여, 저는 리그 베다, 야쥬르 베다, 사마 베다 그리고 아타르바 베다 이렇게 네 베다와 다섯번째 베다인 이띠하사(역사적 설화)와 뿌라나(신화)를 학습하였고, 산스끄리트의 문법과 조상제례에 대한 지식, 수학, 자연재해에 대한 지식, 광물학, 논리학, 윤리학, 어원학, 브라흐만에 대한 지식, 근원요소에 대한 지식, 무예, 천문학, 뱀에 대한 지식, (음악, 무용, 조각, 그림 등) 예능까지 이 모든 것을 익혔습니다.

[3]

존경하는 분이시여, 그러나 제가 아는 것은 겉으로만 아는 것일 뿐 그것의 아뜨만은 알지 못합니다. 당신과 같은 분께서는 고통 자체를 이겨내신다고 들었습니다. 저는 바로 고통 속에 있습니다. 존경하는 분이시여, 제가 고통을 넘을 수 있게 해주십시오."

그러자 그가 말했다.

"그 모든 것, 그대의 모든 공부는 이름 공부였다.

[4]

왜냐하면 리그 베다, 야쥬르 베다, 사마 베다 그리고 아타르바 베다 이렇게 네 베다와 다섯번째 베다인 이띠하사와 뿌라나는 그것의 이름이요, 산스끄리트의 문법과 조상제례에 대한 지식, 수학, 자연재해에 대한 지식, 광물학, 논리학, 윤리학, 어원학, 브라흐만에 대한 지식, 근원요소에 대한 지식, 무예, 천문학, 뱀에 대한 지식, (음악, 무용, 조각, 그림 등) 예능까지 이 모든 것이 이름이기 때문이다. 그러니 너는 그 '이름'(nāma)을 숭배하라.

[ 5 ]

누구든 이 '이름'을 브라흐만으로 숭배하는 자, 누구든 이 이름을 브라흐만으로 숭배하는 자는 그 이름이 다다르는 범위에서 그가 원하는 대로 모두 이룰 수 있다."

"존경하는 분이시여, 그러면 이름보다 더 훌륭한 것이 있습니까?"

"물론 더 훌륭한 것이 있지."

"그것에 대해 말씀해주십시오."

하고 나라다가 여쭈었다.

제2편

[ 1 ]

사나따꾸마라가 말했다.

"목소리(vāk)가 바로 이름보다 더 훌륭한 것이다. 리그 베다, 야쥬르 베다, 사마 베다 그리고 아타르바 베다 이렇게 네 베다와 다섯 번째 베다인 이띠하사와 뿌라나, 산스끄리트의 문법과 조상제례에 대한 지식, 수학, 자연재해에 대한 지식, 광물학, 논리학, 윤리학, 어원학, 브라흐만에 대한 지식, 근원요소에 대한 지식, 무예, 천문학, 뱀에 대한 지식, (음악, 무용, 조각, 그림 등) 예능, 하늘과 땅, 공기, 대공, 물, 불, 신, 사람, 동물과 새, 풀과 나무, 벌레, 파리, 개미 등 모든 생물, 옳고 그른 것, 좋고 나쁜 것, 기쁨과 기쁨이 아닌 것까지 이 모든 것을 알게 하는 것은 바로 목소리이기 때문이다. 그러니 이 목소리를 숭배하라.

[2]

누구든 이 '목소리'를 브라흐만으로 숭배하는 자, 누구든 이 목소리를 브라흐만으로 숭배하는 자는 그 목소리가 다다르는 범위에서 그가 원하는 대로 모두 이룰 수 있다."

"존경하는 분이시여, 그러면 목소리보다 더 훌륭한 것이 있습니까?"

"물론 더 훌륭한 것이 있지."

"그것에 대해 말씀해주십시오."

하고 나라다가 여쭈었다.


제3편

[1]

사나따꾸마라가 말했다.

"마음(mana)이 진정 그 목소리보다 훌륭한 것이다. 주먹이 두 개의 과일을 한 손에 잡듯, 마음속에 이름과 목소리가 잡힌다. 마음이 만뜨라를 낭송해야겠다 하고 생각하면 그 사람이 낭송할 것이요, 제례를 지내야겠다 하고 생각하면 그 사람이 제례를 지낼 것이요, 자손과 가축을 소원해야겠다고 생각하면 그 사람이 자손과 가축을 소원할 것이요, 이 세상과 다음 세상을 소원해야겠다 하면 그렇게 소원하게 되는 것이다. 그러므로 마음이 진정 아뜨만이요, 마음이 진정 세상이요, 마음이 진정 브라흐만이다. 그 마음을 숭배하라.

[2]

누구든 이 마음을 브라흐만으로 숭배하는 자, 누구든 이 마음을 브라흐만으로 여기고 숭배하는 자는 그 마음이 다다르는 범위에서 그가 원하는 대로 모두 이룰 수 있다."

"존경하는 분이시여, 그러면 마음보다 더 훌륭한 것이 있습니까?"

"물론 더 훌륭한 것이 있지."

"그것에 대해 말씀해주십시오."

하고 나라다가 여쭈었다.


## 제4편

[ 1 ]

사나따꾸마라가 말했다.

"의지(意志, saṁkalpa)가 마음보다 훌륭한 것이다. '의지'로 인해 마음이 생각하며 그래야 사람이 말도 할 수 있다. 의지는 그의 뜻을 '이름'의 형태로 표출하는 것이다. 모든 만뜨라들은 '이름'에서 하나이며, 모든 제례는 만뜨라에서 하나이다.

[ 2 ]

그러므로 이름, 목소리, 마음 이 모두의 유일한 원천은 의지이다. 이들은 의지와 하나이며, 그 의지에 기반하고 있다.

하늘과 땅이 스스로의 의지로 생겨났다. 이렇게 하늘과 땅이 그들의 의지로 생겨나자 공기와 대공도 스스로의 의지로 생겨났다. 그러자 그 대공(大空)에 비도 스스로의 의지로 내렸다. 이렇게 비의 의지에 의해 비가 내림에 따라, 음식도 스스로의 의지로 생겨났다. 또 음식이 생겨남에 따라 숨도 그 스스로의 의지로 생겨났다. 숨이 생겨남에 따라 만뜨라도 스스로의 의지로 낭송되었다. 만뜨라가 낭송되자 제례도 스스로의 의지로 생겨났다. 그러자 제례의 결과도 스스로의 의지로 생겨났다. 이렇게 모든 것이 그 결과의 의지에 따라 생겨났다.

이 모든 것이 의지로 인한 것이니 이 의지를 숭배하라.

[3]

이렇게 의지를 브라흐만으로 여기고 명상하는 자는 그가 진정 의지한 세계로 간다. 그는 그 스스로 영원한 자가 되어 그 영원한 세계로 간다. 또 그는 그 스스로 굳건히 선 자가 됨으로써 굳건한 세계로 간다. 그는 그 스스로 괴로움 없는 자가 되어 괴로움이 없는 세계로 간다. 이렇게 의지를 브라흐만으로 명상하는 자는 그 의지가 다다르는 범위 안에서 그가 원하는 대로 이룰 것이다."

"존경하는 분이시여, 그 의지보다 훌륭한 것이 있습니까?"

"물론 더 훌륭한 것이 있지."

"그것을 저에게 말씀해주십시오."

하고 나라다가 여쭈었다.


第5편

[1]

사나따꾸마라가 말했다.

"의식(意識, citta)이 진정 그 의지보다 훌륭한 것이다. 먼저 의식(意識)을 해야 그 다음 의지(意志)하고 그 다음 (마음으로) 생각해서 사람이 목소리를 내게 된다. 이렇게 해서 목소리를 이름에 붙여 소리를 내게 되는 것이다. 모든 만뜨라는 이 이름에 와서 하나가 되고, 모든 제례는 만뜨라들에 와서 하나가 된다.

**역주**

• 목소리를 통해 밖으로 나온 것은 사물이나 현상의 이름이다. 그러한 이름들이 모여 이루어진 가장 성스러운 것이 만뜨라이다. 마찬가지로 제례는 많은 종류의 만뜨라들로 이루어져 있으므로 이러한 만뜨라들이 모여 이룬 것이 제례이다.

[2]

이름, 목소리, 마음 등 이들은 의식(意識)을 그들의 유일한 궁극의 목적지로 삼는 것이며, 이들 모두는 바로 이 의식에서 비롯되고 바로 이 의식에 기반한다. 그러므로 사람이 많은 것을 배웠다고 하더라도 의식을 쓸 줄 모르면 (다른 사람들이) '그가 진정 지식이 있거나 혹은 현명한 사람이라면 이처럼 의식이 없는 자일 수가 없다. 그는 아무것도 모른다'고 하며 그를 인정하지 않는다. 그러나 배움이 적더라도 의식을 가진 사람이 있다면 사람들이 늘 그의 말을 듣고자 열망한다. 이처럼 이름, 목소리, 마음 등 이들의 유일한 원천은 의식이며 의식이 이들의 근원이다. 의식이 아뜨만이다. 의식이 기반이다. 이 의식을 숭배하라.

[3]

이렇게 의식을 브라흐만으로 여기고 명상하는 자는 그가 진정 의식한 세계로 간다. 그는 그 스스로 영원한 자가 되어 그 영원한 세계로 간다. 또 그는 그 스스로 굳건히 선 자가 됨으로써 굳건한 세계로 간다. 그는 그 스스로 괴로움 없는 자가 되어 괴로움이 없는 세계로 간다. 이렇게 의식을 브라흐만으로 삼아 명상하는 자는 그 의식이 다다르는 범위 안에서 그가 원하는 대로 이루게 된다."

"존경하는 분이시여, 그 의식보다 훌륭한 것이 있습니까?"

"물론 더 훌륭한 것이 있지."

"그것을 저에게 말씀해주십시오."

하고 나라다가 여쭈었다.

## 제6편

[1]

"집중(集中, dhyānam)이 그 의식보다 훌륭한 것이다. 아마도 땅도 집중하고 있는 듯, 대공도 집중하고 있는 듯, 천상도 집중하고 있는 듯, 물도 집중하고 있는 듯, 산도 집중하고 있는 듯, 신과 같은 인간들도 집중하고 있는 듯(모두 움직이지 않는 듯)하다. 이 세상에서 가장 훌륭한 단계에 이르른 사람들도 바로 이 집중을 통해 나아간 결과로 그리 된 것이다. 그러므로 소인(小人)은 다른 사람과 늘 다투고 질투하고 살상하기를 좋아하나, 다른 사람에게 감화를 주는 대인(大人)은 (집중의 결과로) 훌륭한 품행을 갖추고 있다. 이 집중을 숭배하라.

[2]

이렇게 '집중'(集中)을 브라흐만으로 여기고 명상하는 자는 그가 진정 집중한 세계로 간다. 집중 자체를 브라흐만으로 여기고 명상하는 자는 그 집중이 다다르는 범위 안에서 그가 원하는 대로 이루리라."

"존경하는 분이시여, 그 집중보다도 훌륭한 것이 있습니까?"

"물론 더 훌륭한 것이 있지."

"그것을 저에게 말씀해주십시오."

하고 나라다가 여쭈었다.

## 제7편

[1]

사나따꾸마라가 말했다.

　"분별력(vijñānam)이 진정 그 집중보다 훌륭한 것이다. 이 분별력을 통해 사람이 리그 베다, 야쥬르 베다, 사마 베다 그리고 아타르바 베다 이렇게 네 베다와 다섯번째 베다인 이띠하사(역사적 설화)와 뿌라나(신화), 산스끄리트의 문법과 조상제례에 대한 지식, 수학, 자연재해에 대한 지식, 광물학, 논리학, 윤리학, 어원학, 브라흐만에 대한 지식, 근원요소에 대한 지식, 무예, 천문학, 뱀에 대한 지식, (음악, 무용, 조각, 그림 등) 예능, 하늘과 땅, 공기, 대공, 물, 불, 신, 사람, 동물과 새, 풀과 나무, 벌레, 파리, 개미 등 모든 생물, 옳고 그른 것, 좋고 나쁜 것, 기쁨과 기쁨이 아닌 것까지 아는 것이다. 이 모든 것을 알게 하는 것은 바로 분별력이기 때문이다. 그러니 이 분별력을 숭배하라.

　[2]
　누구든 이 '분별력'을 브라흐만으로 숭배하는 자, 누구든 이 분별력을 브라흐만으로 숭배하는 자는 그 분별력이 다다르는 범위에서 그가 원하는 대로 모두 이룰 수 있는 것이다."
　"존경하는 분이시여, 그러면 분별력보다 더 훌륭한 것이 있습니까?"
　"물론 더 훌륭한 것이 있지."
　"그것에 대해 말씀해주십시오."
하고 나라다가 여쭈었다.

　제8편

　[1]
　사나따꾸마라가 말했다.
　"'힘'(bala)이 진정 분별력보다 훌륭한 것이다. 분별력을 가진 사람이 백 명이라도 한 사람의 힘센 자 앞에 몸을 떤다. 사람이 힘이 있어야 자리에서 일어나서 (스승과 같은) 다른 사람들을 받들고, 스승 곁에 가까이 가 앉을 수 있다. 그렇게 가까이 앉아 그는 보고, 듣고, 생각하여, 깨달은 자, 진정 행하는 자, 분별력 있는 자가 될 수 있다. 바로 이 힘으로 땅이 서 있다. 바로 이 힘으로 대공이 서 있다. 바로 이 힘으로 천상이 서 있다. 바로 이 힘으로 산이 서 있다. 바로 이 힘으로 신과 같은 인간(성자)들이 서 있다. 바로 이 힘으로 새들도, 풀과 나무도, 맹수들도 그리고 저 벌레, 파리, 개미 등에 이르기까지 모두가 서 있다. 이 세상은 힘으로 서 있는 것이다. 그 힘을 숭배하라.

[2]

누구든 이 '힘'을 브라흐만으로 숭배하는 자, 누구든 이 힘을 브라흐만으로 숭배하는 자는 그 힘이 다다르는 범위에서 그가 원하는 대로 모두 이룰 수 있는 것이다."

"존경하는 분이시여, 그러면 힘보다 더 훌륭한 것이 있습니까?"

"물론 더 훌륭한 것이 있지."

"그것에 대해 말씀해주십시오."

하고 나라다가 여쭈었다.


## 제9편

[1]

사나따꾸마라가 말했다.

"음식(annam)이 진정 그 힘보다 훌륭하다. 그러므로 사람이 열흘이 되도록 음식을 먹지 않으면 숨이 남아 있다고 해도 그는 볼 수도, 들을 수도, 생각할 수도, 의식을 가질 수도, 이해할 수도 없게 되느니, 다시 그가 음식을 먹어야만 회복하여 보고, 듣고, 생각하고, 알고, 수행하고, 이해할 수 있게 되는 것이다. 그러니 음식을 숭배하라.

[2]

누구든 이 '음식'을 브라흐만으로 숭배하는 자, 누구든 이 음식을 브라흐만으로 숭배하는 자는 그 음식이 다다르는 범위에서 그가 원하는 대로 모두 이룰 수 있는 것이다."

"존경하는 분이시여, 그러면 음식보다 더 훌륭한 것이 있습니까?"

"물론 더 훌륭한 것이 있지."

"그것에 대해 말씀해주십시오."

하고 나라다가 여쭈었다.

## 제10편

[1]

사나따꾸마라가 말했다.

"물(apa)이 음식보다 훌륭한 것이다. 가뭄이 들었을 때는 모든 생물들이 '음식이 귀해지겠구나' 하고 괴로워한다. 다시 비가 충분히 내리면 생물들은 '이제 음식이 충분해질 것이다' 하고 즐거워한다.

물은 진정 형태를 가진 모든 것이다. 저 땅, 저 대공, 저 천상, 저 산, 저 신과 같은 사람 그리고 저 새, 풀, 나무, 짐승, 벌레, 파리, 개미, 이 모든 것의 형태를 이루는 것은 물이다. 그러므로 물을 숭배하라.

[2]

누구든 이 물을 브라흐만으로 숭배하는 자, 누구든 이 물을 브라흐만으로 숭배하는 자는 그 물이 다다르는 범위에서 그가 원하는 대로 모두 이룰 수 있는 것이다."

"존경하는 분이시여, 그러면 물보다 더 훌륭한 것이 있습니까?"

"물론 더 훌륭한 것이 있지."

"그것에 대해 말씀해주십시오."

하고 나라다가 여쭈었다.


## 제11편

[1]

사나따꾸마라가 말했다.

"열기(熱氣, tejas)가 진정 그 물보다도 훌륭한 것이다. 이 열기는 공기를 붙잡아 대공을 뜨겁게 달군다. 그러면 사람들은 '달구어지고 있다. 뜨거워졌다. 그러니 이제 비가 올 것이다' 하고 말한다. 이처럼 먼저 그 스스로의 모습을 숨기고 있다가 물을 만드는 것은 바로 열기이다. 천둥이 울리는 소리로 그 열기는 번쩍이는 빛을 위로 쏘아 꺾어지게 하며 돌아다닌다. 그럴 때 사람들은 '번개가 치고 천둥이 울리고 있다. 그러니 분명히 비가 올 것이다' 하고 말한다. 먼저 그의 모습을 번개, 천둥으로 보여주고 그 다음 물을 만들어내는 것이 열기이니 그 열기를 숭배하라.

[2]

누구든 이 열기를 브라흐만으로 숭배하는 자, 그는 그 스스로 영원한 자가 되어 그 영원한 세계로 간다. 또 그는 그 스스로 굳건히 선 자가 됨으로써 굳건한 세계로 간다. 그는 그 스스로 괴로움 없는 자가 되어 괴로움이 없는 세계로 간다. 누구든 이 열기를 브라흐만으로 숭배하는 자는 그 열기가 다다르는 범위에서 그가 원하는 대로 모두 이룰 수 있는 것이다."

"존경하는 분이시여, 그러면 열기보다 더 훌륭한 것이 있습니까?"

"물론 더 훌륭한 것이 있지."

"그것에 대해 말씀해주십시오."

하고 나라다가 여쭈었다.


## 제12편

[ 1 ]

사나따꾸마라가 말했다.

"대공(大空, ākāśa)이 그 열기보다 더 훌륭한 것이다. 해와 달, 번개, 별 그리고 불이 모두가 그 대공 속에 들어 있기 때문이다. 사람이 다른 사람을 부를 때도 대공을 통해 소리쳐 부르고 들을 때도 그 대공을 통해 전달된 소리를 듣는다. 사람들이 대공 속에 즐겁게 놀기도, 놀지 않기도 한다. 세상 모든 것이 이 대공 속에 태어나고 이 대공 속에서 성장한다. 이 대공을 숭배하라.


[ 2 ]

누구든 이 대공을 브라흐만으로 숭배하는 자, 그는 그 스스로 영원한 자가 되어 그 영원한 세계로 간다. 또 그는 그 스스로 굳건히 선 자가 됨으로써 굳건한 세계로 간다. 그는 그 스스로 괴로움 없는 자가 되어 괴로움이 없는 세계로 간다. 누구든 이 대공을 브라흐만으로 숭배하는 자는 그 대공이 다다르는 범위에서 그가 원하는 대로 모두 이룰 수 있는 것이다."

"존경하는 분이시여, 그러면 대공보다 더 훌륭한 것이 있습니까?"

"물론 더 훌륭한 것이 있지."

"그것에 대해 말씀해주십시오."

하고 나라다가 여쭈었다.


## 제13편

[1]

사나따꾸마라가 말했다.

"기억력(smara)이 그 대공보다 훌륭한 것이다. 그러므로 많은 사람들이 서로 둘러앉아 이야기를 나누면서도 기억력을 가지고 있지 않다면 서로의 이야기를 듣지 못할 것이요, 생각해보지 못할 것이요, 알지 못할 것이다. 기억력을 가지고 있기 때문에 사람들이 서로 듣고, 생각하고, 아는 것이다. 바로 이 기억을 통해 사람이 아들을 알아보고 짐승을 알아보는 것이다. 이 기억력을 숭배하라.


[2]

누구든 이 '기억력'을 브라흐만으로 숭배하는 자, 누구든 이 기억력을 브라흐만으로 숭배하는 자는 그 기억력이 다다르는 범위에서 그가 원하는 대로 모두 이룰 수 있는 것이다."

"존경하는 분이시여, 그러면 기억력보다 더 훌륭한 것이 있습니까?"

"물론 더 훌륭한 것이 있지."

"그것에 대해 말씀해주십시오."

하고 나라다가 여쭈었다.

## 제14편

[1]

사나따꾸마라가 말했다.

"'희망'(aśa)이 그 기억력보다 훌륭한 것이다. 희망으로 고무되어 기억력이 만뜨라를 낭송하는 것이다. 그렇게 제례를 수행함으로써 아들을 기원하고 짐승을 기원하고 이 세상을 기원하고 저 세상을 기원하는 것이다. 그 희망을 숭배하라.

[2]

누구든 이 '희망'을 브라흐만으로 여기고 숭배하는 자, 그의 모든 소원은 반드시 성취되리라. 모든 소원이 성취되리라. 누구든 이 희망을 브라흐만으로 숭배하는 자는 그 희망이 다다르는 범위에서 그가 원하는 대로 모두 이룰 수 있는 것이다."

"존경하는 분이시여, 그러면 물보다 더 훌륭한 것이 있습니까?"

"물론 더 훌륭한 것이 있지."

"그것에 대해 말씀해주십시오."

하고 나라다가 여쭈었다.

## 제15편

[1]

사나따꾸마라가 말했다.

"숨(prāṇaḥ)이 그 '희망'보다 훌륭한 것이다. 수레바퀴에 바퀴살들이 바퀴의 중심에 모두 걸쳐 있듯, 마찬가지로 세상 모든 것은 그 숨에 의지해 있다. 숨이 그 숨에 의해 작용한다. 그 숨이 숨에게 숨을 나누어준다. 그러므로 숨은 진정 아버지요, 숨은 진정 어머니요,

숨은 진정 형제요, 숨은 자매요, 숨은 스승이요, 숨은 사제이다.

[2]

그가 만일 아버지, 어머니, 형제, 자매, 스승, 사제 그 누구에게라도 못할 말을 하면 사람들은 그를 비난한다. '너는 친아버지를 죽이는 아들이다.' '너는 친어머니를 죽이는 아들이다.' '너는 친형제를 죽이는 놈이다.' '너는 너의 친자매를 죽이는 놈이다.' '너는 스승을 죽이는 놈이다.' '너는 사제를 죽이는 놈이다.'

[3]

그러나 그들이 죽은 뒤, 화장을 할 때는 그 부모나 친족, 스승의 몸을 도끼로 자르고 함부로 위로 쌓아올려도 정작 어느 누구도 '너는 친아버지를 죽이는 아들이다' '너는 친어머니를 죽이는 아들이다' '너는 친형제를 죽이는 놈이다' '너는 너의 친자매를 죽이는 놈이다' '너는 스승을 죽이는 놈이다' '너는 사제를 죽이는 놈이다' 하고 말하지 않는다.

역주

• 우리가 아버지, 어머니, 형제, 자매, 스승, 사제라고 부르는 사람들은 사실은 숨이다. 숨이 그 몸에서 나가고 나면 더 이상 아버지, 어머니, 형제, 자매, 스승, 사제로 여기지 않기 때문이다.

[4]

그러므로 숨이 진정 이 모든 것이 되는 것이다. 누구든 이렇게 보고, 이렇게 마음에 새기고, 이렇게 알면 그는 목소리에 있어서 모든 것을 초월하는 것이다. 누군가 그에게 '너는 목소리가 넘을 수 없는 한계를 넘었다'라고 말하면 '그렇다, 나는 한계를 넘었다'고 할 수 있다. 이것은 당연한 것이니 숨길 필요가 없다.

## 제16편

[ 1 ]

"진리를 깨달음으로써 목소리에 초월성을 얻은 자는 진정 말로서 말 이상의 것을 말하게 된다."

"존경하는 분이시여, 제가 그 진리를 깨달음으로써 말로서 말 이상의 것을 말하고 싶습니다."

"그렇다면 그대는 진리를 깨달아야 한다."

"존경하는 분이시여, 그 진리를 알고자 합니다."

하고 나라다가 말했다.

## 제17편

[ 1 ]

"진리를 알고 나면 진리를 말하게 되어 있다. 알지 못하고는 절대로 진리를 말할 수 없는 것이다. 이렇게 진리를 말하는 것은 진리를 알아야만 가능한 것이니 먼저 '안다는 것'이 무엇인지에 대해 알아야 한다."

"존경하는 분이시여, 저는 '안다는 것'에 대해 알고 싶습니다."

## 제18편

[ 1 ]

"마음속으로 성찰하면 알게 된다. 마음속으로 성찰하지 못하면 절대로 알 수 없는 것이다. 이렇게 '안다'고 하는 것은 마음속으로 성찰해야만 가능한 것이니 먼저 '마음으로 성찰한다는 것'이 무엇인지 알아야 한다."

"존경하는 분이시여, 저는 그 마음으로 성찰한다는 것에 대해 알고 싶습니다."


### 제19편

[ 1 ]

"스승에 대해 '경외와 믿음'을 둘 수 있어야 사람은 마음으로 성찰할 수 있게 되는 것이다. 경외와 믿음없이 그러한 마음의 성찰을 할수는 없다. 이처럼 경외와 믿음을 가졌을 때 스스로 성찰하는 것이다. 그러니 경외와 믿음이 무엇인지 알아야 한다."

"존경하는 분이시여, 저는 경외와 믿음에 대해서 알고 싶습니다."


### 제20편

[ 1 ]

"스승을 공경으로 받들게 되면 그는 경외와 믿음을 갖게 된다. 공경하지 않으면 경외와 믿음을 얻을 수 없다. 성의껏 다해 받듦으로써만이 경외와 믿음을 얻게 되니, 공경이 무엇인지 알아야 한다."

"존경하는 분이시여, 저는 공경함에 대해서 알고 싶습니다."


### 제21편

[ 1 ]

"사람이 (절제와 집중을 염두에 두고) 기꺼이 행하다 보면 공경하게 되는 것이다. 기꺼이 행하지 않고 공경하게 되지는 않는 것이다. 행함으로써 공경하게 되니, 기꺼이 행함이란 무엇인지 알아야 한다."

"존경하는 분이시여, 저는 그 '기꺼이 행함'에 대해서 알고 싶습니다."

## 第22편

[ 1 ]

"사람은 즐거움을 얻는 일을 기꺼이 행하게 되는 것이다. 즐거움 없이 기꺼이 행하게 되지는 않는 것이다. 이처럼 즐거움을 얻음으로써 기꺼이 행하는 것이니, 즐거움이란 무엇인지 알아야 한다."

"존경하는 분이여, 저는 그 즐거움이란 무엇인지 알고싶습니다."

## 第23편

[ 1 ]

"즐거움이란 무한함에 있는 것이다. 유한한 것에는 즐거움이 없다. 무한한 것만이 즐거움을 주는 것이다. 그러니 이 무한함이란 무엇인지 알아야 한다."

"존경하는 분이시여, 저는 무한함에 대해서 알고 싶습니다."

**역주**

• 무한함(bhūmā) : 본래 자구적인 뜻은 '가장 많음'이다. '한계가 없이 많음'이라는 의미이므로 역자가 '무한함'이라고 번역하였다.

## 제24편

[1]

"무한함이란 누가 누구를 보지 않고, 누가 누구를 듣지 않고, 누가 누구를 알지도 않는 그런 곳에 있는 것이다. 유한함은 누가 누구를 보고, 듣고, 아는 그런 곳에 있는 것이다. 무한함은 불멸이며 유한함은 죽음이다."

"존경하는 분이여, 그것은 어디에 있는 것입니까?"

"그 자신의 권능 속에 있다. 혹은 그것은 권능이 아닌지도 모르지.

역주

• 권능이 아닌지도 모르지(yadi vā na mahimniti) : 권능이라는 말로 표현할 수 없는 것인지도 모르지.

[2]

사람의 권능은 소, 말, 코끼리, 금, 노예, 부인, 밭 그리고 집 등으로 만들어진다고 한다. 그러나 나는 그런 것을 말하는 것이 아니다. 그러한 것은 또 다른 것에 기반하는 것이기 때문이다.

## 제25편

[1]

그의 무한함은 아래요, 위요, 뒤요, 앞이요, 남쪽이요, 북쪽이다. 그는 모든 것이다. 자각의식을 통해서 사람은 '나는 아래이다. 나는 위이다. 나는 서쪽이다. 나는 동쪽이다. 나는 남쪽이다. 나는 북쪽이다. 나는 이 모든 것이다'라고 생각한다.

• 자각의식(ahaṁkāra) : '나'라는 의식이다. 이 의식은 헛된 자만심을 갖게도 하지만, 자각하는 자로 하여금 무한함의 존재를 자신과 하나로 인식하게 한다.


[ 2 ]

그 무한함은 아뜨만이다. 이 아뜨만이 아래, 위, 뒤, 앞, 서쪽, 동쪽, 남쪽, 북쪽, 아뜨만이 이 모든 것이다. 이 아뜨만이 보고, 마음으로 성찰하고, 진정 아는 자이다. 이것을 아는 자는 아뜨만 안에서 유희를 누리고, 아뜨만 안에서 희열을 느끼고, 아뜨만 안에서 하나가 되고, 아뜨만 안에서 기쁨을 느끼고, 아뜨만 안에서 스스로를 마음대로 할 수 있다. 그러한 사람은 모든 세상에서의 모든 움직임에서 자유롭다. 그러나 그렇지 않은 자들은 자신이 아닌 또 다른 통치자 아래로 간다. 결국 파멸로 이르는 세계로 가게 된다. 그들은 어떤 세상에서도 스스로의 뜻으로 마음대로 할 수가 없다.


## 제26편

[ 1 ]

그와 같이 보는 자, 그와 같이 성찰하는 자, 그와 같이 깨닫는 자, 그의 아뜨만으로부터 숨이, 아뜨만으로부터 원함이, 아뜨만으로부터 기억력이, 아뜨만으로부터 대공이, 아뜨만으로부터 물이, 아뜨만으로부터 생겨나고 사라지는 것이, 아뜨만으로부터 음식이, 아뜨만으로부터 힘이, 아뜨만으로부터 앎이, 아뜨만으로부터 명상이, 아뜨만으로부터 지성이, 아뜨만으로부터 의지가, 아뜨만으로부터 마음이, 아뜨만으로부터 소리가, 아뜨만으로부터 이름이, 아뜨만으로부터 만뜨라가, 아뜨만으로부터 제례가, 아뜨만으로부터 이 모든 것이 비롯된다.

[ 2 ]
이에 관련하여 이런 말씀도 있다.


깨달은 자에게는 죽음도 질병도 슬픔조차도 없다.
깨달은 자는 모든 것을 보고, 모든 곳에서 모든 것을 얻는다.
그는 하나가 된다.
그는 세 개가 되기도 하고
다섯이 되기도 하고
일곱이 되기도 하고
아홉이 되기도 한다.
그리고 그는 열하나가 되기도 하고
백열 개가 되기도 하고
혹은 천이십 개가 되기도 한다.
음식이 깨끗하고 성스러우면 소화기관이 깨끗해지고
소화기관이 깨끗하면 기억력이 좋게 되고
기억력이 좋게 되면 가슴속 모든 매듭이 풀어진다."


이렇게 해서 그 존경스런 사나따꾸마라는 나라다로 하여금 모든
가슴속 매듭을 풀어, 무지(無智)의 어둠을 건너게 해주었다. 그래서
사람들은 그를 현명한 스승이라고 부른다. 사람들은 그를 현명한 스
승이라고 부른다.

역주
 • 현명한 스승(skanda) : '스깐다'는 현명한 자라는 뜻이며, 두르가 여신
의 아들의 이름도 '스깐다'이다.

## 제8장

### 제1편

[ 1 ]

하리오움,

이 (육신의) 브라흐만의 자리에 연꽃 모양의 자그마한 자리가 있고, 거기에는 대공(大空)이 들었으니, 그 대공 속에 든 것은 무엇인가. 그 안에 든 것이 무엇인지 알아보자.

[ 2 ]

제자가 스승에게

'이 브라흐만의 자리에 자그마한 연꽃 모양의 자리가 있고 거기에는 대공이 들어 있으니, 그 대공 속에 든 것이 무엇인지 알아보아야겠다는 것은 무슨 의미입니까?'

하고 물으면 스승은 다음과 같이 답한다.

[ 3 ]

그 육신의 브라흐만의 자리에 있는 대공은 이 (우주의) 대공만큼이나 크고, 그 대공 안에는 천상과 땅이 들어 있다. 아그니와 와유도 태양과 달도 번개와 별도 그 속에 들어 있다. 이 세상에 지금 있는 것과 지금 없는 모든 것이 그곳에 들어 있도다.

[ 4 ]

다시 제자들이,

'이 육신의 브라흐만의 자리에 담긴 대공 속에, 이 모든 것이 다 들어 있고 모든 생물과 모든 욕망들도 들어 있다고 하였습니다. 그러면 이 육신이 노쇠하면 그들은 모두 어떻게 되는 것입니까?'

하고 질문하면,

[5]

스승은 이렇게 답한다.

이 육신의 노쇠함에도 그 브라흐만은 노쇠하지 않는다. 육신이 무기에 상처를 입고 죽음을 당해도 그 브라흐만(의 자리)은 죽음을 당하지 않는다. 이 브라흐만은 참이요, 이 안에 모든 욕망들이 담겨 있다. 이 아뜨만은 옳고 그름의 구별이 없고, 노쇠함이 없고, 죽음이 없고, 슬픔이 없고, 걱정이 없고, 갈증이 없으며, 참 욕망이요, 참 의지이다. 백성들이 그 왕의 명령을 받들듯, 그는 그 안에 담긴 어떤 것을 원하든 그 어떤 자리 땅을 원하든, 그 원함대로 그것을 모두 취하게 된다.

[6]

이 세상에서 행함으로써 얻은 것은 모두 (저 세상에 갈 때) 사라지는 것처럼, 아그니 제례 등을 통해 지은 선업(善業)도 그 업보로 받을 것을 받으면 사라진다. 이 행함이 우선되는 인간의 세상에서 아뜨만과 그 참 욕망을 알지 못하고 세상을 뜨는 사람은, 어느 세상에서도 그 원하는 대로 얻는 자가 되지 못한다. 이 세상에서 아뜨만과 참 욕망을 알고 세상을 뜨는 사람들은, 그들이 원하는 대로 마음껏 얻으리라.

제2편

[1]

그러한 자들이 이 세상을 떠나서 조상들의 세계에 가기를 원하면, 그러한 뜻만으로 조상들이 그들에게 나타나, 조상들의 세계에 있는 것을 모두 얻으니, 그들은 그들이 원하는 조상들 세계의 모든 것을 얻은 자 되리라.

[2]

그러한 자들이 이 세상을 떠나서 어머니의 세계에 가기를 원하면 그러한 뜻만으로 어머니가 그들에게 나타나, 어머니의 세계에 있는 것을 모두 얻으니, 그들은 그들이 원하는 어머니 세계의 모든 것을 얻은 자 되리라.

[3]

그러한 자들이 이 세상을 떠나서 형제들의 세계에 가기를 원하면, 그러한 뜻만으로 형제들이 그들에게 나타나, 형제들의 세계에 있는 것을 모두 얻으니, 그들은 그들이 원하는 형제들 세계의 모든 것을 얻은 자 되리라.

[4]

그러한 자들이 이 세상을 떠나서 자매들의 세계에 가기를 원하면, 그러한 뜻만으로 자매들이 그들에게 나타나, 자매들의 세계에 있는 것을 모두 얻으니, 그들은 그들이 원하는 자매들 세계의 모든 것을 얻은 자 되리라.

[5]

그러한 자들이 이 세상을 떠나서 동료들의 세계에 가기를 원하면, 그러한 뜻만으로 동료들이 그들에게 나타나, 동료들의 세계에 있는 것을 모두 얻으니, 그들은 그들이 원하는 동료들 세계의 모든 것을 얻은 자 되리라.

[6]

그러한 자들이 이 세상을 떠나서 좋은 향기와 화환이 있는 세계에
가기를 원하면, 그러한 뜻만으로 좋은 향기와 화환이 그들에게 나타
나 좋은 향기와 화환을 모두 얻으니, 그들은 그들이 원하는 좋은 향
기와 화환의 세계를 모두 얻은 자 되리라.

[7]

그러한 자들이 이 세상을 떠나서 먹을 것과 마실 것이 있는 세계
에 가기를 원하면, 그러한 뜻만으로 먹을 것과 마실 것이 그들에게
나타나 먹을 것과 마실 것이 있는 세계에 있는 모든 것을 얻으니, 그
들은 그들이 원하는 먹을 것과 마실 것이 있는 세계의 모든 것을 얻
은 자 되리라.

[8]

그러한 자들이 이 세상을 떠나서 음악의 세계에 가기를 원하면,
그러한 뜻만으로 음악이 그들에게 나타나 음악의 세계에 있는 것을
모두 얻으니, 그들은 그들이 원하는 음악의 세계의 모든 것을 얻은
자 되리라.

[9]

그러한 자들이 이 세상을 떠나서 여자들의 세계에 가기를 원하면
그러한 뜻만으로 여자들이 그들에게 나타나 여자들의 세계에 있는
것을 모두 얻으니, 그들은 그들이 원하는 여자들의 세계의 모든 것
을 얻은 자 되리라.

[10]

그가 어떤 세계를 원하든지, 그가 어떤 것을 원하든지, 그러한 뜻
만으로 그것들이 그에게 나타나니, 그는 원하는 것을 얻어 풍족한

400

자 되리라.


## 제3편

[1]

그러나 이들 '참 욕망'이라 불린 것들은 거짓으로 덮여 있다. 그 욕망들은 참된 것이라 할지라도 그것을 덮고 있는 것은 거짓된 것이다. 이 세상에서 떠나면 그러한 것들은 다시 볼 수 없는 것들이기 때문이다.


[2]

살아 있는 혹은 이미 죽은 아들이나 형제, 자매, 친구 등과의 만남, 그 외의 무엇이든 그가 원하지만 지금 이루지 못하는 것을 그는 가슴속 공간에서 이룬다. 그의 모든 참 욕망들은 거짓된 것으로 덮여 있기 때문이다. 마치 땅 속에 묻어둔 보물상자를 아무리 그 위로 그 위로 찾아헤매도 결국 찾아내지 못하는 것처럼, 이 많은 백성들은 매일 브라흐만의 세계를 가면서도 알지 못한다. 이 브라흐만의 세계가 거짓된 것으로 가려져 있기 때문이다.


[3]

그 아뜨만은 가슴속에 있다. 가슴(hṛdayam)이라는 말은 '여기에 아뜨만이 있다'(hṛdi ayam)는 말이니, 그러한 연고로 '가슴'이라 불리는 것이다. 이것을 아는 사람은 매일 그 아뜨만의 세계로 간다.


[4]

그러면 그 평온한 상태에 든 사람은, 이제 그 육신에서 일어나서 가장 높은 곳의 빛에 다가가 그의 참 존재로 남게 된다. 이것이 아뜨만이다. 이것이 모든 두려움에서 해방되는 상태이다. 이것이 또한 브라흐만이다. 진리는 이 브라흐만의 이름이로다.

[ 5 ]

진리의 세 글자(사, 뜨, 얌) 중에 '사'는 불멸이며 '뜨'는 죽음이며, '얌'은 이 둘을 통제한다. 그러므로 '얌'의 이러한 의미를 아는 자는 매일매일 그 천상에 가리라.

**역주**

· 얌(yam) : '통제하다'의 의미를 가진 어근이다.

### 제4편

[ 1 ]

그 아뜨만은 세상들이 서로 다투지 않도록 세상들을 잘 보존하게 하는 다리(橋, setu)와 같다. 이 다리와 같은 아뜨만은 낮과 밤이 잡을 수 없는 것이다. 그 아뜨만은 나이도, 죽음도, 슬픔도, 선과 악도 다다르지 못하는 것이니, 그것은 아뜨만이 죄악이란 조금도 없는 브라흐만의 세계 그 자체이기 때문이다.

[ 2 ]

다리와 같은 이 아뜨만에 다다르면 장님은 눈을 뜨고, 상처입은 자는 상처가 나을 것이며, 환자는 병을 고친다. 이 다리를 건너가면 어두운 밤도 낮이 된다. 이 브라흐만의 세계는 항상 빛 그 자체이기 때문이다.

[3]

그러므로 금욕의 실천으로, 경전과 스승의 말씀으로 브라흐만의 세계를 알게 된 사람은, 반드시 그 브라흐만의 세계를 가게 된다. 모든 세상에서 그가 원하는 대로 이루는 풍요로운 자가 될 것이다.


## 제5편

[1]

제례는 금욕(禁慾, brahmacarya)의 실천이다. 지혜를 터득한 자도 금욕의 실천으로만이 그 세계를 얻기 때문이다. '목표'(iṣṭam)도 금욕의 실천이다. 금욕을 실천함으로써 그 브라흐만의 세계를 얻기 때문이다.

[2]

또 사람들이 사뜨라야나 제례라고 부르는 것도 금욕을 실천하는 것이다. 이 둘(사뜨라야나 제례, 금욕)은 진리의 힘으로 그 자신을 보호하기 때문이다. '금언'(禁言)도 금욕을 실천하는 것이다. 금욕을 실천함으로써 브라흐만을 깨닫게 하는 명상을 할 수 있기 때문이다.

[3]

장기단식(아나샤까야나)도 금욕이다. 금욕으로 얻은 아뜨만은 파멸하지 않는 것이기 때문이다. 숲 속 수행생활(아란야야나)도 금욕의 실천이다. (금욕을 통해 갈) 브라흐만의 세상에는 '아라'와 '안냐'라는 두 바다가 있기 때문이다. 그것은 이 땅에서부터 세어서 세번째에 있는 천상이다. 그곳에는 희열을 불러일으키는 연못이 있고, '소마사와나'라는 이름의 보리수가 있다. 그것이 바로 브라흐만의 도시 '아빠라지따'이다. 그곳에 신이 만든 금으로 된 (알이) 있다.

역주

• 장기단식(아나샤까야나)도 금욕이다. 금욕으로 얻은 그 아뜨만은 파멸하지 않는 것이기 때문이다 : 아나샤까야나(anaśakayana)의 뜻은 장기단식이고, 동음이의로 '파멸하지 않는 것'이라는 뜻으로 볼 수 있다.

• (금욕을 통해 갈) 브라흐만의 세상에는 '아라'와 '안냐'라는 두 바다가 있기 때문이다 : '아란야야나'와 '아라, 안냐'는 소리가 통한다.

• 소마사와나(somasavana) : 소마즙을 짜냄.

• 아빠라지따(aparājita) : 정복되지 않는 자.

[ 4 ]

그 브라흐만의 세계에 있는 '아라'와 '안냐'라는 두 바다는 금욕을 통해서만이 얻을 수 있는 것이니, 이 '아라'와 '안냐'를 얻은 자만이 브라흐만의 세계에 도달한다. 그러한 사람은 이 세계에서든 원하는 대로 이룰 수 있다.

第6편

[ 1 ]

그 심장의 핏줄들에는 누렇고, 희고, 푸르고, 노랗고, 붉은 즙이 들어 있다. 저 태양은 누런빛이나, 그도 그 안에 희고, 푸르고, 노랗고, 붉은빛을 가지고 있다.

[ 2 ]

마치 하나의 큰 길이 두 개의 마을로 다다르는 길이 될 수 있듯, 태양의 광선은 두 개의 세계, 저 세계와 이 세계에 모두 다다른다. 광선들은 태양에서 뻗어나와 사람 몸의 신경으로 들어가고, 거기에서 온몸으로 퍼져서 저 태양으로도 들어간다.

[3]

태양의 광선은 그 사람의 모든 감각들이 거두어지고 평화로우며 아무런 꿈조차 꾸지 않을 때, 그 몸의 신경 안으로 들어간다. 그때는 어떠한 악(惡)도 그에게 닿지 않으며 오로지 태양의 열기로 충만한 상태이다.

[4]

사람이 쇠약해져서 죽음을 눈앞에 두고 있을 때 사람들은 그를 둘러싸고 묻는다. '저를 알아보시겠습니까?' '저를 알아보시겠습니까?' 그는 태양의 광선이 그의 몸을 떠나기 전까지만 그들을 알아본다.

[5]

이제 태양의 광선이 그 몸을 떠날 때가 되면 그는 바로 이들 광선을 통해 위로 올라간다. (깨달음을 얻은 사람이라면) 오움으로 명상하면서 위로 올라갈 것이나, 깨달음 없는 사람이라면 그렇지 못할 것이다. 위로 올라가는 사람은 마음이 한 대상에서 다른 대상으로 옮겨갈 때 걸리는 시간만큼의 짧은 시간 동안에 태양에 도달한다. 그러므로 깨달은 영혼들에게 이것(태양)은 브라흐만의 세계로 들어가는 열린 문이다. 그러나 깨달음을 얻지 못한 자들에게는 닫힌 문이다.

[6]
(옛 현자들이 전해준) 다음의 만뜨라를 보라.

심장 속의 기도(氣道)들은 백하고도 하나요,
그중에 하나가 머리의 관(정수리)을 향해 가니,
그 길은 위로 올라가 불멸을 얻는 자리로 통하도다.
그러나 다른 기도들은 다른 방향으로 가서

모두 몸을 떠난다.


## 제7편

[1]
아뜨만이란 무엇인가.
조물주 쁘라자빠띠가 말했다.

"어떠한 죄악도, 늙음도, 죽음도, 슬픔도, 배고픔도, 목마름도 없
는 그 아뜨만은 참 욕망을 가졌으며 참 의지를 가졌으니 그것이 그
대들이 알아야 할 것, 그대들이 찾아 깨달아야 할 것이다. 아뜨만을
알고 나면 그 사람은 모든 세계를 얻고 모든 욕망을 이루리라."


[2]
신과 악마들은 조물주 쁘라자빠띠의 이 말씀을 들었으며, 개개인
에게 모두 전해졌다. 그래서 그들이 말했다.

"조물주 아버지여, 허락해주신다면, 저희가 그 아뜨만, 그를 알면
모든 세계와 모든 욕망을 얻는다 하신 그 아뜨만을 찾겠습니다."

신들 중에는 인드라가 이렇게 말하면서 나서고, 악마들 중에는 비
로짜나가 나섰다. 그들은 서로가 그곳으로 오는 것을 모른 채 손에
는 각기 배움을 위하여 장작을 들고 쁘라자빠띠에게로 갔다.


[3]
쁘라자빠띠에게 가서 그 둘은 32년 동안 금욕을 하며 브라흐만의
지혜를 구하는 제자답게 성실히 지냈다. 그러자 쁘라자빠띠가 물었
다. "너희들은 무엇 때문에 이곳에 왔느냐?"

그러자 그 둘이 말했다.

"오래 전부터 훌륭하신 분들께서 '어떠한 죄악도, 늙음도, 죽음도,

406

슬픔도, 배고픔도, 목마름도 없는 그 아뜨만은 참 욕망을 가졌으며
참 의지를 가졌으니 그것이 그대들이 알아야 할 것, 그대들이 찾아
깨달아야 할 것이다. 아뜨만을 알고 나면 그 사람은 모든 세계를 얻
고 모든 욕망을 이루리라' 하고 말씀하시는 것을 듣고, 저희들이 그
아뜨만을 알고자, 이곳에 와서 금욕을 하며, 진리의 가르침을 원하
는 제자로 지낸 것입니다."

[4]
쁘라자빠띠가 그들에게 말했다.
"눈에 보이는 뿌루샤 그것이 아뜨만이다. 그것이 죽지 않고 두려
움도 없는 브라흐만이다."
그러자 그 둘이 물었다.
"존경하는 조물주 아버지여, 물 위에 비치는 뿌루샤, 거울에 보이
는 뿌루샤, 이들 중에 아뜨만은 어느 것입니까?"
이에 쁘라자빠띠가 대답하였다.
"눈에 보이는 뿌루샤가 아뜨만이다. 그러므로 아뜨만은 모든 곳에
나타나는 것이다."

제8편

[1]
쁘라자빠띠가 말했다.
"물에 너희들의 모습을 비추어보고, 너희들이 알지 못한 아뜨만에
대해서 계속 이야기하자."
그 둘은 말씀에 따라 물에 자신들의 모습을 비추어보았다.
쁘라자빠띠가 물었다.
"너희들이 지금 보는 것은 무엇이냐?"

"저희들이 지금 보는 것은 손톱부터 털 하나하나까지 저희들의 모습 그대로인 자신의 모습입니다."

[2]
그들 둘에게 쁘라자빠띠가 말했다.
"너희들이 보기 좋게 꾸미고, 아름다운 옷을 입고 몸도 깨끗이 하여 물가로 가 그 모습을 비추어보아라."
그래서 그 둘은 말씀대로 보기 좋게 꾸미고, 아름다운 옷을 입고, 몸도 깨끗이 한 후 물가로 가 모습을 비추어보았다.
쁘라자빠띠가 다시 그들에게 물었다.
"너희들이 지금 보는 것은 무엇이냐?"

[3]
그 둘이 말했다.
"존경하는 조물주 아버지여, 저희들이 훌륭하게 꾸미고, 아름다운 옷을 입고, 몸을 깨끗이 하였으니, 물 속에 보이는 모습도 보기 좋게 꾸미고, 아름다운 옷을 입고 몸도 깨끗이 한 제 자신의 모습입니다."
그러자 쁘라자빠띠가 말했다.
"그것이 아뜨만이요, 그것이 두려움 없는 존재, 그것이 브라흐만이다."
그러자 그 둘은 평온한 마음이 되어 각자 그곳을 떠났다.

[4]
쁘라자빠띠는 저 멀리 가는 둘을 보면서 생각했다.
'저들이 아뜨만을 구하지 못하고, 아뜨만을 알지 못하고 그냥 저렇게 가는구나. 신이든 악마이든 저렇게만 알고 마는 자는 결국 파멸을 겪을 것이다.'
비로짜나는 평온한 마음으로 악마들에게 돌아갔으며, 가서 자기

408

가 아는 대로 비밀스런 지혜라며 전하였다. 그는 동료들에게,

"이 세상에서 육신의 아뜨만이야말로 가장 훌륭하니, 그러한 아뜨만을 숭배해야 한다. 이 육신의 아뜨만을 숭배하고 그 아뜨만을 따르는 자는 이 세상과 저 세상을 얻는다"고 말했다.

**역주**

• 이제 아뜨만에 대한 가르침은 시작되었을 뿐인데 그것만 듣고 다 알았다고 생각하고 떠나는 이들에게, 쁘라자빠띠는 마음속으로 그 정도의 아뜨만에 대한 지혜는 죽은 후의 영생이나 해탈은커녕, 죽음으로밖에 다다르지 못하게 될 것임을 경고하고 있는 것이다.

[ 5 ]

그러므로 사람들은 세상에서도 베풀지 않는 사람, 조상에게 공물을 바치지 않는 사람, 마땅히 제례를 행해야 할 때에 제례를 행하지 않는 사람들을 '이 악마와 같은 사람'이라고 부른다. 그러한 행위는 이 악마들의 비밀스런 지혜에서 비롯되는 것이기 때문이다. 그러한 자들은 죽은 사람의 시신을 향(香)과 꽃, 보시로 구해 얻은 물건들과 아름다운 옷, 훌륭한 장식으로 꾸민다. 그리고는 (어리석게도) 이렇게 했으니 죽은 후의 세계를 차지할 것이라고 생각한다.

제9편

[ 1 ]

그러나 인드라는 다른 신들이 (기다리고) 있는 곳에 도착하기 전에 가르침의 부족함을 느꼈다.

'이 몸을 보기 좋게 꾸미면 그 아뜨만도 보기 좋게 꾸며지고, 이 몸이 아름다운 옷을 입고 있으면 그 아뜨만도 아름다운 옷을 입고 있고, 몸을 깨끗이 하면 그 아뜨만도 몸을 깨끗이 한 자가 된다면,

이 몸이 장님이 되면 아뜨만도 또한 장님이 되고, 이 몸이 절름발이이면 그 아뜨만도 절름발이가 되고, 이 육신이 없어지면 아뜨만도 없어지는 것이 아닌가. 이 육신의 아뜨만은 내가 찾는 아뜨만이 아니다.'

[ 2 ]

그래서 인드라는 "나는 이 몸의 아뜨만을 아는 것으로 흡족할 수가 없다" 하면서 다시 장작을 들고 쁘라자빠띠에게 갔다.

쁘라자빠띠가 인드라에게 물었다.

"신들의 왕(인드라)이여, 너는 비로짜나와 함께 평온한 마음이 되어 돌아간다고 떠나지 않았더냐. 이제 무엇 때문에 다시 이곳을 찾아왔느냐?"

인드라가 말했다.

"존경하는 조물주 아버지, 이 몸을 보기 좋게 꾸미면 그 아뜨만도 보기 좋게 꾸며지고, 이 몸이 아름다운 옷을 입고 있으면 그 아뜨만도 아름다운 옷을 입고 있게 되고, 이 몸을 깨끗이 하면 그 아뜨만의 몸도 깨끗해진다면, 이 몸이 장님이 되면 아뜨만도 또한 장님이 되고, 이 몸이 절름발이이면 그 아뜨만도 절름발이가 되고, 이 육신이 없어지면 아뜨만도 없어지는 것이 아닙니까. 저는 그런 아뜨만을 아는 것으로 흡족할 수가 없었습니다."

역주

· 신들의 왕(maghavāna) : '마가바나'는 '풍성한, 그 가진 것을 베푸는 자'라는 뜻이며, 신들의 왕인 인드라의 또 다른 이름이다.

[ 3 ]

쁘라자빠띠가 말했다.

"인드라여, 네가 옳게 생각했구나. 내가 너에게 다시 그 아뜨만에 대해서 설명하리라. 이제 너는 다시 32년을 이곳에서 지내라."

　인드라는 다시 그곳에서 32년을 지냈다. 그리고 나니 쁘라자빠띠가 인드라에게 말했다.


## 제10편

### [1]

"사람들에게 숭배를 받으며 꿈속을 다니는 그 자신이 바로 아뜨만이다. 그는 죽지 않으며, 두려움이 없으니 그가 브라흐만이다."

　인드라는 평온한 마음이 되어 그곳을 떠났다. 그러나 그는 이번에도 다른 신들이 (기다리고) 있는 곳에 도착하기 전에 가르침의 부족함을 느꼈다.

　'이 몸이 장님이라도 그 꿈속에 들은 뿌루샤는 장님이 아니며, 그 몸이 없어져도 꿈속의 뿌루샤는 사라지지 않으며, 육신의 흠으로 인해서 꿈속의 육신이 흠나지 않는다.

> **역주**
> • 사람들에게 숭배를 받으며(mahiyamānaḥ) : 훌륭한 사람의 모습은 어린아이나 여자, 남자 모두가 꿈에서조차 보고 싶어하는 숭배의 대상이다.

### [2]

　이 육신이 죽어도 그 꿈속의 뿌루샤는 사라지지 않고, 육신이 사라져도 그 뿌루샤는 사라지지 않는다. 그러나 (이 육신이 죽지 않아도) 꿈에 그 뿌루샤는 죽고, 괴롭고, 불쾌하고, 상심하여 우는 듯 보이니, 나는 이러한 꿈의 아뜨만에서도 흡족할 수가 없다.'

> **역주**
> • 그 뿌루샤는 죽고, 괴롭고, 불쾌하고, 상심하여 우는 듯 보이니 : 꿈속의 자

신도 기쁨이나 슬픔을 느끼고 그에 흔들린다면 꿈꾸지 않는 상태에서의 자신과 마찬가지로 불완전하고 두려움이 있는 존재인 것이다.

[3]

그래서 인드라는 다시 장작을 들고 쁘라자빠띠에게 갔다.

"이 육신이 장님이라도 그 꿈속에 들은 뿌루샤는 장님이 아니며, 그 육신이 없어져도 꿈속의 뿌루샤는 사라지지 않으며, 육신의 흠으로 인해서 꿈속의 육신이 흠나지 않습니다.

[4]

또 이 육신이 죽어도, 그 꿈속의 뿌루샤는 사라지지 않고, 육신이 사라져도 그 뿌루샤는 사라지지 않습니다.

그러나 그 뿌루샤도 꿈에서 죽고, 괴롭고, 불쾌하고, 상심하는 듯 보이니, 저는 이 꿈의 아뜨만에서도 흡족할 수가 없었습니다."

쁘라자빠띠가 말했다.

"인드라여, 네가 옳게 생각했구나. 내가 너에게 다시 그 아뜨만에 대해서 설명하리라. 이제 너는 다시 32년을 이곳에서 지내라."

인드라는 다시 그곳에서 32년을 지냈다. 그리고 나니 쁘라자빠띠가 인드라에게 말했다.

제11편

[1]

"잠을 자면서 아무것도 생각하지 않으며, 꿈조차 꾸지 않는 지고의 행복한 상태, 그곳에 있는 그가 바로 아뜨만이다. 그는 죽지 않으며, 두려움이 없으니 그가 브라흐만이다."

이제 인드라는 평온한 마음이 되어 그곳을 떠났다. 그러나 이번에도 인드라는 다른 신들이 (기다리고) 있는 곳에 도착하기 전에 가르침의 부족함을 느꼈다.

'이렇게 깊은 숙면 단계에서 사람은 '이것이 나'라는 생각조차 할 수 없을 뿐 아니라, 다른 그 어떤 것도 알 수가 없다. 그렇다면 그러한 아뜨만은 파멸의 존재와 같은 것이 아닌가. 나는 이 아뜨만을 아는 것으로 만족할 수 없다.'

### [2]

그래서 인드라는 다시 장작을 가지고 쁘라자빠띠에게 갔다.

"인드라여, 너는 평온한 마음으로 돌아간다고 하지 않았느냐. 이제 무슨 일로 이곳에 왔느냐?"

"존경하는 조물주 아버지여, 스스로를 알지 못하고 다른 것도 알지 못한다면 그것은 파멸의 존재와 같은 것이 아닙니까. 그래서 저는 그 아뜨만을 아는 것으로 만족할 수가 없습니다."

**역주**

• 스스로를 알지 못하고 다른 것도 알지 못한다면 그것은 파멸의 존재와 같은 것이 아닙니까 : 아무것도 모르고 자면서 아무런 두려움도, 그 어떤 대상도 가지지 않는다는 상태만으로 아뜨만을 이해한다면 그것은 아예 의식이 없는 존재밖에 되지 않는 것이다. 진정한 아뜨만이라면 의식이 없는 것이 아니라 의식을 가지고 있으면서도 초월한 것이어야 한다는 것이 인드라의 생각인 것이다.

### [3]

"인드라여, 네가 옳게 생각했구나. 내가 너에게 다시 그 아뜨만에 대해서 설명하리라. 이제 너는 다시 5년을 이곳에서 지내라."

인드라는 다시 그곳에서 5년을 지내서 모두 합해 101년을 머물게 되었다. 그래서 사람들이 인드라가 쁘라자빠띠 곁에서 진정 훌륭하게 금욕으로 학생기(學生期)를 지냈다고 칭송하는 것이다.

인드라가 5년을 더 지낸 다음에야 쁘라자빠띠가 인드라에게 말했다.


## 제12편

### [1]

"인드라여, 이 육신은 분명 (그 끝에 이르러서는) 스러지는 것이다. 이 육신은 항상 죽음에 붙잡혀 있기 때문이다. 이 육신은 그 죽음이 없고 육신이 없는 아뜨만이 기반하는 자리이다. 그러므로 그 육신의 아뜨만은 기쁨과 슬픔에 붙잡혀 있다. 육신을 가지면서 기쁨, 슬픔이 완전히 없을 수는 없는 것이기 때문이다. 그러나 기쁨과 슬픔은 육신이 없는 초월적인 아뜨만은 건드리지 못한다.

### [2]

육신이 없는 그것은 바람이요, 안개요, 번개요, 천둥이다. 이 모든 것은 육신이 없는 것이다. 이들은 대공(大空)에서 나와 태양의 훌륭한 빛을 받으며 각기 스스로의 모습으로 만들어지는 것이다.

### [3]

마찬가지로 사람도 육신에서 나와 그 훌륭한 빛을 받으며 스스로의 모습으로 만들어지는 것이다. 그가 바로 지고(至高)의 뿌루샤이다. 그는 웃는 듯, 노니는 듯, 여자와 함께 혹은 수레를 타고 혹은 친한 사람들과 함께 즐기는 듯, 그 자신에게 생겨난 육신을 기억하지 않으면서 사방으로 다닌다. 그 뿌루샤가, 짐승이 마차에 매어지듯 육신에 매어지는 것이다.

414

역주

• 그는 웃는 듯, 노니는 듯, 여자와 함께 혹은 수레를 타고 혹은 친한 사람들과 함께 즐기는 듯 : 그 아뜨만은, 아무런 걱정이나 두려움이 없는 상태, 기쁨과 희열만이 있는 상태에 있다. 그가 웃을 얼굴이 있어 웃는 것이 아니고, 몸이 있어 노닐거나 즐기는 것은 아니나, 사람의 웃고 놀고 여자와 함께 즐기는 등의 행위에 비유함으로써 그 표현해낼 수 없는 상태를 설명하고 있다.

• 그 자신에게 생겨난 육신을 기억하지 않으면서 사방으로 다닌다 : 육신을 기억하는 것은 슬픔과 괴로움, 죽음들을 기억하는 것이며, 그러한 기억 속에 매이는 것이다. 아직 육신을 의식하지 않는 상태가 순수한 아뜨만의 상태이다.

## [4]

눈동자 속에 들은 대공, 그 속에 보이는 자가 아뜨만이다. 눈은 그가 보기 위해 있는 것. '냄새를 맡아야겠다'고 의식하는 자가 아뜨만이다. 코는 그가 냄새를 맡기 위해 있는 것이다. '말을 하겠다'고 생각하는 그가 아뜨만이다. 말은 그가 말을 하려고 있는 것이다. '듣겠다'고 생각하는 자가 아뜨만이오. 그가 듣기 위해 귀가 있는 것이다.

## [5]

'이것을 생각해야지' 하고 의식하는 자. 그가 아뜨만이다. 마음은 그가 가진 초월의 눈이다. 아뜨만은 이 초월의 눈으로 브라흐만 세계에 있는 모든 원하는 것을 보고, 즐긴다.

## [6]

신들이 그를 아뜨만으로 숭배했다. 그러므로 신들은 모든 세상과 모든 원하는 것을 얻은 것이다. 이처럼 아뜨만을 알고, 깨달은 자는 모든 세계와 모든 즐거움을 얻으리라. 모든 세계와 모든 즐거움을 얻으리라."


## 제13편

### [1]

내가 검은빛으로부터 다양한 빛을 얻고, 다양한 빛에서 다시 검은 빛을 얻도다. 말이 그 머리를 흔들어 몸에 붙은 오물을 털어내듯, 나도 브라흐만의 지혜로 죄를 흔들어 털어버리리라. 먹구름 라후의 아귀에서 풀려나온 달이 환하고 맑은 얼굴을 하듯, 내가 이 몸에서 풀려나 (환하고 맑은 얼굴로) 브라흐만의 세계를 얻으리라. 얻으리라.

**역주**

• 내가 검은빛으로부터 다양한 빛을 얻고, 다양한 빛에서 다시 검은빛을 얻도다
: 검은빛은 가슴속 깊은 곳에 들어 있다는 아뜨만을 상징하는 것이고, 다양한 빛은 다양한 이름과 형태로 나타나는 이 세상을 상징하는 것이다. 은밀한 아뜨만에서 다양함의 세상으로 뻗어나갔다가 다시 은밀한 아뜨만으로 돌아온다는 것이다.


## 제14편

### [1]

대공(大空)이란 이름과 형태를 떠받치고 있는 것의 이름이다. 그 대공 안에 있는 자, 그가 바로 브라흐만이다. 그는 불멸이오, 그가 아뜨만이다.

내가 조물주가 있는 그곳에 도달하기를
내가 명예로운 자 되기를

내가 브라흐만의 명예를 얻기를
끄샤뜨리야의 명예를 얻기를
내가 바이샤의 명예를 얻기를 바라노라.

그러나 명예 중에 명예인 내가 그 희고 미끄러워 이빨이 없으면서
도 삼키는 자에게 빨려들어가지 않기를, 그 이빨 없이 삼키는 자 안
으로 들어가지 않기를 바라노라.

**역주**

• 그 희고 미끄러워 이빨이 없으면서도 삼키는 자에게 빨려들어가지 않기를 바
라노라 : '희고 이빨이 없으면서도 삼키는 자'는 여성의 성기를 묘사하는 것
이라고 한다. 여자에게 힘과 정자를 모두 주면 그것은 또 다른 탄생으로 이
어져서 다시 세상에 사는 결과를 낳는다. 그러므로 이것은 윤회의 수레바
퀴를 상징하는 것으로 볼 수 있다.

## 제15편

### [1]

창조의 신 브라흐마는 이 지혜를 조물주 쁘라자빠띠에게, 쁘라자
빠띠는 마누에게 전했으며, 마누는 사람들에게 전했다.

(그 가르침을 따르는 사람은) 스승의 문하에서 규범대로 베다를
학습하고 스승에게 할 도리를 다한 후, 집으로 돌아와 가장의 의무
를 진다. 그는 성스러운 곳에서 성스러운 경전들을 스스로 학습하
며, 그의 아들과 제자들을 가르쳐서 그들도 마찬가지로 성스러운 인
물들로 만든다. 그의 모든 감각들을 아뜨만 안에 침전시켜 통제하
고, 경전에 금지한 대로 생물을 해하지 않으면서 생애 끝까지 그와
같이 살지니, 드디어 그는 브라흐만의 세계를 얻는다. 그리고 다시
돌아오지 않는다. 다시 돌아오지 않는다.

## 평온을 위한 낭독

오움—
나의 팔, 다리 모든 몸이 건강하고
나의 목소리와 호흡
그리고 눈과 귀
이 모든 감각기관들이 튼튼하기를
이 모든 세상이 우파니샤드가 알려주는
그 브라흐만이니
그런 브라흐만을 내가 무심히 내버려두지 않기를
그리고 브라흐만이 내게 무심하지 않기를
내게 무심하지 않기를
그래서 나를 그대로 내버려두지 않기를
나를 그대로 내버려두지 않기를

그리고 우파니샤드가 말해주는 평화와 자제의 덕목들이
브라흐만 안에 살고자 하는 내게 항상 있기를
그 모든 것들이 내게 임하기를
그 모두가 내게 임하기를
그 덕목들이 항상 내게 임하기를 소망하노라.

오움—평온, 평온, 평온.

# 8. 슈베따슈바따라 우파니샤드

　슈베따슈바따라 우파니샤드는 흑(黑) 야쥬르 베다 계열에 속하며, 이 우파니샤드의 이름에 대해서는 대개 이 우파니샤드를 강론한 성자 슈베따슈바따라의 이름에서 딴 것이라고 본다. 다른 견해로는, '슈베뜨'는 '백색'이라는 의미이고 '아슈바따라'는 '백색이 아닌 것'이라는 의미이므로, 이 우파니샤드에 담긴 내용이 감각을 통하지 않은 순수지혜와 감각을 통해 얻는 지혜, 이 두 가지 지혜를 모두 강론하는 데서 나온 이름이라는 해석도 있다. 우파니샤드 첫 구절에 던져진 물음(우리는 어디에서 생겨났는가. 누구로 인해 우리는 살아 있는가. 최종의 순간에 우리는 과연 어디로 가 설 것인가)에 대한 해답을 이 둘에 대한 지혜를 통하여 만들어 나가고 있다.

　이 우파니샤드는 전체 6장으로 구성되어 있으며, 초월적이고 아무런 물질적 특성이 없는 형이상학적 아뜨만과 창조의 물질적 근원, 즉 형이하학적 아뜨만에 대해서도 설명하고 있다. 두 아뜨만은 본질적으로 일치되는 부분이 있기 때문에 우파니샤드 본문의 대명사 '그는' '그 신은' 등과 같은 표현만으로는 어느 쪽을 말하는지 보는 이에 따라 혼동스런 부분이 여러 군데가 있다. 이런 부분들에서 주석가들의 의견을 참고하기는 하지만 반드시 결론을 내려야 할 필요성은 느끼지 않는다. 학술적인 목적에서 결론을 찾는 사람은 주석가들의 의견을 참고하면 좋을 것이다.

이 우파니샤드의 처음 부분은, 세상의 원리를 설명하는 상키야 식의 구조적 방법을 취하고 있는데 중반에는 요가의 의미와 요가의 진행과정에 대하여 상세히 설명하고 있다. 또한 브라흐만이나 이슈와라(神)의 동의어로, 속성을 가진 신의 모습인 '쉬바'나 '루드라'를 사용하고 있어서 숭배 대상으로서의 '신'을 인정하는 면이 강조되어 보일 수도 있다. 게다가 이들 신에 대한 신애(信愛, bhakti)를 강조하고 있고, '신애'라는 용어도 직접 씌어지고 있어서, 이 우파니샤드가 신애사상의 초기 경전으로 여겨지기도 한다.

이처럼 상키야 학파, 요가 학파, 쉬바파 등은 이 우파니샤드에서 사용하고 있는 '뿌루샤' '요가' '쁘라끄리띠' '쉬바' '루드라' 등의 용어를 각기 그 근거로 하여, 이 우파니샤드가 이론적 틀을 제공하고 있다고 주장한다. 어떤 면에서 그러한 주장은 우파니샤드와의 연계성을 많이 드러낼수록 더욱 정통성 있는 철학으로 인정받을 수 있었다는 사실을 보여주고 있는 셈이다. 이 우파니샤드는 어느 한 이론만을 지지하고 있지도 않을 뿐더러, 그 모든 이론들을 통해 결국 '둘이 아닌 하나의 아뜨만'을 강론하고 있기 때문이다. 이 우파니샤드의 세상과 창조에 관한 언급(제1장)을 보면, 세상을 무형무위(無形無爲)의 뿌루샤와 본성(쁘라끄리띠)의 이분(二分) 구조로 보는 상키야 학파의 관점과 이 우파니샤드 관점은, 결국 각각 '둘'과 '하나'를 설하고 있다는 점에서 같은 것이 아님을 알 수 있다.

슈베따슈바따라 우파니샤드는 시대별로 구분할 때 중기, 즉 기원전 6세기 이후에 씌어진 것이라고 보는데, 그렇다면 인도의 육파(六派) 철학이 나름대로 독자적인 체계를 가지고 성립된 이후에 씌어졌을 가능성이 크다. 그러나 이것만으로 이 우파니샤드를 특정 학파나

종파의 경전으로 보는 것은 무리이다.

이 우파니샤드의 제1장 2절에 언급된 세상의 원리를 설명하려는 여러 가지 이론들을 볼 때, 이 우파니샤드가 씌어진 당시 세상의 원리에 대해 의견을 달리하는 여러 학파들이 무수히 일어나 있었으리라는 것을 추측할 수 있다. 육파 철학으로 알려진 니야야, 바이셰시까, 상키야, 요가, 미망사, 베단따 외에도 '시간' '다섯 가지 근원물질' '우연'(偶然) 등으로 각기 세상의 근원을 설명하고자 하는 많은 이론들이 유행한 시기였을 것이다. 분명한 것은 이들 여러 학파들의 체계나 우파니샤드가 처음부터 서로 금을 그어 영역을 규정하고 있었던 것은 아니라는 것이다. 이 우파니샤드에 상키야적인 요소와 요가적인 요소가 일원론적 세계관과 잘 조화되어 있는 모습을 볼 수 있는 것은 그러한 맥락에서 이해해야 할 것이다.

●역자의 말

## 평온을 위한 낭독

오움-
우리(스승과 제자)를 (무지에서) 구하소서.
우리(의 노력으)로 하여 기뻐하소서.
우리가 함께 힘차게 (탐구)하게 하소서.
우리 둘의 익힌 지식이 우리를 빛나게 하고
또한 우리가 서로를 시기하지 않도록 하소서.

오움-평온, 평온, 평온.


## 제1장

[1]
오움-
브라흐만의 지혜를 구하는 자들이 서로 이야기하기를
과연 브라흐만은 세상의 근원인가.
우리는 어디에서 생겨났는가.
누구로 인해 우리는 살아 있는가.
최종의 순간에 우리는 과연 어디로 가 설 것인가.
브라흐만을 아는 자들이여!
누구에게 영감을 받고
우리가 이 모든 기쁨과 슬픔을 느끼는지 말해보세.

[2]
시간, 본성, 필요성, 우연, 근원물질, 자궁, 뿌루샤
이것들이 세상의 근원이 될 수 있는지 생각해보세.
이 모든 것들을 합한 것도
근원 아뜨만의 한 부분에 지나지 않으리요
또한 아뜨만도 기쁨과 슬픔에 매이니
세상의 '원인'이 되지 못하도다.

역주

• 시간(kāla) : 세상 모든 변화가 시간이 지남에 따라 이루어진다.
• 본성(svabhāva) : 시간이 흘러도 변화하지 않는 자연의 본성으로 볼 때 시간보다도 본성이 근원적이다.
• 필요성(niyati) : 어떠한 본성이라도 이유없이 있는 것이 아니라 그만한 필요에서 모든 것이 연유하는 것이다.
• 우연(yadṛcchā) : 선한 뜻으로 선한 일 하는데도 결과가 반대로 나오는 경우가 있다. 이것은 모든 것이 어떤 필연성에 의해 이루어지기보다는 우연적으로 이렇게 될 수도 있고 저렇게 될 수도 있는 것을 나타내는 것이다.
• 근원물질(bhūtāni) : 무슨 일이든 우연으로 보는 것은 지혜의 모자람을 드러내는 핑계일 뿐이다. 모든 것은 다섯 가지 근원물질(흙, 물, 불, 바람, 대공) 중에서 나온다(짜르와까의 유물론).
• 자궁(yoni) : 생겨난다는 것은 어머니의 자궁에서 빠져나오는 것을 말하는 것이다. 이렇게 모든 것은 저마다 근원지가 있다.
• 뿌루샤(puruṣa) : 모든 자리마다 들어서 있는 뿌루샤 없이 어떤 것이 근원이라도 그 역할을 하지 못한다. 그러므로 뿌루샤가 근원이다(상키야).
• 아뜨만 : 개체 아뜨만, 즉 사람도 그 속에 아뜨만을 가지고 있으나 궁극적인 세상의 원인이 되지는 못한다.

[3]
성자들은
의식을 깊이 집중하는 명상의 요가를 계속한 끝에

그 자신의 본성 뒤에 숨은
신성한 아뜨만의 힘을 보았도다.
그것은 위에서 말한 시간으로부터 아뜨만까지
모든 것을 있게 하는 것이었다.

역주

· 신성한 아뜨만의 힘(devātmaśakti) : 슈베따슈바따라 우파니샤드가 여러 차례 강조하고 있는 개념으로 이슈와라(iśvara, 神) 혹은 창조와 세상의 분화 등을 이룬 브라흐만의 이면(異面)으로 이해할 수 있다.

[4]
한 개의 바퀴 테
거기에 세 개의 테두리
열여섯 개의 모서리
오십 개의 바퀴살
스무 개의 보조 바퀴살
여섯 개의 팔합체(八合體)가 있으며
끈 하나에 묶여 있으며
세 개의 다른 길로 닿는
그리고 두 가지 업(業)으로 생기는 환영력(幻影力)을 가진
그 신성한 아뜨만의 힘을
성자들이 보았던 것이다.

역주

· 이 구절은 세상과 세상의 원리를 깨달은 성자들이 본 이슈와라를 마치 만다라를 그리듯 묘사하고 있다.
· 한 개의 바퀴 테(eka nemim) : 세상을 굴러가는 커다란 바퀴로 보고 이슈와라를 그 바퀴 테로 비유한 것이다.
· 세 개의 테두리(trvrtam) : 위의 바퀴 테를 둘러싸고 있는 것을 세 가지 자연의 속성, 즉 진성(眞性, sattava), 동성(動性, rajas), 암성(暗性,

tamas)으로 보는 것이다.

· 열여섯 개의 모서리(ṣoḍaśāntam) : 다섯 가지 근원물질(흙, 물, 불, 바람, 대공)과 다섯 가지 감각 기관(눈, 코, 귀, 피부, 혀,)과 다섯 가지 행위 기관(손, 발, 목청, 항문, 생식기) 그리고 마음을 말한다.

· 오십 개의 바퀴살 : 바퀴살은 바퀴를 돌려 나가는 에너지이다. 무지(無智)로 인한 다섯 가지 파멸의 원인(무지, 자만, 맹목, 증오, 공포), 지혜를 얻는 데 장애가 되는 스물여덟 가지의 장애(열일곱 가지 인지 장애와 열한 가지 감각 장애——청각장애, 시각장애, 후각장애, 미각장애, 문둥병 등과 같은 촉각장애, 벙어리, 절름발이, 손의 마비, 마음의 소심함, 정신장애, 배설장애), 아홉 가지 태만(본성을 인정하지 않는 것, 자연에서 최초로 생겨난 위대한 것을 위대한 절대 존재로 인정하지 않는 것, 자만함을 인정하지 않는 것, 오원소를 인정하지 않는 것, 재물에 눈이 어두운 것, 고집, 지켜야 할 것이 지켜지지 않았어도 안일해하는 것, 소리·촉감·모습·맛·냄새에 빠져 그 이상의 깊이에 들어가지 않는 것, 폭력을 사용하는 것), 여덟 가지 성취(위의 장애들에도 불구하고 기어이 성취하려고 하는 것이 있다. 육체적 고통, 마음의 고통, 천재지변으로 인한 고통, 이 세 가지 고통을 각각 벗어버리고자 하는 노력들이 셋이요, 학습, 학습에 필수불가결한 목소리와 그 의미, 논리, 함께 학습하는 동료, 이 네 가지를 얻으려고 노력하는 것이 넷이요, 보시(布施)하는 것 등이다)를 말한다(5+28+9+8=50). 이 모두가 함께 어우러져 세상을 돌아가게 하고 있다는 것이다. 이 오십 개에 대해서는 조금씩 배열을 달리하는 이견들이 있다.

· 스무 개의 보조 바퀴살 : 열 개의 감각(귀, 피부, 눈, 혀, 코 등 다섯 인지 감각과 목소리, 발, 손, 배설기관, 생식기관 등 다섯 행위감각)과 그 대상들이 앞의 오십 개 바퀴살의 버팀목과 같은 것들이다.

· 여섯 개의 팔합체(八合體, aṣṭaka) : 여덟 개가 한 조가 되는 다음의 여섯 가지 팔합체들이 있다고 본다.

① 흙, 물, 불, 바람, 대공, 마음, 지혜 그리고 자만심이 '자연력의 팔합체'(prakṛtyaṣṭaka)이다.

② 피부, 껍질, 살, 피, 지방, 근육, 골수, 정액은 육신을 이루는 '물질의 팔합체'(dhātvaṣṭaka)이다.

③ 요가의 상위 단계에 이르면 가질 수 있는 능력, 즉 가장 작은 모습을 취할 수 있는 능력, 가장 큰 모습을 취할 수 있는 능력, 가장 무거워질 수 있는 능력, 가장 가벼워질 수 있는 능력, 원하는 것을 모두 가질 수 있는 능력, 마음대로 모습을 취할 수 있는 능력, 타인들에게 신적인 존재로 인정받을 수 있는 능력, 타인에게 영향력을 발휘할 수 있는 능력, 이 여덟 가지가 '초능력의 팔합체'(eśavaryāṣṭaka)이다.

④ 다르마, 지혜, 집착에서 벗어남, 신의 권능, 다르마가 아닌 것, 무지(無智), 집착에서 벗어나지 못함, 신의 권능에 속하지 않는 능력은 '추상적인 가치의 팔합체'(bhāvāṣṭaka)이다.

⑤ 브라흐만, 창조주, 신, 반인반신 간다르바, 약샤, 악마, 조상, 귀신은 '영적 존재의 팔합체'(devāṣṭaka)이다.

⑥ 모든 생물체에 대한 자비, 용서, 남을 헐뜯지 않음, 동정심, 낙천성, 복을 기원함, 관대함, 양보, 이들은 '선(善)의 팔합체'(guṇāṣṭaka)이다.

· 하나의 끈으로 묶고 있으며 : 욕망(kāma)이 그 끈이다.

· 세 개의 다른 길(tri marga bhedam) : 다르마, 다르마가 아닌 것 그리고 지혜(jñāna)를 말하는 것이다. 혹은 신의 길(devayāna), 조상의 길(pitṛyāna) 그리고 미물(微物)의 길(kṛmikiṭādi Mārga)로 보기도 한다.

· 두 가지 업으로 생기는 환영력(dvinimittaiva moham) : 악업과 선업, 이 두 가지 업은 다시 세상에 나와 그 업의 결과를 겪게 하는 동인(動因)이다.


[5]
다섯 줄기의 갈래가 있고
다섯 근원으로 인해 지극히 거세고 굽이쳐 흐르며
다섯 가지 숨의 물결이 있고
다섯 가지 인지(認知)의 '근본'이 그 근원이며
다섯 개의 소용돌이가 있고
다섯 가지 고통의 파도가 있고
다섯 가지 무지(無智)의 엉킴이 있어
오십 갈래의 물결로 흐르는 강인 그(아뜨만)를

우리는 알고자 하노라.

역주

• 다섯 줄기의 갈래(pañcasroto'mbum) : 다섯 가지 감각기관——눈, 코,
입, 귀, 피부——으로 인지한다.

• 다섯 근원으로 인해 거세고 굽이쳐 흐르며(pañcayoniugravakrām) : 이
세상 모든 것이 때를 다하면 다섯 가지 근본이 되는 물질——흙, 물, 불, 바
람, 대공——로 돌아간다. 하나의 강에 물줄기가 다섯이고 종착지가 다섯이
니 물결은 거세고 곧지 못하게 흐른다.

• 다섯 가지 인지의 근본(pañcabuddhyādimūlam) : 오감(五感)으로 얻는
인지의 근본, 즉 마음(mana)이다.

• 다섯 개의 소용돌이(pañcavārtam) : 오감의 대상(모습, 소리, 냄새, 맛,
촉감)은 소용돌이에 비유되었다. 무지를 벗어나지 못한 사람은 이 속에 빨
려들어가기 때문이다.

• 다섯 가지 고통의 파도(pañcaparvām) : 수태, 탄생, 늙음, 병듦, 죽음의
다섯 가지 고통은 세상을 살아가는 자는 누구나 겪어야 하는 피할 수 없는
고통이다. 고통을 험난한 파도에 비유하였다.

• 다섯 가지 무지의 엉킴 : 무지, 자만, 맹목, 증오, 공포이다. 이 다섯 가
지는 미혹을 벗어남으로써 결국 풀어야 할 대상이므로 '엉킴'이라 하였다.

• 오십 갈래의 물결로 흐르는 강 : 앞의 네번째 절에서 말한 오십을 말한다.


[ 6 ]
본래 분별력을 가진 자가
모든 것을 연유하게 하는 최고의 아뜨만과 자신이
서로 다르다고 여기고
이 모든 생물들의 근원이며
모든 것의 최종 종착지인
거대한 브라흐만의 수레바퀴 속에서 방황한다.
그러나 언제든
진리의 깨달음을 얻음으로써

그는 불멸을 얻을 수 있도다.

역주

• 분별력을 가진 자(haṁsa) : haṁsa는 까타 우파니샤드나 챤도기야 우
파니샤드, 마이뜨리 우파니샤드, 한사 우파니샤드 그리고 이 우파니샤드에
도 세 차례에 걸쳐 등장한다. 이 구절에서는 '세상을 떠도는 자'(haṁsaḥ
hanti gacchati saṁsāracakraṁ yaḥ sa haṁso jīva ityartaḥ), 즉
'개체 아뜨만'(jīva)과 같은 뜻으로 쓰였다.

• 라마누자의 이 구절의 해석도 잘 알려져 있다. 라마누자는 기본적으로
개체아가 아무리 깨달음을 얻어도 '다르지 않은 하나'가 될 수 없으며, 따라
서 브라흐만과 개체아는 그 출발이 이미 다르다고 여기는 '한정적 불이원
론' 입장의 베단따 철학의 대표적인 학자이다. 그는 이 구절을 다음과 같이
해석하였다. "사람은, 이 모든 생물들의 근원이며 모든 것의 최종 종착지인
거대한 브라흐만의 수레바퀴 속에서 방황한다. 그러나 모든 것을 언유하게
하는 최고의 아뜨만과 자신이 서로 다름을 깨닫고 기꺼이 숭배하면 그로서
그는 불멸을 얻으리라."

[ 7 ]
가장 훌륭한 브라흐만을 찬양하라.
그 브라흐만 안에 삼자(三者)가 모두 들어 있으니
이 셋은 브라흐만의 바탕 위에 서 있도다.
절대 파멸이 없는 브라흐만
그를 진정으로 아는 자는
브라흐만 안에 들어가 잠기니
그는 이제 세상에 태어남에서 해방되도다.

역주

• 삼자(trayam) : 겪는 자, 겪는 대상 그리고 이 둘을 조정하는 자(神,
īśvara), 이렇게 셋이다.

• 세상의 태어남에서 해방되도다(yonimuktāḥ) : 또 한번의 방황을 상징하

는, 어머니의 배로 태어나는 '탄생'을 겪을 필요가 없게 된다.


[8]
파멸하는 것과 파멸하지 않는 것,
드러나는 것과 드러나지 않는 것이 결합되어 있는 이 세상을
그 스스로의 '존재의 빛'으로 유지시키고 길러내는 자,
최고의 아뜨만이로다.
개체 아뜨만은 '겪는 자'의 한계로 인하여
세상에 매이지만
그러나 그도 최고의 아뜨만을
본래의 모습으로 알게 되면
모든 굴레에서 해방되리라.

역주
·'겪는 자'의 한계 : 세상을 겪는 자 혹은 그 자신의 업(業)의 결과를 겪는
자의 한계, 즉 결국 파멸하는 것들과 보이는 세상에 매일 수밖에 없는 어쩔
수 없는 한계를 말한다.


[9]
아는 자와 알지 못하는 자,
신과 신이 아닌 개체아는
둘 다 본래 태어나거나 죽는 일이 없는 자들이로다.
다만 또 하나의 힘(환영력, māyā)이
개체아로 하여금 겪는 자가 되어
세상을 겪게 하노라.
무한한 아뜨만(브라흐만)은 모든 것이며
스스로 아무런 행함이 없는 존재이니
누구든 이 '셋'을 알게 되면
그가 곧 브라흐만이다.

**역주**

· 아는 자와 알지 못하는 자, 신과 신이 아닌 개체아는 둘 다 본래 태어나거나 죽는 일이 없는 자들이다 : 신은 전지(全知)이며, 전능(全能)이며, 독립적인 주체이지만 개체아는 그 지식과 능력이 제한되고 타율적이다. 그럼에도 불구하고 이 둘이 같다고 하는 것은 근본적으로 태어난 적도 없고 따라서 죽지도 않을 브라흐만이라는 그 뿌리가 같다는 의미이다.

· 이 '셋'(trayam) : 개체아, 개체아의 겪는 대상, 개체아로 하여금 겪는 자로서 세상을 겪게 하는 자(환영력, māyā), 이렇게 셋이다.

[10]
언젠가 파멸할 본성
영원히 멸망하지 않을 불멸성의 아뜨만
이 두 가지를 바로 '하라'(神)가 모두 통세하도다.
지고의 아뜨만에 대해 숙고하고,
아뜨만에 자신을 잇는 과정을
계속적인 명상을 통하여 만들어가는 자
세상의 환영력으로부터 해방되리라.

**역주**

· 하라(hara) : '거두어들이는 자'라는 뜻이며 샹까라는 무지를 거두어들이는 자라는 의미에서 신(iśvara)이 아닌 초월의 신(parameśvara, 브라흐만)을 말한다고 하였다.

[11]
지고의 아뜨만을 알면
모든 올가미는 사라지고
그리하여 고통이 사라지고
생사의 윤회도 끝난다.
더 나아가 그 지고의 아뜨만에 대한 명상을 하면

육신이 떠난 뒤에도
모든 풍요의 원인인 세번째 단계에 다다르고
그리하여 모든 욕망이 저절로 가라앉는
하나됨의 단계에 이르리라.

**역주**

• 이 구절에서는 해탈의 두 가지 측면을 동시에 설명하고 있다. 해탈로
끝나는 것은 생사의 윤회요, 새로 생기는 것은 신과의 일치감, 즉 '하나임'
을 깨닫는 것이다.

• 세번째 단계(tṛtīyam) : 샹까라난다의 주석에 사람이 적과 동지의 구분
을 두지 않게 되는 단계가 첫 단계요, '내가 곧 브라흐만이다'(aham
brahmāsmi)를 깨닫는 단계가 두번째 단계요, 그 다음 '그대가 바로 브라
흐만이다'(tat tvam asi)를 깨닫는 단계가 세번째 단계라고 하였다. 샹까
라는 세상의 모든 분별이 없어지고, 오로지 유일한 근원인 브라흐만에 와
서 '모든 것이 하나가 되는 단계'가 여기에서 말하는 세번째 단계라고 한다.

[12]
그대 안에 아뜨만으로 존재하는 자를 알라.
이보다 더 (절실히) 알아야 할 존재는 아무것도 없다.
겪는 자, 겪는 대상(세상) 그리고 이들을 조정하는 자
이 셋을 알면 모든 것을 말한 셈이요
그 모든 것은 바로 브라흐만이로다.

**역주**

• 겪는 자(bhoktā) : 업의 대가를 세상에서 겪고 있는 주체, 즉 개체아
(個體我).

• 겪는 대상(bhogyam) : 겪는 자가 겪는 대상, 즉 업의 결과 혹은 업의
결과가 나타나 있는 '세상'.

• 조정하는 자(preritāram) : 이 둘을 이러한 환경에 놓이게 한 모든 것의
조정자, 즉 신(神, īśvara).

• 이 셋(trayam) : 겪는 자와 겪는 대상, 조정하는 자, 이 셋은 세상과 이 세상 밖의 진리를 알게 해주는 삼위일체이다. 바로 이 '삼위일체=브라흐만'이라는 깨달음을 얻는 것이 최종의 목적이요, 이 우파니샤드가 강론하고자 하는 내용의 핵심이다.


[ 13 ]
마치 (불을 일으키기 전에)
불의 그 본디 모습이 눈에 보이지 않는 것처럼
그러나 보이지 않는다고 해서
그 근원이 없는 것이 아닌 것처럼
스스로의 육신을 장작
그리고 '오움' 소리를 그 불의 근원으로 생각하여
명상의 불피움을 계속함으로써
(장작에 불이 붙는 것처럼)
이 육신으로 지고의 아뜨만을 받아들여라.

역주

• 그 근원(yoni) : '여성의 성기, 자궁'이라는 뜻으로 생명체가 나오는 탄생의 문이다.
• 우파니샤드의 비유와 상징이 두드러진 구절이다. 이미 불이 붙을 속성이 들어 있는 장작에 마찰을 가하여 불을 피워낼 수 있듯이, 아뜨만이 내재된 육신에도 계속해서 명상 등의 방법으로 아뜨만을 추구하면, 불이 일어나듯 아뜨만이 그 안에 보이게 된다는 것이다.


[ 14 ]
자신의 육신을 아래 놓이는 장작으로 하고,
'오움' 소리를 위에서 문지르는 장작으로 하여
명상이라는 계속적인 문지름으로
숨어 있는 신을 발견하라.

[ 15 ]
깨 속에 기름이
응유 속에 유지방이
강 속에 물이
장작 속에 아그니가 들어 있듯이
진실과 고행으로 아뜨만을 보고자 힘쓰는 사람은
자신 안에 아뜨만이 들어 있음을 보게 될 것이다.

역주
· 진실(satya) : 과거에 자신이 어떤 선을 위해 말한 데 대해서 그것을
약속으로 여기고 흐트러지지 않은 채로 그대로 지키는 것.
· 고행(tapāsa) : 마음과 감각을 하나로 모으는 명상 등의 힘든 노력.


[ 16 ]
우유 속에 든 유지방과 같이
아뜨만에 대한 지식과 고행의 근원이며
모든 곳에 존재하는 브라흐만
그것이 바로 우파니샤드가 말하는 초월의 존재이다.
그것이 바로 우파니샤드가 말하는 초월의 존재이다.



제2장

[ 1 ]
사비따여
먼저 우리의 마음과 지혜를
지고의 아뜨만에 집중하게 하고
(눈 안에 든) 아그니의 빛이

땅 위 사물들을 보는 데 전력하지 말고
진리를 찾기 위해 그 이상의 것을 볼 수 있게 하오.

역주

· 사비따 : 아그니와 태양에 공통된 불의 힘을 상징하는 신이다. 태양의
신 아디띠야의 다른 이름이다.

[2]
우리는 사비따의 권능으로
그렇게 통제된 마음을 통하여
각자의 능력에 맞게 지고의 아뜨만을 구하리라.

[3]
사비따 신이 감각들을
환희 그 자체의 브라흐만으로 향하도록 이끌어주시기를.
그리하여 감각들이
신의 정견(正見)으로 이끄심을 따라
(브라흐만의) 위대한 빛을 보게 되기를 바라노라.

[4]
현명한 사람은 마음을 가누고
지혜(감각)의 흐름을 잡아
위대한 전지(全知)의 브라흐만에게 집중하여
사비따로부터 내려진 제례의 신비를 아는
제례의 증인이 되니
그 사비따의 권능을 찬송하라.

[ 5 ]

나는 수없이 경배함으로써
그 오래된 브라흐만에 마음을 집중시키도다.
진리의 길에 들어선 현명한 사람들의 기도처럼
나의 이 기도가 세상에 퍼지기를
나의 찬송을 신성한 자리에 있는
영원한 존재의 아들들이 듣기를 바라노라.

역주

• 영원한 존재의 아들들(amrtasya putrā) : 이 세상의 모든 생물체.


[ 6 ]

제화(祭火) 아그니가 피어오르고
바람이 정지되고
소마가 많은 그곳에서 마음이 태어나도다.

역주

• 제화가 피어오르고 : 이것은 제례의식의 상황을 그린 것이다. 다른 해석
으로는 앞의 제1장 4, 5구절에서 말한 것처럼 아그니는 모든 무지를 태워
없애는 존재를 상징하는 것으로서, 개체아의 육신에서 발견하는 아뜨만을
말한다고 한다.

• 바람이 정지되고 : 앞에서 말한 사비따의 권능과 연결지어서 생각해보
라. 브라흐만을 향하는 이 제례에는 바람이 와도 쓸어가는 것이 아니라 멈
추어서 소리(만뜨라)를 내게 한다는 것이다.

• 소마가 많은 곳 : 베다에 보면 제례에 반드시 '소마'가 있었는데, 아직 정
확한 정체는 밝히지 못하고 있으나 풀이나 약초의 일종으로, 이것을 갈아
만든 즙은 감로수로서 힘과 젊음을 주는 음료였다고 한다.

• 제례의식이 있는 곳에서는 사람의 마음이 집중되고 성스러운 것을 추
구하게 된다. 구도의 첫 준비로서 마음을 모으고 성스럽게 닦는 과정을 제
례를 택하여 설명하고 있다.

[7]
사비따 신의 이끄심을 받아
가장 오래된 그 브라흐만을 숭배해야 하느니
거기에 온 힘을 다하여 집중하라.
그렇게 할 때
그대의 의도된 행위도
그대를 구속하지 않으리라.

역주

· 의도된 행위(purtakarma)도 그대를 구속하지 않으리라 : 행위 중에서도 사회적인 명분을 얻기 위해 공적으로 벌이는 행위가 '의도된 행위'이다. 결과에 대한 끈질긴 기대를 갖는 한 마음을 비울 수 없게 되므로 그러한 행위는 선행이라도 끊임없는 미련과 욕심을 낳는다. 그러나 이러한 행위도, 온 마음과 감각을 집중함으로써 브라흐만에 대해 명상할 때는, 그 사람의 마음속에 업을 남기지 않고, 그를 구속하지 못한다.

[8]
몸의 이 세 부분을 곧게 펴고
감각과 마음을 가슴속 빈 공간에 모이게 한다.
이렇게 함으로써 현명한 자는
공포를 일으키는 거센 물결을
브라흐만(오움 소리)이라는 배로 삼아 건너리라.

역주

· 세 부분(trini)을 곧게 펴고 : 가슴, 목, 머리, 이 세 부분을 곧게 펴서 나란히 일직선이 되게 하고.
· 거센 물결 : 온갖 욕망과 잡념이 난무하는 명상중의 번뇌를 비유하는 것이라고 볼 수 있다.
· 브라흐만 : 브라흐만의 상징인 '오움'.

[ 9 ]
숨을 절제하고
모든 감각의 내달림을 통제하라.
숨을 더 이상 절제할 수 없을 때
이제 아주 조금씩 코로 숨을 내쉬라.
현명한 자라면
거센 말이 끄는 마차의 마부처럼
신중하게 마음을 몰아야 할 것이다.

[ 10 ]
매우 높지도
매우 낮지도 않은 그런 곳,
평평하고
깨끗하며
우둘투둘한 돌조각이 없고
불도 없으며
모래도 없는 그런 곳,
물소리도 없고
지나치게 편하지도 않은 곳,
마음에 꼭 맞고
눈에 고통을 주지 않는 환경이 있는 그런 곳,
바람을 직접 맞지 않는
한적한 동굴 같은 그런 장소에서 요가 수행을 하라.

[ 11 ]
안개, 연기, 태양, 바람, 불, 떠다니는 불똥, 번개, 수정
이러한 것들은 명상 요가의 초반에
브라흐만의 표상으로 만들어져 나타나는 것들이다.

**역주**

• 이것은 요가 수행으로 깊은 명상으로 들어갔을 때 초기에 수행자에게 느껴지는 일반적인 현상들이다. 만일 이런 것들이 보이거나 느껴진다면 그의 정진이 정상적으로 진행되고 있는 것이며, 특별히 조치할 필요가 없다.


[ 12 ]
명상중에
다섯 가지 근원물질을 느끼면
그는 요가의 불로 달구어진 몸을 갖게 되어
이제 더 이상의 병고나 늙음, 죽음을 겪지 않으리라.


[ 13 ]
요가 수행자의 몸이 가벼워지고
질병이 없어지며
차분해지고
몸에서 윤택이 나며
목소리가 듣기 좋게 변하고
몸에선 좋은 향기가 나며
배설물이 아주 적어지는 등
이러한 현상은 요가의 초기에 생기는 현상이다.


[ 14 ]
먼지 등으로 더럽혀진 거울을
깨끗하게 닦고 나면
밝게 모든 것을 환히 비추어 보여주듯
수행자가 그처럼 아뜨만의 본체를 보고 나면
그 사람은 모든 것을 성취한 것이니
더 이상 슬픔이 없게 된다.

[ 15 ]
요가 수행자는 등불처럼
그 스스로의 빛인 자신의 모습을 통해
브라흐만을 경험하니
그에게는 더 이상의 태어남이 없고
아무런 동요도 없도다.
그 어떤 요소보다 성결한 그를 알고 나면
이제 모든 굴레에서 해방된다.


[ 16 ]
이 지고의 아뜨만은
네 방향과 그 사이에 끼는 모든 방향 속에 있도다.
바로 그가 가장 먼저 있었고
지금도 자궁 속에 들어 있나니
아기의 모습으로 태어나는 것도 그요
앞으로 태어날 수많은 아기들도 바로 그요
바로 그가 모든 생물체 안에 머물고 있으니
모든 생물체들의 얼굴이 바로 그의 얼굴이다.


[ 17 ]
불 속에 든 신
물 속에 든 신
세상 전체에 스며들어 있는 신
그리고 풀 속에 든 신
나무 속에 든 그 세상의 아뜨만
지고(至高)의 신에게 고개 숙이오, 고개 숙이오.

• 원문으로는 이슈와라와 브라흐만을 모두 신(神)으로 칭하고 있기 때문에 혼동이 올 수 있다. 이슈와라를 부르는 이름으로 Deva, Iśvara, Hiraṇyagarbha, Devātmaśakti 등이 있고, 브라흐만을 부르는 이름도 Parameśvara, Brahman, Ātman, Paramsattā, Paramdeva 등 수없이 많다. 특히 브라흐만과 이슈와라를 구분하지 않는 학파들에게 해석상의 논란이 생긴 경우도 많이 있지만, 대개는 문맥상 어느 신을 말하는지를 구별할 수 있다.

세상의 구석구석에 아뜨만이 스며들어 있기 때문에 아뜨만을 불 속에, 물 속에, 풀 속에, 나무 속에 든 신이라고 하였다.

## 제3장

[ 1 ]
유일한
환영(幻影)의 그물을 친 지고의 아뜨만은
그의 신성한 통치력으로
온 세상을 지배하노라.
그는 홀로 생겨났으며
유일한 힘의 존재이니
이를 아는 자는 불멸을 얻으리라.

역주

• 그물을 친(jālavān) : 그물은 신의 능력인 환영력(幻影力, māyā)을 상징하는 것이다.

[2]

루드라는 오로지 하나요
결코 다른 것이 아니니
브라흐만은 그 자신의 힘으로 세상을 통치한다.
그는 모든 생명체 속에 숨어들어가 머물며
생명체가 살 수 있도록 이 세상을 유지하고
파멸의 순간에는 그의 속으로 다시 접도다.

**역주**

· 루드라(rudra) : 리그 베다에 루드라(울리는 자)는 폭풍, 번개 등 자연
재해의 공포로 사람들을 울게 하는 신으로 묘사되었고, 이후 '쉬바'(복되게
하는 자)라는 이름으로 불리게 되면서 우주의 생성, 유지, 파멸 기능 중에
파멸을 담당하는 신으로, 그리고 점차적으로 우주의 전체적 운용을 가능하
게 하는 전지전능의 신으로 발전하였다(쉬바파). 본문에서는 루드라가 우
주의 생성, 유지, 파멸을 총체적으로 관장하는 신성한 힘, 즉 이슈와라의
다른 이름으로 쓰인 것이다.

[3]

그의 눈은 온 세상을 보는 눈이요
세상 어느 쪽이든
그의 얼굴이 향하고 있지 않은 방향이 없도다.
세상에 그의 팔이 미치지 않는 곳이 없으며
세상에 그의 발이 닿지 않는 곳이 없으니
그 유일한 신이
인간들로 하여금 두 팔을 갖게 하고
새들로 하여금 두 날개를 갖게 하였도다.

[4]

신들이 난 근원이요

힘의 근원지요
모든 것의 지배자인 전지(全知)의 루드라는
가장 먼저 황금알을 생겨나게 하였도다.
그 루드라 신이
우리로 하여금
순수한 지혜를 갖게 하기를 비노라.

역주

· 황금알(hiraṇya garbha) : 직역을 하면 '황금태(胎)'이다. 리그 베다 황
금알 경(經)에 보면 아무것도 생겨나지 않은 태초에 황금알이 물 위를 떠
다녔다고 하였다. 황금알은 우주 최초의 생명이며, 우주 전체의 생명이다.
그러므로 앞으로 생겨날 수없이 많은 생명을 그 안에 내포하고 있는 생명
력의 상징이라고 할 수 있다.

[5]
루드라여
모두에게 복을 주는 그대여
공포와 죄악을 없애는 그대의 힘은
선(善)을 드러내게 하도다.
높은 산에 살며
기쁨을 골고루 나눠주는 신이여!
그 복된 모습으로 우리를 굽어 살펴주오.

역주

· 복을 주는 자(śiva) : 여기에 쉬바는 쉬바 신을 말한다기보다는 '복을 주
는'의 뜻을 가진 형용사로서, 루드라를 수식하고 있다. 쉬바 신의 명칭이
이런 과정을 통하여 굳어졌으리라는 추측을 할 수 있다.

[6]
높은 산 중에 머무는 평온함의 주인이여

444

그대는 던지고자 손에 화살을 들었으나
높은 산을 보호하는 이여
그것으로 복되게 하옵소서.
그리하여 그 화살에
인간과 세상 그 누구도 상처입지 않도록 하옵소서.

> **역주**

· 높은 산 중에 머무는 평온함의 주인이여(giriśānta) : 신화에 따르면 쉬바 신이 히말라야 까일라사 봉우리에 머물고 있다고 한다.


[7]
그 (세상)보다 높고
황금알 브라흐만보다 높은 것은
지고(至高)의 브라흐만이니
모든 생물체 안에 깊숙이 들어 있는 그는
세상을 덮고 있는 유일한 존재이니
그를 아는 자는 불멸을 얻으리라.

> **역주**

· 그 (세상)보다 높고 황금알보다 높은(tataḥ param brahmaparam) : 황 금알은 앞에서 언급한 루드라를 말한다. 앞에서 루드라는 우주의 생성, 유 지, 파괴, 이 세 가지 운용의 주체라고 하였는데, 이제 그보다 높은 존재를 거론하고 있다. 이제까지 말한 루드라는 우주의 운용을 담당한 현상적 신 이다. 이를 바탕으로 이제 모든 것을 가능하게 하되 결코 어떤 말로도, 이 름으로도 표현할 수 없는 신, 브라흐만을 설명하기 시작한다.


[8]
나는 어둠 저 너머에서 태양과 같은 빛을 내는
지고의 뿌루샤를 아노라.
그를 아는 것만이 죽음을 건널 수 있는 길이요

이 이외의 다른 어떤 길도 없노라.

[ 9 ]
그보다 높은 자가 없고
그보다 작은 자가 없으며
그보다 큰 자가 없으니
그러한 자가 한 그루 나무와 같이 흔들리지 않고
스스로의 빛 속에 서 있도다.
그 뿌루샤가 온 세상을 생기게 하고
또 그 안을 채웠도다.

[ 10 ]
그보다 더욱 훌륭한 것은 형태가 없고
이름이 없는 것이다.
그를 아는 자는 불멸을 얻을 것이요
그렇지 않은 자들은 고통만을 겪으리라.

[ 11 ]
그는 사방으로 얼굴이 있고
사방으로 머리가 있고
목이 있으며
모든 이의 가슴속 깊은 곳에 머물고 있다.
또한 모든 곳에 편재하는 이이니
그는 숭앙받을 자로다.
모든 곳에 이미 도달해 있는
그의 이름은 '쉬바'라 하노라.

역주

· 숭앙받을 자(bhāgavat/bhāgavan) : 이는 신을 지칭하는 어휘로 쓰인
다. 상까라는 신의 정의를 다음과 같이 내리고 있다. 여섯 가지 신의 능력,
즉 지혜, 초탈, 권능, 다르마, 명예, 빛을 갖춘 자.

[ 12 ]
그 뿌루샤는 진정 위대한 주(主)요
지고의 능력을 가진
파멸하지 않는 자이며
빛 그 자체이며
모든 세상의 통치자로서
순수한 지혜를 구하게 하기 위해
감각을 이끄는 자로다.

[ 13 ]
그 뿌루샤는 손가락만한
내재아(內在我, antarātmā)이며
사람의 심장 깊숙이 머물고 있도다.
그는 가슴과 마음으로 인지된
모든 지혜의 주인이니
이것을 아는 자는 불멸을 얻으리라.

[ 14 ]
그 뿌루샤는 천 개의 머리를 가졌으며
천 개의 눈
천 개의 발을 가졌도다.
그는 열 손가락으로 온 방향에서 땅을 감싸
세상을 측량하였도다.

· 이것은 리그 베다 뿌루샤 편(X.90.1)에 나오는 그대로이다.


[ 15 ]
그 뿌루샤는 이 세상 모두이며
과거에 있었던 것
앞으로 있을 것이다.
그는 불멸의 주인이며
음식을 먹고 자라나는 모든 생물체의 주인이다.


[ 16 ]
사방에 손과 발을 가지며
사방에 눈과 머리와 얼굴을 가진 이
그는 사방에 귀를 가지고 있으며
세상에 있는 모든 것을 둘러 덮고 그곳에 머무르노라.


[ 17 ]
어떤 감각기관도 달고 있지 않으면서도
모든 감각의 속성을 품고 있는 자
그는 그 (감각의) 신들 중에 신이요
모든 감각의 위대한 안식처로다.

· 감각기관이 없어도 모든 기능을 발휘하는 그에게 가능하지 못한 능력
이란 없으므로, 모든 자연의 능력을 상징하는 신들 중에 신이며 또한 모두
가 의지하는 안식처라고 하였다.

[ 18 ]
모든 생물과 무생물을 그 안에 두고 있는 아뜨만이
아홉 개의 문을 가진 육신으로
외부의 대상을 잡으려고 하니
마치 그러한 유희를 정말로 즐기는 것처럼 보이도다.

역주

· 아뜨만(haṁsa) : 문맥상 여기에 씌어진 '한사'는 아뜨만을 지칭하는 것
으로 보인다.

· 아홉 개의 문 : 두 눈, 두 귀, 두 콧구멍, 입, 항문, 요도를 말한다. 이
문들은 육신 밖의 것이 육신 안으로 들어오거나 나갈 수 있는 문의 역할을
하고 있다.


[ 19 ]
그는 발이나 손이 없으면서도
재빠르고
무엇이든 잡을 수 있도다.
그는 눈 없이 보고
귀 없이 듣는 자로다.
그는 알아야 할 모든 것을 알지만
그를 아는 자는 아무도 없도다.
사람들은 그를 '위대한 최초의 뿌루샤'라 부르도다.

역주

· 그를 아는 자는 아무도 없도다 : 그 없이 '안다'는 것은 불가능하므로, 그
에 의지하지 않고 스스로의 힘으로 그를 알 수 있는 자는 아무도 없다.

· 최초의 뿌루샤(agryaṁ puruṣaṁ) : 그는 최초이자 마지막이므로, 최초
라는 말은 '유일함'을 말하기 위한 것이다.

[ 20 ]
그 아뜨만은 세밀한 것보다도 더욱 세밀하며
큰 것보다도 더욱 크며
모두의 깊은 동굴에 머무는 자이니
누구든 그 신의 은총으로
'아무것도 하지 않는 자'이나 위대한 권능을 가진
그를 보게 되면
모든 슬픔을 이기게 되리라.

[ 21 ]
브라흐만을 아는 자들이 가르치노니
그는 태어남이 없고
늘 존재하는 영원한 존재이다.
늙음이 없는
가장 오래된 존재
모든 것의 아뜨만이며
사방 어느 곳 가지 않은 곳 없는
그 광대한 존재를
내 알고 있도다.

## 제4장

[ 1 ]
유일한 그가
스스로는 아무런 색(色)이 없으면서도
창조의 순간에

450

다양성을 발휘하는 요가의 힘을 통해
알 수 없는 목적을 위해 다양한 색을 내어놓았도다.
그의 안에 세상의 태초와 파괴의 순간이 들어 있도다.
그가 우리로 하여금
순수한 지혜를 갖게 하기를 소망하노라.

역주

·색이 없으면서도(avārna) : 내보이는 아무런 특성이 없으면서도.
·알 수 없는 목적을 위해(nihitārthaḥ) : 그 존재의 어떠한 목적도 있을 수
없으므로 알 수 없는 목적이라고 하였다. 직역으로는 '숨겨진' '깊숙한 곳에
숨겨진'의 뜻인데, 목적이지만 여전히 우리에게 신비하기만 하기 때문에
'알 수 없는'이라는 말로 풀었다.


[2]
그는 불이요, 해요, 바람이요, 달이다.
그는 진정 순수함의 절정 그 자체이며
브라흐만이라 불리고
물이라 불리며
창조주 쁘라자빠띠라 불리노라.


[3]
그대는 여자이며
또한 남자이다.
그대는 청년이요
그대는 처녀이다.
그대는 또한 노인으로
지팡이에 의지하여 걷도다.
그대는 스스로 생겨나
세상 모든 것의 얼굴이 되도다.

**역주**

· 모든 것의 얼굴(viśvato mukha)이 되도다 : 다양한 사람의 모습은 모두 각기 달라 보이지만 그 안에 든 얼굴은 하나, 아뜨만의 얼굴이다.


[ 4 ]
그대는 검푸른빛의 새요
붉은 눈을 가진 푸른빛의 구름이요
그대는 계절이며
바다이다.
시작도 없으면서
어디든 그대가 존재하지 않는 곳이 없으니
그대는 세상 모두를 낳았도다.


[ 5 ]
태어난 적이 없는 자가
마찬가지로 태어난 적이 없고,
자신과 닮은 수많은 자손을 만들어내는,
붉고 희고 검은 속성을 가진
본성 속에 빠져 그 대상들을 겪고 있다.
역시 태어남으로 생겨나지 않은 또 다른 한 존재는
그 즐김의 대상을 초월하도다.

**역주**

· 태어난 적이 없는 자(ajaḥ) : 태어남으로 생겨났다면 반드시 죽음도 있다. 그는 이런 태어남과 죽음의 방황을 할 필요가 없는 존재이다.   ·
· 마찬가지로 태어난 적이 없고……붉고 희고 검은 속성(lohita śukla kṛṣṇām)을 가진 : 자연의 본성도 마찬가지로 그 시작을 알 수 없는 것이다. 또 색으로 표현한 세 가지 속성은 차례로 불, 물, 흙을 상징하기도 하고, 이 세 가지 요소가 가지고 있는 진성(眞性), 동성(動性), 암성(暗性)을 상

징하기도 한다. 이 셋은 상키야 철학의 중요한 부분을 이루는 '삼형질의 배합'(세상 모든 것은 이 세 가지 형질의 다양한 배합의 결과이다)의 이론적 근거가 되는 부분이기도 하다.

[6]
한 쌍의 두 마리 새가
항상 나란히 앉아 있는 자리는 한 그루 나무이니
그중 한 새는 달콤한 과일을 쪼아먹고
다른 한 새는 그것을 지켜보고만 있도다.

역주

· 나무는 사람의 육신을 상징하며 과일을 쪼아먹는 새는 개체아요, 보고 있는 새는 아뜨만이다.

[7]
같은 나무에서 개체아는
스스로의 무력함을 탓하고
미혹으로 인하여 슬픔에 빠진다.
그러나 그가 자신의 또 다른 모습
위대한 신적인 모습을 보게 되면
그때는 그 슬픔으로부터 벗어나게 된다.

[8]
불멸의 브라흐만에 모든 신들이 의지해 있고
지고의 하늘 브라흐만에
리그 베다 구절들도 의지해 있나니
그를 알지 못하는 자가
베다를 읽은들 무슨 소용이 있으랴.
그를 아는 자만이

그가 한 일과 앞으로 하게 될 일에
모두 성취함을 얻으리라.

역주

• 우파니샤드의 중심 주제 중 하나인 행위(karma)와 지혜(jñāna)의
관계를 설명하고 있다. 베다의 학습이라는 '행위'를, 지혜가 우선 되어야 한
다는 조건부로 받아들이고 있음을 알 수 있다.

[ 9 ]

신은
베다와 제례, 형식, 시간, 과거, 미래, 현재
그리고 이외에도 베다가 말한 모든 것을
그의 환영력(māyā)으로 만들어냈으며
모든 피조물 안에
또 다른 그가 환영력으로 묶여 있도다.

[ 10 ]

환영력이란 곧 자연의 속성임을 알라.
또한 환영력의 주인은 바로 신임을 알라.
그로부터 나온 그의 부분들로
이 모든 세상이 가득 찼도다.

[ 11 ]

홀로 모든 근원들의 근원이니
그 안에 모든 세상이 와 잠기도다.
그는 갖가지 모든 모습을 취한 자이니
누구든
그 축복을 내리는 신
찬양해 마지않을 신을 알게 되면

저 초월의 평화를 얻게 되리라.


[12]
신들이 난 근원이요
힘의 근원지요
모든 것의 지배자인 전지(全知)의 루드라는
가장 먼저 황금알을 생겨나게 하였도다.
그 루드라 신이
우리에게 순수한 지혜를 갖게 해주길 비노라.


[13]
그는 신들의 우두머리요
그 안에 세상이 의지하고 있도다.
두 발 달린 자와 네 발 달린 자를 모두 지배하는 신
그 어떤 신을 예배로써 받드노라.

역주

·그 어떤 신(kasmaya devaya) : 대개의 주석가들은 '어떤'을 '지고의
신'으로 해석하고 있다. 샹까라는 '환희 그 자체인 브라흐만'으로 해석하고
있다.


[14]
미세한 것보다 더 미세한 자
혼돈 가운데 다양한 형태의 모든 것을 만든 자
세상 전체를 감싸안는 자
그를 알면 저 초월의 평화를 얻으리라.


[15]
그는 진정 세상의 보호자이며

모두의 주인, 모든 생물들 속에 숨어든 자이니
그 안에 브라흐만의 성자와 신들도 서 있도다.
이 모든 것을 알게 될 때
죽음의 굴레를 끊을 수 있으리라.


[16]
버터 위에 아주 얇게 낀 막처럼 미세하고
모든 생물 안에 그 내재아로서 존재하며
유일하게 세상을 감싸는
그 쉬바를 알고 나면
그 사람은 모든 굴레에서 풀려나리라.

**역주**

• 쉬바(śiva) : 이 구절에서 '쉬바'(복을 주는 자)는, 쉬바를 통해 브라흐만을 향하고 있으므로, 이슈와라와 브라흐만 어느 쪽으로도 이해가 가능하다. 굴레에서 풀려날 수 있게 하는 지혜는 브라흐만에 대한 지혜이므로 문맥상 브라흐만을 지칭하는 것이라고 볼 수 있다. 쉬바파의 '쉬바'는 이런 의미까지를 포함한 창조로부터 파괴까지 그리고 과거로부터 미래에까지 모든 것이요, 모든 것의 신이다.


[17]
지고의 아뜨만은
세상 모든 것을 만들어내는 신이로다.
그 위대한 아뜨만은
모든 생물의 가슴 깊숙한 곳에 들어앉아 있도다.
그 신은 지혜의 주인이며
깊은 심장 속에 보존되어 있으니
이를 아는 자는 불멸을 얻으리라.

[ 18 ]
암흑도 없었고
밤도 낮도 없었고
존재와 비존재의 구분도 없었을 때
그 유일한 존재뿐이었도다.
그는 불멸의 존재
우리가 찬양하는 태양신 사비따
그로부터 자손들이 퍼져 내려왔도다.


[ 19 ]
그는 위에 있지 않고
비켜서 있지도 않고
그의 한가운데를 움켜잡을 수 있는 자 또한 아무도 없으니
세상에 그와 같은 자가 다시 없도다.
그의 이름은 '커다란 명예'로다.

역주

· 그의 이름은 '커다란 명예'(mahad yaśa) : 사방에 그가 가득 차고, 그가
들어선 자리마다 그의 얼굴이니, 그보다 이름 높은 자가 없다.


[ 20 ]
그의 모습은 보여질 수 있는 것이 아니다.
그러므로 어느 누구도 눈으로 그를 보지는 못하였도다.
가슴과 마음으로 그를 본 사람은
진정 가슴속 깊은 곳에 있는 그를 아나니
그러한 자는 불멸을 얻으리라.

[ 21 ]
'루드라여! 그대는 태어나지 않은 존재요' 하면서
두려움에 기가 눌린 어떤 자가 당신께로 갑니다.
당신의 오른쪽 얼굴로 항상 보호해주오.

역주

· 오른쪽 얼굴(dakṣiṇo mukha) : 샹까라는 '기운을 불어넣어주는 얼굴'이
라 해석하였다.

[ 22 ]
루드라여
그대는 노여움에
나의 아들, 손자, 수명(壽命), 소와 말을 파멸시키지 마시오.
또한 우리 영웅의 부하들을 죽이지 마시오.
우리는 그대를 늘 정성으로 찬양하리라.

역주

· 정성으로(haviṣā havāmahe) : 제화(祭火) 아그니에 공물을 바치는 예
를 다하여.

## 제5장

[ 1 ]
파괴되지 않을, 영원한, 지고의 브라흐만은
사실 둘로 되어 있는데
그것은 각각 지혜와 무지이며
깊숙한 곳에 감취져 있도다.

무지는 파괴될 것이나 지혜는 영원한 것
이 둘의 주인 되는 자
그는 이 둘과도 다른 자이다.


[2]
하나이면서
각각의 근원과 모든 형태
그리고 모든 근원들의 근원인 그는
바로 창조의 초기에 성자 까삘라에게 지혜를 주었으며
신은 까삘라가 태어나는 것을 지켜보았다.

**역주**

· 성자 까삘라(kapila) : 내용으로 보아 여기 나온 까삘라는 상키야 철학
의 개조(開祖) 까삘라가 아닌 것이 확실하다. 창조자와 인간 사이에 매개
역할을 한 '성자'는 상징적으로 보이지 않는 신의 힘과 인간 사이에서 양쪽
에 감응할 수 있는 매개자라고 이해할 수 있다. 그런 의미에서 대개의 주석
가들은 까삘라(노란)색의 첫 생명인 황금알(hiraṇyagarbha)을 의미한
다고 보고 있다.


[3]
그 신은
수없이 많은 (환영의) 그물을 하나하나씩 펼치고
다시 그물을 거두어들이도다.
그리고는 또 다시 세상에 창조주들을 만들어
모두 위에 군림하도다.


[4]
태양이 모든 방향
위와 아래, 그리고 여기저기 가로질러 빛으로 비추듯

바로 그렇게 빛과 같이 숭앙받는 신

찬양받는 신이

근원에서 나온 모든 생물체를 지배하고 있도다.


[ 5 ]

세상의 근원인 그가

본성을 (불에) 익히고

그 익혀진 본성을 소용 있게 하였도다.

그는 홀로

온 세상을 다스리는 자이며

모든 속성들을 골고루 나누어주었도다.

> **역주**
>
> ·본성(svabhāva) : 불의 열기로 태우는 본성, 물의 차갑게 적시는 본성, 돌의 단단한 본성 등이다. 이렇게 만물은 그 나름의 본성이 있다. 이 본성을 본성이게 하는 자가 곧 지고의 아뜨만이다.
>
> ·속성(guṇa) : 진성(眞性), 동성(動性), 암성(暗性) 등 세 가지 속성이다.


[ 6 ]

베다 속에 깊숙이 든 우파니샤드

그 우파니샤드에 깊숙이 든 신 브라흐마는

베다의 근원을 아는 자이다.

옛날 신들과 성자들이 깨달은 존재는

바로 그이며

신들과 성자들은

모두 그 신의 조화로서 불멸의 존재가 되었도다.


[ 7 ]

그가 바로 여러 특성에 따라

460

스스로의 행위로 생긴 과실을 먹는
'겪는 자'이며
모든 형태를 취하고
세 가지 특성을 가지며
세 가지 길로 다니는 자이니,
숨들의 지배자인 그가
스스로 개체아가 되어
그 행위에 묶여 움직이고 있도다.

**역주**

· 이제 개체아에 대한 설명이 시작된다.
· 세 가지 속성 : 진성(sattva), 동성(rajas), 암성(tamas)
· 세 가지 길 : 다르마와 다르마가 아닌 길, 지혜와 지혜가 아닌 길, 조상
과 인간의 길.


[8]
그의 크기는 손가락만하고
태양과 같이 밝으며
의식(意識)과 자아의식을 갖추었도다.
그러나 단지 지혜와 그 육신이 가진 속성들만으로
스스로를 막대 끝에 달린 쇳조각으로 생각하며
다른 개체아도 그처럼 보고 있도다.

**역주**

· 그의 크기는 손가락만하고 : 아뜨만의 실제 크기가 손가락만한 것이 아니
라 이제 육신 안으로 들어가 자리잡을 곳이 손가락만하다는 것이다. 이것
도 실지로 손가락만하다기보다는 그처럼 작고 미세한 것이라는 말이다.
· 육신이 가진 속성 : 탄생, 질병, 장애, 노화, 죽음 등.
· 스스로를 막대 끝에 달린 쇳조각으로 생각하며, 다른 개체아도 그처럼 보고
있도다 : 스스로를 열등하고 별 가치없는 존재로 인식하고 그러한 눈으로 다

른 사람들을 본다.

[9]
머리카락 하나를 백 갈래로 가르고
그 갈라진 가락을 다시 백 갈래로 갈라
이런 식으로 백 번을 백 갈래씩으로 갈라서 나온
최종의 백 갈래 중의 한 갈래가
개체아의 크기임을 알라.
그 작은 개체아 속에 영원함이 들어 있도다.

**역주**
·개체아의 크기를 설명하는 이 구절도 매우 상징적이다. 이러한 상징의
방법을 통해 개체 아뜨만이 아주 세밀하면서도, 본래의 머리카락과 다른
성질의 것이 아니듯, 지고의 아뜨만이 영원한 속성을 가지고 있음을 설명
하고 있다.

[10]
이 아뜨만은 여자도 아니요
남자도 아니요
중성도 아니다.
다만 그가 어떤 육신을 입는가에 따라
그에 맞는 육신의 속성을 갖게 되는 것이다.

[11]
생각, 경험, 관점, 미혹
그리고 음식과 물을 마심으로써
육신이 태어나고 늙어가듯
육신을 입고 지은 모든 업에 따라
그가 여러 육신으로 들어가

그 육신에 맞는 모습을 취하도다.


[12]
신을 가진 개체아는
자신이 지은 선과 악의 업에 따라
많은 물질(sthūla)과 영혼(sūkṣama)의 형태를 갖는다.
행위로 지은 업
스스로의 (마음으로) 지은 업
그리고 또 다른 (전생의) 업이 한데 어우러져
다시 새로운 육신을 입게 되도다.

**역주**

　• 다시 세상에 태어나게 하는 동인(動因)이 되는 업은 그 육신을 입은 후에 행위로 지은 업, 마음으로 지은 업이 있고, 그 육신을 입기 전부터 수없이 많은 윤회를 거치며 다 소멸되지 않고 쌓아온 업, 이렇게 세 가지이다. 새로운 육신을 입고 태어나는 것은 이 세 가지 업보에 따른 것이다.


[13]
그는 시작도 끝도 없으며
이 세상의 창조의 순간에 그 한가운데 있고
끝이 없는 세상의 창조자이며
수없이 많은 모습을 취하는 자이며
온 세상을 하나로 감싸는 자로다.
이 지고의 신을 깨닫게 되면
모든 얽매임에서 풀려나리라.


[14]
내면으로만 잡을 수 있고, 그 육신이 없는 자
세상의 창조와 파멸을 이루게 하는 '시간'을 만든 자가 있으니

그를 깨닫는 자는
육신을 버리고도 존재할 수 있게 되리라.


## 제6장

[ 1 ]
어떤 현자들은
'자연의 속성'이 세상의 근원이라 하였고,
또 다른 미혹에 빠진 사람은
'시간'을 근원이라 하였다.
그러나 실상 세상의 근원은
지고의 신의 권능뿐이로다.
이 권능으로 하여
세상에서는 브라흐만의 바퀴가 돌아가고 있도다.

역주
· 이 우파니샤드 초반에 제기되었던 세상의 근원에 대한 문제를 이제 마지막 장에서 정리하고 있다.
· 브라흐만의 바퀴(brahma cakram) : 윤회의 바퀴로 이해할 수도 있다.

[ 2 ]
그가 온 세상을 항상 덮고 있으며
시간을 만들고 파멸하게 하며
모든 특성을 그 안에 내포하며
모든 것을 알고 있도다.
흙, 물, 불, 바람, 대공(大空)도
그로 말미암은 것이니

464

바로 그에 의하여
모든 업이 있게 되었도다.


[3]
그는 처음에 업을 짓고
지어진 업을 살펴본 후
다시 하나로, 둘로, 셋으로
혹은 여덟으로
혹은 시간과 그 자신의 미세한 속성만을 가지고 (스스로 존재한
다).

역주

• 그는 처음에 업을 짓고 : 이 구절은 해석이 분분하고 우파니샤드의 많은
구절들이 그런 것처럼 보는 사람에 따라서 다르게 볼 수 있는 여지가 충분
히 있다. 먼저 '그'를 지고의 아뜨만으로 본다면 처음의 업이란 세상의 창조
를 말하는 것이 될 수 있다. 그리고 개체아로 본다면 그것으로서 지고의 아
뜨만과 후에 하나가 되기 위한 제례(과정)를 상징하고 있다고 해석할 수
있겠다. 한 번 태어남을 시작으로 하여 한 번, 두 번, 세 번, 여덟 번 혹 그
이상의 끝없는 윤회의 태어남을 통해 신과 하나가 된다.
• 하나 : 세상의 창조 혹은 상키야 철학의 뿌루샤. 어떤 사람은 무지(無
智, avidhyā)로 보기도 한다.
• 둘 : 창조 이후의 생물과 무생물로 가른 것을 말한다고 한다. 이 이분
(二分)의 대상을 어떤 사람은 뿌루샤, 쁘라끄리띠라 하고, 또 어떤 사람들
은 다르마, 다르마가 아닌 것으로 나눈 것이라고 한다.
• 셋 : 진성(sattva), 동성(rajas), 암성(tamas) 또는 깨달음을 위한
바람직한 방법으로서 듣고, 생각하고, 명상하는 것을 말한다.
• 여덟 : 5원소(흙, 물, 불, 바람, 대공)와 마음, 지혜, 자아의식이다. 다
른 견해로, 명상의 단계인 마음의 통제, 몸의 자세, 정좌, 숨 조절, 감각의
통제, 깊은 사념, 집중, 삼매의 여덟 가지를 주장하는 경우도 있다.

[4]
그는 속성들을 가지고 행위를 시작하였으며
그 만들어진 업에 모든 의미를 부여했도다.
이제 행위가 없어지고
업이 소진되면
이제까지와 다른 지고의 아뜨만이 되는 것이다.


[5]
그는 모든 것의 시작이요
자연의 본성과 개체아를 이어주는 동기를 부여하는 자
과거와 현재와 미래의 시간을 초월하며
그 안에 어떤 단위로의 나뉨도 없는 자이다.
그는 세상의 모습이며
세상 속에 위치한 숭앙받을 영원한 신이니
그가 곧 스스로의 안에 들어앉은 신임을 알아
그를 숭배하라.


[6]
세상이 그로 인해 생겨났으나
그는 나무와 시간의 모양과 다르고
이 세상의 모습과도 다르다.
다르마를 세워서 죄를 없애는 이
스스로 자신의 자리를 알고
지혜 속에 든 불멸의 존재이며
모든 세상의 기반인
그 신을 알고 나면 (불멸을 얻게 되리라).

466

[7]
그는 신들 중에 가장 최고의 신
신들 중에 가장 뛰어난 마헤쉬와라
주인들 중에 가장 뛰어난 주인이며
초월적인 것들 중에 가장 초월적인 신.
세상을 다스리는 그 신을
우리는 알도다.

역주

• 마헤쉬와라(maheśvara) : '위대한 신'이라는 의미로, 쉬바 신의 다른
이름으로도 쓰인다.


[8]
그에게는 행위와 그를 위한 감각기관이 없도다.
그와 같거나 그보다 뛰어난 존재는 어디에도 없도다.
초월적인 그의 능력은 수없이 많다고 듣노니
자연의 본성을 통해
지각하고 (다양한) 힘을 내는 것 또한
바로 그로 말미암음이다.


[9]
세상에 그의 주인은 없으며
그를 통치하는 자 또한 없으며
그를 표현하는 아무런 징표도 없도다.
그는 모두의 근원이며
감각기관에 의존하는 인간들의 주인이로다.
그를 만들어낸 자, 그의 주인은 없도다.

[ 10 ]
거미가 자기가 만든 줄로 스스로를 감듯
오로지 하나인 자연의 속성을 가진 신은
자신을 스스로 덮도다.
그 신이여!
우리가 브라흐만과 하나 되게 하소서.

[ 11 ]
모든 생물체 속에 든 하나의 신은
편재하는 자이며
모든 곳에 들어 있도다.
그는 업(業)의 주인이며
모든 곳에 사는 자이다.
그는 모든 것을 보는 증인이며
의식 자체이나
스스로는 아무런 이름도 속성도 없는 자이다.

[ 12 ]
그는 혼자이면서도
그 안이 비어 있는 씨앗 하나를 여러 개로 만드는 자이다.
자신의 가슴속에 있는 아뜨만을 보게 되는 자는
영원한 기쁨을 얻으리라.
다른 이들은 그렇지 못하리라.

역주

· 비어 있는(niṣkriyā) : 샹까라는 '감각기관을 통해 할 수 있는 행위에만
국한된 능력을 지닌'이라고 해석했다.

468

〔13〕
영원한 것 중에 영원한 것
의식(意識)있는 것 중에 의식이며
홀로
많은 자들의 욕망을 풀어주는 자이로다.
상키야-요가를 통하여 근원인 지고의 아뜨만을 아는 자는
모든 굴레에서 풀려나리라.


〔14〕
그곳은 해도 빛나지 않고
달도, 별도 빛나지 않는 곳
번개도 빛나지 않는 곳이니
불이야 어찌 빛을 낼 것인가.
이 모두는 그 존재가 빛을 낸 이후에야
빛을 낼 수 있음이니
그 빛으로 인하여
모든 것이 빛을 내고 있음을 알지어다.

### 역주
• 까타 우파니샤드 제2부 2장 15절, 문다까 우파니샤드 제2장 2편 10절에 반복되고 있는 구절이다.


〔15〕
이 세상 한가운데
그는 유일한 '한사'요
물 속에 든 불이로다.
그를 알고 나면 죽음을 건너서가니
이 외에 해탈을 얻을 다른 길이 없도다.

### 역주

·한사(haṁsa) : 아뜨만에 대한 지혜로 모든 다양함을 없애는 자(ātma-jñānena bhedaṁ hanti haṁsaḥ)로 개체 아뜨만 혹은 지고의 아뜨만을 말하는 것이다. 새들 중에 백조의 이름도 '한사'인데 백조는 물 밑에 다니는 고기의 위치를 정확히 알아내며, 물과 우유를 가려낼 수 있다고 한다. 백조의 이러한 능력을 세상에서 알아야 할 것을 알고 무지와 지혜를 구분할 수 있는 자에 빗댄 표현이다.

·물 속에 든 불이로다 : 물은 불을 끄는 힘이라고 생각할 때 이것은 어색한 비유 같지만, 바닷속에 '바르와날라'라는 불이 있으며, 물이 이 불을 숭배하여 더욱 활활 타게 한다는 신화가 있다.


[16]
그는 세상을 만든 이
그 세상을 아는 이
스스로 생겨난 이
전지자(全知者)
시간을 만들고 그것을 파괴하는 이
속성들을 그 안에 가진 이
모두를 아는 이로다.
그가 곧 본성의 주인이며
개체아의 주인이며
모든 속성들의 주인이니
세상의 해탈, 유지, 굴레의 원인이로다.


[17]
그는
진정 세상을 아는 자
불멸의 존재

전지자
어디든 편재하는 자
항상 영원한 세상의 보호자이다.
그가 이 세상의 영원한 통치자이며
그 이외에 세상을 통치할 자는
어디에도 없도다.


[ 18 ]
그는 가장 먼저 브라흐마 신을 만들었으며
브라흐마에게 베다를 전했도다.
그는 스스로의 지혜로서 빛을 내게 하는 자이니
나는 해탈을 갈망하여 그에게 귀의하도다.


[ 19 ]
그는 부분이 없고
움직임이 없으며
평온하고
아무런 흠도 없고
티가 없는 자이니
불이 그 장작을 태워 숯이 된 다음
순수한 불꽃을 피울 수 있음을 생각하며
(나는 해탈을 갈망하여 그에게 귀의하노라).


[ 20 ]
가죽 조각을 돌돌 말아 접듯
하늘을 접을 수 있다면
그 신을 알지 않고도
슬픔을 끝낼 수 있으리라.

[21]
이처럼 슈베따슈바따라 성자는
고행과 신의 은총으로 브라흐만을 알았으며
성자들이 모두 섬기는
그 지고의 성스러운 브라흐만의 지혜를
다른 훌륭한 성자들에게 전하여 모두를 기쁘게 하였다.


[22]
오래 전부터 전수된 이 베단따의
가장 높은 신비의 지혜는
욕망이 가라앉지 않은 사람
아들이나 제자가 아닌 사람에게 전수해서는 안되리라.

역주

· 아들이나 제자가 아닌 사람에게 전수해서는 안되리라 : 가르침을 아무에게나 주어서는 안된다는 것이다. 이 지혜를 가르치는 사람이나 받는 사람의 자격에 대해 우파니샤드는 매우 엄격한 제한을 두고 있다.


[23]
그러므로 예부터 말하였나니
지고의 아뜨만에 굳은 믿음이 있고
그러한 충실한 신애가
스승에 대해서도 있어야 하느니
그러한 자에게 위대한 아뜨만을 설함으로써만이
위대한 아뜨만이 빛을 내리라
위대한 아뜨만이 빛을 내리라

역주

· 신애(bhakti) : 브라흐만에 대한 신애는 스승에 대한 신애와 함께 깨달

음을 위한 지혜로 가는 길임을 밝히고 있다. 이 신애의 개념이 라마누자의 한정적 불이원론 베단따에서 신(브라흐만)에 이르기 위한 가장 중요한 길로서 강조되었다.

## 평온을 위한 낭독

오움—
우리 (스승과 제자)를 (무지)에서 구하소서.
우리(의 노력으)로 기뻐하게 하소서.
우리가 함께 힘차게 (탐구)하게 하소서.
우리 둘이 익힌 지식이 우리를 빛나게 하고
또한 우리가 서로를 시기하지 않도록 하소서.

오움—평온, 평온, 평온.

## 옮긴이 이재숙

한국외국어대학교 인도어과를 졸업하고 인도 델리대학교 대학원
산스끄리뜨학과에서 석사·박사학위를 취득했다.
지은 책으로는 『귓속말로 전하는 지혜-우파니샤드』(2005), 『인도의 경전들』(2007),
『라마야나』(2008), 『천 가지 표정이 있는 나라 인도이야기』(2010)가 있다.
주요논문으로는 「우파니샤드의 야자왈끼야와 노자(老子)철학의 비교연구」
(A Comparative Study of Upanisadic Yājñvalkya and Lao Tzu)
「산스끄리뜨 문헌의 언어관」 「산스끄리뜨 설화와 불교설화」
「샹까라의 '헛됨'(mithyā)과 불교의 찰나설(kṣaṇikavāda)」 「마누법전의 다르마 사상」
「인도 대서사시의 종교문학적 성격: 마하바라따를 중심으로」 등이 있다.
옮긴 책으로는 산스끄리뜨 극학/미학 고전 원문을 번역한 『나띠야 샤스뜨라』
(상·하, 2004), 한길사에서 출간한 『우파니샤드』(I·II) 마누법전(공역) 등이 있다.

# 우파니샤드 I

**옮긴이** 이재숙
**펴낸이** 김언호

**펴낸곳** (주)도서출판 한길사
**등록** 1976년 12월 24일
**주소** 10881 경기도 파주시 광인사길 37
**홈페이지** www.hangilsa.co.kr
**전자우편** hangilsa@hangilsa.co.kr
**전화** 031-955-2000~3 **팩스** 031-955-2005

**인쇄** 오색프린팅 **제본** 경일제책사

제1판 제 1 쇄 2005년 11월 15일
제1판 제17쇄 2024년 3월 20일

값 27,000원

ISBN 978-89-356-3081-3 94150
ISBN 978-89-356-3083-7 (전2권)
ISBN 978-89-356-6427-6 (세트)

# 한길그레이트북스 인류의 위대한 지적 유산을 집대성한다

●한길그레이트북스는 계속 간행됩니다.